BARDAXÍ

CINCO SIGLOS EN LA HISTORIA DE UNA FAMILIA DE LA PEQUEÑA NOBLEZA ARAGONESA

SEVERINO PALLARUELO

BARDAXÍ

CINCO SIGLOS EN LA HISTORIA DE UNA FAMILIA DE LA PEQUEÑA NOBLEZA ARAGONESA

Primera edición: Junio 1993

Segunda edición: Diciembre 2002

Edita: Severino Pallaruelo Campo
C/. Instituto Laboral, 30
22600 SABIÑÁNIGO (Huesca)

I.S.B.N.: 84-604-5860-1
Depósito Legal: Z. 2825-02

Imprime: Cometa, S.A.
Ctra. Castellón, Km. 3,400 – Zaragoza

INTRODUCCIÓN

Bardaxí es el nombre de un valle pequeño y remoto donde se esconden tres aldeas, con sus prados y bosques, entre las peñas abruptas que forman las entrañas calcáreas de los Pirineos centrales. Poco después del año mil salió de este valle un guerrero que puso su espada al servicio del rey de Aragón para combatir a los moros. Los descendientes de aquel guerrero tomaron más tarde el nombre del valle del que procedían y continuaron peleando contra los musulmanes. Vivieron todos peligrosamente: siempre cubiertos de acero, siempre con la espada en la mano y la espuela calzada. Perdieron la vida en batallas grandes y en escaramuzas sin gloria. Se desangraron al pie de castillejos olvidados en sierras desoladas y ganaron para sus descendientes los señoríos de algunas docenas de aldeas que el rey les dio como agradecimiento por la sangre derramada en el campo de batalla. Cuando los reyes de Aragón marcharon por el mar a ganar tierras en Nápoles, en Sicilia y en Cerdeña llevaban a su lado capitanes fieros que recordaban con su nombre el vallizuelo oscuro del que procedían sus antepasados. Más tarde, cuando la política de la Corona de Aragón volvió a encerrarse en el extremo nororiental de al Península Ibérica, los herederos de aquellos Bardaxíes guerreros volvieron a las aldeas pirenaicas. Sus hijos y los hijos de sus hijos fueron señores de las montañas, aldeanos acomodados, clérigos, infanzones, inquisidores, bandoleros, notarios y labradores.

Esta es la historia de una rama nacida del tronco robusto de aquel árbol de Bardaxí que brotó del guerrero que abandonó el valle para pelear contra los infieles. La historia comienza en el siglo XVI con la vida de un Bardaxí hereje, deslenguado, bandolero y espía del rey. Continúa con las existencias oscuras de muchos Bardaxíes de la aldea: señores de escuálidos vasallos, presbíteros y prestamistas. El siglo de las luces sacó de nuevo a sus hijos de las montañas, los puso junto al rey y los llevó al corazón de las principales cortes de la Europa que Napoleón hizo temblar. Luego, se hundió el mundo de los señores y de los vasallos: todo fue decadencia para los que habían señoreado las montañas. En el siglo XX, en la gran hoguera de la Guerra Civil, aún hubo sangre y fuego de aquella estirpe de guerreros antiguos. Fue casi el último rescoldo del viejo árbol consumido. Por suerte, se salvaron los pergaminos y los decrépitos papeles donde están las huellas de los pasos de los hijos del guerrero que dejó el valle.

CAPÍTULO I

«...HOMBRE DE MUY MALAS MAÑAS Y CONDICIONES...»

Hereje, lo que se dice hereje, tal vez no fuera. Para ser hereje debe hacer falta cierto afán por escudriñar en el mundo de las ideas. Seguramente es necesario rechazar unas creencias —sobre las que se ha pensado— y aceptar otras distintas acerca de las cuales se ha meditado también. No parece que Felipe Bardaxí fuera muy dado a la meditación. Cabalgaba constantemente. Iba armado hasta los dientes. Se hacía acompañar siempre por cuarenta o cincuenta hombres de parecida catadura. No respetaba nada. Tenía atemorizados a todos los vecinos. Robaba. Traficaba con caballos. Las fronteras no existían para él. Tan pronto estaba en Francia como en España. A veces cruzaba también Italia. Era provocador. Se reía de los sacramentos. Se burlaba del Papa. Decía que en las montañas el Papa era él y que al de Roma no le hacía más caso que a un pobre idiota de su aldea al que llamaban Gaceta. Tanta provocación acabó por molestar al Santo Oficio.

La Inquisición le abrió un proceso en 1558 en base a las declaraciones de ciertos testigos que manifestaron *«aver oydo dezir muchas vezes al dicho Phelippe Bardaxí no creo en Dios, reniego de Dios y descreo de Dios y que Dios no podía hazer que ganase y que no estimava mas las Bullas del Papa que si las diera un loco de aquella tierra que se llama Gaceta y que avia ocho o diez años que no se confesava y que haziendo burla de las bullas dezia que bullas que bulletas y que en aquella tierra el se es Papa y que no era menester confesarse sino a Dios solamente».*

Los testigos también declararon que Bardaxí pasaba caballos a Francia y que sus criados causaban muchos males a los vecinos de aquella tierra. Contra estos delitos no procedieron los inquisidores: les bastaba con las declaraciones heréticas. Mandaron ministros del Santo Oficio a San Juan del valle de Gistau para prender al hereje, pero esta no era tarea fácil. Bardaxí respondió con las armas y los de la Inquisición estuvieron a punto de dejar la vida en las montañas que señoreaba el perseguido deslenguado. Partieron los ministros de la Inquisición a uña de caballo y cuando, aún temblorosos, alcanzaron la tierra llana y contaron cómo habían sido recibidos sentaron entre los inquisidores los fundamentos de la fama que acompañó siempre a Felipe Bardaxí: era un criminal desalmado pero en las montañas resultaba imposible su captura o ejecución.

El proceso inquisistorial siguió adelante y el procesado siguió libre conduciendo su cuadrilla de bandoleros por los montes, asustando a los vecinos del valle y pasando caballos a Francia. El tráfico de caballos constituía un negocio excelente. Los animales no se criaban en las montañas aragonesas. Eran ejemplares magníficos que procedían de Castilla. Los tratantes los compraban en las grandes ferias castellanas y los conducían a Barbastro. Allí pasaban a manos de los contrabandistas que los llevaban a Francia. Los contrabandistas eran, con frecuencia, infanzones pirenaicos empobrecidos y osados que dirigían cuadrillas de bandoleros. Conocían bien los pasos de las montañas y tenían buenos contactos al otro lado. No les preocupaba si los compradores eran o no herejes. Las ideas heréticas de muchos de los bearneses que adquirían caballos abrieron la puerta para que la Inquisición se ocupara de los contrabandistas.

Corría el mes de junio del año 1565. España, Francia —y media Europa con ellas— vivían pendientes de los resultados de un encuentro en el que varias monarquías tenían puestas sus miradas y sus intereses, bien distanciados por cierto. La reina de España, Isabel de Valois, esposa de Felipe II, acudía a Bayona para entrevistarse con su madre, Catalina de Médicis, reina de Francia y regente en nombre de su hijo Carlos IX.

En Francia el conflicto religioso entre hugonotes y católicos tenía dividido al país en bandos irreconciliables que pugnaban por controlar la voluntad de la regente para poder así dominar el estado. Catalina, habilísima, no se decantaba por ninguno de los dos bandos. En las cartas que enviaba a su yerno, el rey de España, se mostraba católica fervorosa, pero en el trato con los hugonotes era tolerante. Tolerante e impredecible. Lanzaba edictos pacificadores y consentía represiones sangrientas. Se rodeaba de cortesanos herejes y juraba a Felipe II que cortaría la herejía de raíz.

El rey de España estaba inquieto ante la actitud de su suegra. Deseaba que acabara con los hugonotes de una vez por todas. Temía la ayuda que desde Francia se pudiera prestar a los rebeldes de Flandes. Estaba disgustado con el trato que la reina dispensaba a los barcos turcos que atacaban a los españoles. Catalina de Médicis, la astuta florentina, había propuesto a su yerno una entrevista para que los dos monarcas trataran, cara a cara, de estos conflictos. La reunión debía celebrarse en Bayona. Desde que se empezó a hablar de este encuentro, las «vistas de Bayona» —así se citaban en los documentos de la época— concitaron toda suerte de esperanzas, temores, suspicacias y proyectos. Felipe II dudó mucho —esto no era nuevo en él— acerca de la conveniencia de acudir a entrevistarse con su suegra. Por fin decidió no ir personalmente a tratar con la reina de Francia. Envió en nombre suyo a su esposa, Isabel de Valois, acompañada de lo más granado de la corte española y —en especial— del duque de Alba, que llevaba órdenes muy concretas del rey para intentar convencer a la de Médicis de la necesidad de cortar el avance de la herejía en Francia.

El encuentro entre la reina de España y su madre tuvo lugar

en la segunda mitad del caluroso mes de junio. El ambiente que rodeó a la entrevista fue fastuoso. Los banquetes y las fiestas se sucedieron sin interrupción a lo largo de dos semanas. En el cortejo español sólo figuraban dos damas junto a la reina, pero había muchos caballeros de prestancia que compitieron con los franceses en justas, juegos y bailes. La reina francesa había llevado a Bayona toda la magnificencia de una corte alegre, ostentosa y relajada. Pero en medio de los festines y de las músicas, entre los bailes y los encuentros galantes, se estaban tratando graves asuntos de estado de cuya solución dependía que se vertiera o no mucha sangre en nombre de ideas religiosas que escondían vastos intereses de todo tipo.

En el encuentro participó, por parte francesa y entre otros muchos notables caballeros, Blas de Monluc fanático católico, guerrero valeroso y sanguinario, modelo —según algunos— de ejemplar entrega a la causa de la fe y traidor a su patria por venderse al rey de España, según otros.

Junto a los grandes nobles y a los cortesanos, entre los españoles que acudieron a Bayona en aquellas jornadas memorables, estaban dos montañeses de Aragón de apellido Bardaxí. Juan y Felipe —así se llamaban— eran infanzones sin fortuna, astutos, violentos y amigos de Monluc.

El embajador del rey de España en la corte francesa era don Francés de Álava. Parece, por sus informes, un político prudente que observaba con inteligencia los acontecimientos y a las personas y emitía juicios cargados de atinada precisión.

En abril de 1565, cuando las «vistas de Bayona» ya habían sido anunciadas, escribe desde Toulouse a Gonzalo Pérez, secretario del rey. Le habla de Felipe Bardaxí. El embajador parece abrumado por tener que soportar cerca de él al indeseable Bardaxí, pero reconoce que puede resultar muy útil mantenerlo al servicio del rey de España porque *«es la principal clavija por donde se gobierna Monluc y si fuese menester el dicho Monluc algún día el dicho Bardaxí sería más parte con él que otro».*

Don Francés de Alava no estaba engañado acerca de Felipe Bardaxí. Sabía que era un mercenario deslenguado y sin escrúpulos. En otra carta al rey ofrece un retrato breve y enjundioso: *«Hay aquí uno que llaman el capitán Bardaxí, cuya estatua me dicen que han quemado, dos o tres meses ha, en Zaragoza en un auto, que vende caballos de España. Aquí ha probado bien en la guerra passada y seguido la parte catolica aunque ahora me dicen que no se le da mas de la una que de la otra y que es hombre de muy malas mañas y condiciones»*. Felipe II leyó la carta y anotó al margen una sola palabra: «ojo». Aquel rey cuya prudencia muchos llaman indecisión tal vez pensó: «ojo, puede sernos útil». O quizá: «ojo, es peligroso». O —más probablemente— pensó ambas cosas. Bardaxí era un contrabandista pendenciero, un hereje aldeano y deslenguado, un bandolero cargado de altanería y —en resumen— un hombre sin escrúpulos. Para este tipo de personas el estado siempre ha tenido reservadas ciertas tareas.

Felipe Bardaxí había nacido, algunos años antes de que el siglo XVI llegara a su mitad, en San Juan del valle de Gistau, lugarejo emplazado en las laderas de un valle cerrado por montañas muy elevadas que mantienen la nieve todo el año. El pueblo había sido señoreado por los antepasados de Bardaxí, pero cuando nació nuestro hombre el señorío estaba envuelto en pleitos porque los vasallos no reconocían más señor que el rey. Eran tierras de frontera. Lugares propicios para el contrabando y para la huida. Montañas escabrosas en las que los bandoleros se sentían seguros y los representantes de la ley inseguros o sometidos a la voluntad de los facinerosos.

Felipe parece que fue el quinto de los siete hijos que Antonio Bardaxí, señor de Villanova y de las Vilas del Turbón, tuvo con su esposa Francisca de Latrás. Aunque esto no es seguro: las genealogías son complejas y tal vez no fue hijo sino hermano de éste Antonio Bardaxí, casado con la de Latrás. Vemos aquí juntos dos apellidos que en el revuelto ambiente altoaragonés de la segunda mitad del siglo XVI representaron la culminación de la carrera de los proscritos cuyos crímenes cabalgaban entre los peligros de la persecución y la legitimación otorgada a quienes ponen sus turbios métodos al servicio del rey.

Los contrabandistas eran —ante todo— comerciantes. Compraban y vendían. Traficaban con cualquier cosa. Caballos, mulas, lana, tejidos, armas, hierro: todo era susceptible de ser comercializado ignorando la normativa aduanera.

En marzo de 1563 estaba preso en Barbastro Martín Campan, alias «Loran», contrabandista, natural de San Juan del valle de Gistau y concuñado de Felipe Bardaxí. Había sido capturado unos meses antes y, juzgado por la justicia ordinaria, fue condenado a muerte. Antes de ser ejecutado hizo testamento. Los preludios de su última voluntad ofrecen la imagen del que iba a morir: *«el honorable Martín Campan, alias Loran, con una cadena a la garganta puesta y las manos atadas y unas esposas en ellas puestas con un crucifixo en las manos contemplando como fiel y católico cristiano demandándole perdón y misericordia de sus pecados»*. Campan, al ordenar el destino de sus bienes, repasa la lista de sus deudores y acreedores. Aparecen en ella numerosos pueblos repartidos por todo el Alto Aragón y —sobre todo— por la Gascuña, donde vivían comerciantes a los que compró o vendió ganado, telas, armas o hierro. También hay muchas personas a las que prestó dinero o de quienes tomó dinero prestado. Si no se supiera el oficio del testador se podría pensar que eran las últimas voluntades de un honrado comerciante o de un agente internacional de comercio.

Había cientos como él. Campan, probablemente, formó parte de la cuadrilla de Felipe Bardaxí. Tenía una hermana casada con un hermano de Felipe: la nombró heredera universal de sus bienes. Pero también es posible que actuara por su cuenta o que se integrara en distintas cuadrillas a lo largo de los años. Los lugares que cita en su testamento ofrecen una cierta dispersión geográfica en la cordillera pirenaica. Seguramente conocía muchos pasos y empleaba uno u otro según le conviniera.

Caballos, arcabuces, pedreñales, pistoletes, pasos en la montaña, cabalgadas de día y de noche, posadas, ferias, contactos en las villas francesas, contactos en las españolas, gente conocida en todos los valles, ninguna lengua bien dominada pero capacidad para hacerse entender en todas: éste era el mundo de Campan. Este era también el mundo de Felipe Bardaxí.

El valle de Gistau ofrecía buen refugio a los asesinos, a los ladrones, a los proscritos, a los falsificadores de monedas. En las profundidades de los bosques había cabañas de leñadores y de carboneros. Cerca de los arroyos se habían instalado algunas ferrerías atendidas por extranjeros audaces y solitarios. Los mineros, los ferreros, los hombres del bosque y los contrabandistas formaban un mundo marginal, temible, oscuro. Los vecinos de San Juan dirigieron un memorial al emperador Carlos V clamando contra esta gente adusta de los bosques: *«...con motivo de las ferrerias que se han establecido habitan tambien en él mas de ochenta hombres extrangeros que se emplean en ellas, por lo que se suscitan con frecuencia innumerables casos en que se hace indispensable el exercicio de jurisdicción. Que a esto contribuye la situación a proposito para cometer todo genero de delitos por lo aspero, fragoso y montuoso del terreno, siendo camino de desertores, contrabandistas, ladrones y gentes vagas que se pasan a Francia y acogen en las ferrerias».*

Estos delincuentes que atravesaban las fronteras constituían la élite dentro del abigarrado panorama de los bandoleros, tan abundantes en el Alto Aragón en la segunda mitad del siglo XVI. Eran una auténtica plaga. Los pueblos vivían atemorizados ante sus tropelías. Casi todos los concejos establecieron estatutos especiales para reprimir el bandolerismo. Los de Barbastro, de 1568, comenzaban así: *«Por proveher a los grandes y enormes delitos que cada día se cometen por los delates y bandoleros y otros bellacos y gente de mala vida en grande ofensa de nuestro señor Dios y del rey y la justicia y en grande daño de los vezinos y moradores de las tierras por donde dichos delates andan...».* Los estatutos preveían la pena de muerte para los bandoleros. De las horcas, situadas a las afueras de las villas y de las ciudades, siempre pendían ejecutados. Pero la plaga no se extinguía. Los infanzones y los ricos comerciantes fortificaban sus casas. Los arrieros, los pastores y los caminantes se recogían a lugar seguro antes de que anocheciera. El temor crecía a la par que la normativa represora. Los delitos aumentaban.

En noviembre de 1578 estaba en la cárcel del lugarejo de las Cellas un bandolero llamado Martín Fraxen, alias «Guillén», que había sido condenado a muerte. Como el contrabandista antes citado, Fraxen también dicta testamento. Y, tras el testamento, el bandolero añade una declaración singular. Persuadido por el capellán que le atiende en los últimos momentos, el reo decide confesar todos los delitos que ha cometido, algunos en solitario, otros acompañado de una cuadrilla de facinerosos. La confesión conforma el currículum de un bandolero de baja estofa: está repleta de robos nocturnos de cereal por las eras de los pueblos de la comarca, asaltos a pastores y a comerciantes, hurtos en casas y un asesinato: dio a un hombre un aviso falso para hacerlo salir de su casa por la noche y, ya en el camino, lo mató para robarle.

Este asesino confeso, que husmeaba durante la noche por los caminos y las eras de los pueblos de su entorno para robar unos sacos de trigo o algunas monedas, se situaría en el escalafón más bajo del gremio de los bandoleros. El contrabandista preso en Barbastro y emparentado con Bardaxí, ocupaba un escalón más elevado: se movía más, disponía de buenas armas y caballos, atravesaba la frontera cuando quería. Felipe Bardaxí estaba aún más alto: era el mayor contrabandista, el más osado, el que llegaba más lejos con sus tropelías.

El proceso que le abrió la Inquisición duró desde 1558 hasta 1563. Fue condenado en rebeldía. Como no lograron capturarle fue relajado en imagen. La estatua que representaba al altanero montañés fue destruida en el auto de fe que tuvo lugar en Zaragoza el día veintiocho de octubre de 1563. También se había ordenado la confiscación y la venta pública de sus bienes, pero cumplir estas últimas resoluciones era más difícil que destruir un monigote en Zaragoza. Nadie se atrevía en las montañas a tocar los bienes de Bardaxí. Los inquisidores de Zaragoza escribieron en este sentido al Inquisidor General. Muestran —desnuda— su impotencia frente al osado bandolero: *«En el secresto (secuestro) que se hizo de bienes de Philippe Bardaxí se secresto (secuestró) su casa y como está tan a la raya de Francia y el trae de ordinario consigo tantos vandoleros no a avido quien haya osa-*

do residir en ella en nombre del Santo Oficio y assi el Philippe Bardaxí mora el tiempo que passa de Francia en Aragon y cuando el passa a Francia quedan alli sus lacayos los quales demas que desirven mucho a su magestad con passar cavallos a Francia hazen muchos insultos y daños en la tierra de manera que estan tan oprimidos los vecinos que no hay quien ose menear y ay mucho scandalo en la tierra por aver crecido su malicia despues que la casa se secresto por el Santo Oficio por lo qual nos vienen grandes quexas dellos».

No sólo la Inquisición, también la justicia ordinaria anda tras Bardaxí con el mismo escaso éxito. El bandolero tiene muchos enemigos en las montañas que desean acabar con su vida, pero están atemorizados y guardan el odio en su pecho, no se atreven a pasar a la acción. Los inquisidores piensan en cualquier posibilidad de acabar con Bardaxí. La compleja red de comisarios y familiares del Santo Oficio mantiene informados a los inquisidores de los pasos del proscrito: *«Philippe Bardaxí ha venido de Francia a Sant Joan de Valdegestao donde tiene su casa. Anda con muchos vandoleros de pie y de caballo haziendo gran daño y estrago en la tierra, vienen aquí muchas gentes quexandose de los agravios que del y de su parte reciben y aun el governador de este Reino a venido dando la misma relación y diziendo la poca parte que es el para podello remediar lo qual entendemos bien los que aqui residimos y nosotros que quizá le podriamos prender tememos hazello por parecernos que sin peligro y riesgo de vidas no se podría effectuar. Mandara V.S. lo que se debe hazer teniendo consideracion que este jamas entrara en Aragon que no sea tan bien acompañado como ahora anda certificandonos que estara en la tierra lo que resta de abril y todo el mes de mayo. Tiene enemigos muchos tambien en la misma tierra, que como nos quisiesemos aprobechar dellos emprenderian de muy buena gana prendelle y si no es con ayuda destos que son de la misma tierra ni nosotros ni nadie bastariamos a hazerlo».*

A comienzos de 1564 los inquisidores, para evitar que Felipe Bardaxí se refugie en su casa cuando viene de Francia y que sus lacayos la tomen como guarida desde donde partir para cometer todo tipo de tropelías, creen que lo mejor es *«derribarla por los cimientos»,* pero temen la reacción del bandolero hasta el punto de creerlo capaz de atacar al rey cuando venga a Monzón para celebrar cortes: *«Pero como Su Magestad ha de venir tan presto a Cortes Phelippe Bardaxi o sus deudos podría ser que diessen un greuge o molestassen a Su Magestad».*

Los que redactaban estos informes y se preocupaban por la seguridad del rey, los que planeaban cómo capturar a Felipe Bardaxí y recogían las quejas de los agraviados por el bandolero, los que seguían sus movimientos para informar al Santo Oficio y el Santo Oficio mismo que lo condenó: todos, absolutamente todos ignoraban que el herético criminal hacía tiempo que trabajaba para el rey de España.

La carrera de Felipe Bardaxí como agente de Felipe II en Francia comenzó por medio de Juan Bardaxí, hermano de Felipe. Juan recorría las agitadas villas del sur de Francia, polarizadas en dos bandos irreconciliables divididos por la fe religiosa, entraba en las casas y en los castillos de los señores católicos, los animaba en los preparativos de la guerra para acabar con los hugonotes, traía mensajes de los nobles católicos franceses al rey de España y llevaba a Francia difusas promesas de ayuda del monarca español. A cambio de sus servicios, el rey le enviaba algún dinero y le permitía —de vez en cuando— pasar caballos. Juan Bardaxí enviaba sus informes al rey directamente o al príncipe de Éboli, que los trasmitía a Felipe II. A veces, también los dirigía a Gonzalo Pérez y luego a su hijo, el célebre Antonio Pérez.

En Francia el mejor contacto de Juan era Blas Monluc, el noble católico aguerrido, *«fogoso como un caballo sardo»* y fácil de seducir con alabanzas y loas a su valor que se hizo famoso —entre otras cosas— por mandar asar a fuego lento a 700 hugonotes que capturó en la villa de Penne. Monluc hablaba mucho. Constantemente se ofrecía para misiones grandiosas y proponía que le cortaran la cabeza si no las cumplía. Tenía influencia entre los nobles de Gascuña y Guyena. Se movía constantemente de una a otra ciudad organizando las fuerzas militares del bando católico. En la corte francesa también se reconocía su poder: fue llamado a participar —como se ha dicho— en las «Vistas de Bayona». En España el rey comprendía la utilidad del aguerrido Monluc para la causa católica, pero quizá no tuviera en mucho su valía personal y su inteligencia. Este parece ser el triste destino histórico de los fanáticos aguerridos: los líderes a quienes defienden los desprecian, los consideran unos charlatanes tarambanas, los utilizan y los halagan en calculadas dosis. En las cartas de Felipe II, que Juan Bardaxí llevaba a Monluc, el rey alaba la dedicación a la causa católica del fogoso francés. Le dice a Bardaxí que le haga ver cuánto lo aprecia: *«que vea el cuydado que desto tengo y el credito que doy a su persona por su bondad y cristiandad y gran fidelidad que tiene a su rey y esto con tan buenas palabras que el entienda lo que yo le estimo»*. Luego, Felipe II, cuando da instrucciones al duque de Alba acerca de las «Vistas de Bayona» hablando de Monluc, le aconseja que lo gane por la vanidad, que es su punto flaco. El rey emplea a Bardaxí para jugar con Monluc guiándolo con un sutil movimiento de tira y afloja, de promesas y de dilaciones, de afirmaciones categóricas y de medias palabras.

Juan Bardaxí trata con el rey de España personalmente: envía cartas al monarca y el rey le da órdenes. En agosto de 1564 Felipe II manda a Bardaxí que venga secretamente a Madrid para entrevistarse con él. La carta del rey muestra mucha confianza en su agente: *«ha querido (el rey) mirar a un mas en el asunto y no resolvesse en nada sin hablar primero con V.m. y que en su presencia se trate de lo que converna y tambien porque no se pudiendo fiar estos negocios de papeles es menester que a boca se haga el oficio que se resolviere»*.

Cuando Felipe II envía esta carta a Juan Bardaxí ya sabe que, desde hace meses, su hermano, el condenado hereje cuya imagen se destruyó en el auto de fe de Zaragoza, actúa de espía y de correo para la causa católica en el sur de Francia. La mayor parte de los mensajes que llegan a la corte española con informes acerca de la difícil situación de aquellas tierras, han pasado por las manos de Felipe Bardaxí. Él los recibe de Monluc y los entrega a su hermano Juan para que los haga llegar al rey. Estos mensajes son casi siempre de cierto tono apocalíptico: en todos se anuncian grandes males para Francia y su monarquía, mucha sangre y enormes desastres si el rey de España no interviene pronto en ayuda de los católicos franceses para que éstos destruyan a los hugonotes. Las cartas que Bardaxí hacía llegar al rey están cargadas de imágenes de señores guerreros reunidos para conspirar, de ejércitos que se arman secretamente en villas y ciudades, de amenazas, de temores, de sospechas. El encabezamiento de las cartas ya es evocador: *«Lo que don Juan Bardaxí trae a cargo de dezir a Su Majestad de parte de los Señores Católicos de la Guyena»*.

En la olla de las guerras de religión francesas se cocían muchos ingredientes de origen español o relacionados con España. Mientras se iba preparando el guiso había varios cocineros —en Francia y fuera de Francia— que se se consideraban responsables de lo que allí se guisaba y aderezaban el plato a su gusto: Felipe II era uno de ellos. Pero el rey español no estaba en la cocina. Tenía que fiarse de los pinches que le traían los mensajes: ya se encuentra todo preparado, ya comienza a hervir, le falta sal, hay que bajar el fuego, etc. etc. Los hermanos Bardaxí eran pinches muy cualificados. El día 16 de febrero de 1564, Juan Bardaxí, desde Barcelona, envió al rey una carta en la que daba cuenta de sus últimas conversaciones con Monluc. Con su endiablada caligrafía Bardaxí trasmite al rey de España las obsesivas ideas del ardiente mariscal francés, en las que —como siempre— se mezclan las denuncias de peligros inminentes, los ofrecimientos personales, los halagos y las advertencias sobre la omnipresencia de los herejes. Comienza Monluc señalando que el rey de Francia pronto será hereje. Esto no le conviene al rey de España. Los herejes franceses están en connivencia con algunos españoles. El rey de España debe poner remedio a tanto mal: de él depende la cristiandad entera y —además— no debe olvidar que está casado con una hermana del rey de Francia. También debe considerar el rey de España que puede llegar a ser rey de Francia por no haber otro heredero. Monluc y toda la nobleza de Gascuña, Bearne y Guyena esperan la ayuda del rey de España y morirán si es preciso por la religión. Monluc arde en deseos de servir al rey de España y pide que le dé un puesto en sus ejércitos para combatir en el norte de Italia o en cualquier otro sitio. Si no lo acepta en sus ejércitos solicita que consiga del rey de Francia que le deje hacer la guerra a la Princesa de Bearne, que es una gran hereje y la culpable de todos los males del sur de Francia (y aquí añade lo de siempre: *«prometía (Monluc) de azelle dexar la lei que tenia antes de seis meses i si no la aszía le cortasen la cabeza»).* La princesa del Bearne tiene espías en la corte francesa y sabe todo lo que se dice en el Consejo del rey de Francia. El embajador del rey de Francia en España es un hereje. Los herejes tienen espías en las fronteras españolas y en Flandes ... etc. etc.

Con informes de este tipo y con los que recibía de otros agentes —en especial de su embajador don Francés de Álava— iba Felipe II componiendo la imagen de lo que sucedía en Francia. Cuando Catalina de Médicis sugirió la entrevista de Bayona, la propuesta originó una intensificación de la actividad de los agentes del rey de España en Francia. Bardaxí transmitió los deseos de Monluc de que la entrevista se llevara a cabo. Cuando en noviembre de 1564 se reunió el Consejo de Estado para deliberar acerca de la conveniencia o no de que el rey acudiera a Bayona para hablar con la reina de Francia, los informes que más se manejaron fueron los llegados a España por medio de Bardaxí. Las deliberaciones del Consejo constituyen un buen resumen de todo el complejo panorama de la política europea de aquellos momentos. Comienzan a tratar el tema partiendo de los informes remitidos por Monluc y Bardaxí. Tirando de ese hilo aparece todo el ovillo de la inestabilidad de Europa. La cuestión religiosa en Francia ha llegado a tal extremo que ya parece aconsejable intervenir. Si Francia deja de ser católica peligran los estados de Felipe II, sobre todo Flandes. En materia de religión no se sabe muy bien lo que piensa la reina de Francia porque se muestra llena de contradicciones. Hay que conocer bien sus proyectos: por eso conviene entrevistarse con ella. Pero el encuentro de Felipe II con la reina plantea graves inconvenientes. Puede hacer pensar que se trata de una alianza de Francia con España. Esta alianza inquietará mucho a los ingleses y a los alemanes, que para evitarla ayudarán a los hugonotes a sublevarse y, también, atacarán Flandes. La actitud del Papa inquieta porque si no se le advierte de la entrevista se sentirá molesto y si se le avisa querrá tener alguna participación. Preocupaba también mucho la seguridad del rey de España, difícil de garantizar en una tierra repleta de herejes que lo odiaban. Por fin se acordó que Felipe II no acudiera a la entrevista. Como ya se ha señalado fue su esposa, Isabel de Valois, quien se trasladó a Bayona para hablar con Catalina de Médicis, su madre. El resultado de la entrevista fue nulo. Sólo sirvió para confirmar lo que se sabía: la actitud de la reina de Francia era impredecible.

A lo largo de todo el año 1564 y en la primera mitad de 1565 la preparación de las «Vistas de Bayona» constituyó una de las principales preocupaciones de los espías que el rey de España tenía en Francia. En este tiempo Felipe Bardaxí —que ya había sido juzgado, condenado y relajado en estatua— interviene activamente como enlace entre su hermano y los católicos del sur de Francia. Pero Felipe no se relaciona directamente con el rey: es un delincuente, un proscrito. Parece que esté haciendo méritos para lavar sus culpas. Juan no oculta ante Felipe II las tareas de su hermano: en las cartas que envía al monarca hace constar el papel de Felipe como intermediario.

Monluc alaba constantemente el valor de Felipe Bardaxí e intercede por él ante el rey de España. El mismo embajador don Francés de Álava, depués de haberlo calificado como *«hombre de muy malas mañas y condiciones»*, comprende que puede resultar útil, ensalza su valentía y advierte de la importancia de sus relaciones con los señores católicos del sur de Francia. Finalmente el rey español se decide a intervenir en favor del condenado hereje.

En septiembre de 1565 el Príncipe de Éboli, en nombre del rey, escribe desde Segovia al arzobispo de Sevilla para interceder por Felipe Bardaxí. No era esta la primera vez que trataba el tema. El de Éboli comienza la carta recordando al arzobispo que ya le ha hablado anteriormente dos veces de lo mismo por mandato del rey. Señala que Bardaxí cree no tener culpa alguna y desea venir de Francia para pedir perdón. Recuerda los buenes servicios que el condenado está realizando en favor de la causa de los católicos franceses y del rey de España. El Príncipe de Éboli pide al arzobispo de Sevilla que escriba a los inquisidores de Zaragoza para que éstos suspendan la venta de los bienes de Bardaxí y —en especial— de su casa porque *«una vez se vendiesse aunque el se hallare sin culpa quedaria lo de la hazienda sin remedio»*. Pide la suspensión de la ejecución de la sentencia dictada contra Bardaxí. El de Éboli reclama respuesta para poder *«dezir a Su Magestad sobre ello porque holgara de saberlo»*.

El Príncipe de Éboli fue el más firme valedor de Juan y de Felipe Bardaxí ante el rey. En septiembre de 1566 Felipe todavía no ha vuelto para responder de las acusaciones que se le imputaban y que —según él— no eran ciertas. Por aquellos días su papel en la escena francesa había crecido. Juan solía residir en Zaragoza y era Felipe quien resolvía los asuntos franceses. Desde la capital aragonesa Juan seguía enviando al de Éboli los informes que le remitía su hermano. El día 20 de septiembre de 1566 despacha una carta en la que da cuenta de cómo Felipe está tratando de desentrañar las relaciones que existen entre los herejes franceses y los rebeldes de Flandes. Describe los grandes preparativos bélicos de los hugonotes, que se están armando y tienen varios ejércitos preparados para alzarse con el poder en Francia. Narra las estratagemas que emplean para acumular y transportar dinero y cómo han entrado en contacto con el turco para que les ayude cuando se subleven. Describe cómo Monluc ha estado a punto de ser asesinado: se salvó en el último momento porque fue advertido por una mujer católica cuyo marido estaba encargado de la ejecución del fogoso mariscal. Finalmente anuncia que *«Felipe Bardaxí biene a presentarse y probará que todo cuanto le han acusado es falso»*.

El hereje contumaz regresó y fue encarcelado. Esta es una situación repetida mil veces a lo largo de la historia de todos los estados: una cárcel repleta de presos, entre ellos uno que ha cometido grandes delitos y —sin embargo— se muestra seguro y altanero a pesar de la condena que pesa sobre él. Su seguridad nace de lo que sabe. Las leyes que llevan al patíbulo a los otros presos no cuentan para él. Secretos de estado, maniobras oscuras, intereses inconfesables: en ellos está su salvoconducto. El estado también dispone de instrumentos para salvaguardar los intereses que ha puesto en manos del preso: tiene un grueso expediente judicial, una sentencia terrible y una condena suspendida que será una amenaza perpétua sobre la cabeza del reo.

El paso de Felipe Bardaxí por la cárcel fue breve y —seguramente— cómodo. El 13 de febrero de 1567 estaba todavía en prisión. Pero lo iban a soltar muy pronto: Felipe II lo necesitaba en Francia.

Los asuntos de Flandes iban muy mal. El duque de Alba, con un gran ejército, se disponía a marchar hacia allí para tratar de contener a los rebeldes. El mismo rey de España pensaba viajar a Flandes, porque consideraba necesaria su presencia en los revueltos estados para pacificarlos. Pero al rey le asustaba cruzar Francia: temía por su vida. Por eso suelta a Felipe Bardaxí y lo envía de nuevo al otro lado de los Pirineos con dos misiones claras: por un lado animar a los católicos para que tomen las armas y destruyan a los herejes, por otro lado para que esté muy atento y averigüe todo lo que se trama en Francia contra Felipe II y contra el ejército que envía a Flandes.

La carta en la que el rey anuncia a Juan Bardaxí que va a liberar a su hermano constituye un buen modelo de la retórica característica de las comunicaciones de Felipe II. *«Noble, fiel y amado nuestro Don Juan de Bardaxí»:* así comienza la larga misiva que parece dominada por la obsesión de justificarlo todo en base a los intereses del cristianísimo rey de Francia. Felipe II dice estar preocupado *«no tanto por el impedimento que me pueden hazer ni por el daño que a mis cosas podria suceder, quanto por ver la total ruyna y destrucción que se puede tener y contener por cierta del Christianisimo Rey mi hermano (el rey de Francia)».* Más adelante señala su temor de que *«los ruynes y desobedientes»* tomen las armas para *«acabar de destruir con ellas aquel Reyno y perder del todo la obediencia a su Rey y Se-*

ñor natural, que esto me llegaria a mi alma, por lo que amo al Rey Christinisimo mi hermano y por lo que deseo el bien y establecimiento de su reino». Y más adelante *«por lo mucho que deseo ver al Rey Christianisimo mi hermano y los suyos en toda quietud y sosiego...».*

El día 25 de febrero, doce días después de escrita esta carta, Juan Bardaxí, desde Zaragoza, escribe al rey para comunicarle que los inquisidores de Zaragoza ya han liberado a su hermano con la garantía —ofrecida por Juan Bardaxí— de que regresaría pasados seis meses. Felipe ha partido para Francia, donde lo aguarda —impaciente— Monluc. El fogoso francés está sufriendo una mala racha: un hijo suyo y un hermano han muerto en la isla de Madera. Juan, después de solicitar permiso para enviar un caballo a Monluc, pide dinero al rey. En otra carta, fechada el mismo día, que envía al Príncipe de Éboli, reclama también dinero. La petición es justa: así parece reconocerlo el mismo rey. En una nota al margen del folio donde presentaron —reunidas— las últimas informaciones de los hermanos Bardaxí, alguien señala la necesidad de darles algún dinero. Por lo visto, llevaban cinco años sirviendo al rey sin cobrar nada.

En Francia, Felipe Bardaxí tendría grandes gastos. Los constantes viajes, la manutención propia y la de sus lacayos, las armas, los caballos, los regalos a los señores de la tierra: todo eso requería considerables sumas de dinero que el rey no enviaba. El dinero que, tras muchas protestas y súplicas, recibía del estado era ridículo. En una carta, hablando de lo que le han enviado, dice que con esa suma *«no había para agua».*

Si no recibía dinero por sus servicios al rey ¿cómo sobrevivía? ¿cómo financiaba sus actividades? La respuesta sólo puede buscarse en las ganancias derivadas del contrabando de caballos.

Felipe Bardaxí, tras ser liberado por los inquisidores aragoneses y regresar a Francia, envía numerosos informes de contenido casi exclusivamente militar: da noticia de movimientos de tropas, de las fuerzas con las que los herejes cuentan en cada ciudad, de quiénes son sus jefes y cuáles sus planes. En esta etapa Felipe parece dedicado por entero a sus tareas de espionaje. En sus cartas ofrece la impresión de haber asumido plenamente su compromiso con el Estado y se considera un funcionario con derecho a reclamar un pago justo por lo que hace. En octubre, cuando ya ha enviado numerosos informes, reclama dinero y anuncia que si no se lo envían abandonará sus tareas de espionaje. En carta a Juan Bardaxí, remitida desde Toulouse, dice: *«Torno a dezir que si proveen que yo tenga que comer, yo hare mas de lo que piensan, mire que yo veo en lo que ha de parar este negocio, y si no me proveen no es menester que V.m. se fatigue en escrivirme, que no hare nada, porque no puedo mas, que tengo de penssar que ha cinco años que sirvo a mi costa como saben las gentes, y nunca me han dado un real...» «...V.m. despache bolando y me avise, y provea, y sino yo lo dexo todo, y tomare libro de nuevo sino dan mas prisa».*

Mientras envía estas cartas en las que amenaza con abandonar su servicio, Felipe, en Francia, combate a los herejes con las armas. La guerra —una de las muchas guerras que asolaron Francia en aquellos años— está en marcha. Se asedian y se defienden ciudades. Se combate en los campos. Se destruyen pueblos y cosechas. Felipe es el «capitán Bardaxí». Tiene bajo su mando una tropa numerosa formada por quinientos arcabuceros y una compañía de caballos. Toma villas y castillos. Cierra el paso a los herejes. Su valor es apreciado por los jefes del bando católico y él hace valer esta influencia ante el rey de España. En octubre de 1567, unos días antes de enviar la carta citada antes en la que pedía dinero, escribió otra también desde Toulouse. Se ha conservado una relación sacada de la misma: *«Esta relacion se ha sacado de una carta de Phelippe Bardaxí para don Juan, por ser tan mala la letra como suele».* Unas líneas más arriba la relación dice: *«Que estando el mismo Felipe Bardaxí calzadas las espuelas para venir a verse con el dicho don Juan Bardaxí los presidentes y capitanes de la ciudad de Tolosa se le habían echado a los pies pidiendoles que no los dexase por siete o ocho días porque tenían aviso que los enemigos venian a sitiar a Tolosa, y esta era la causa que avia dexado de venir. Que a el lo avian elejido por coronel de dos mil españoles».*

Tal vez eran sólo excusas para no regresar. Los seis meses dados por la Inquisición, como plazo para que regresara, habían transcurrido ya. Tal vez se presentó más tarde ante los inquisidores, o quizá no. A finales de 1568 estaba por Francia. Hay una carta muy desconcertante de don Francés de Álava. El embajador escribe desde Melun al rey el día 22 de diciembre de 1568: *«A lo de Aragón no dexare de dezir a V. Magestad que aun Monluc ha discurrido algunas veces dandole la luna, en que el era bueno para encomendarle una entrada en España, o comenzar una guerra guerreada larga, apoderandose de Canfranc y Jaca, con lo qual podían tener ocupadas muchas de las fuerzas de V. Magestad. No se en lo que ha parado el Bardaxi que con el andava, pero acuerdo a V. Magestad que es hombre harto al proposito para entender lo que se machina en aquella parte, y aun para mas».*

Esta información desconcierta porque muestra dudas acerca de la fidelidad de Monluc. De todas formas estas dudas no son las únicas que aparecen en los papeles relacionados con los hermanos Bardaxí. En aquel ambiente agitado y confuso de las guerras de religión nada ni nadie estaba seguro. Las tentaciones para que se pasara al bando hugonote le venían a Monluc por parte de Madama de Vandoma. Juana de Albret, llamada madama de Vendome o —simplemente— «la Vandoma» por los españoles, era muy temida y odiada en la corte de Felipe II, hasta el punto de que sabiendo que iba a acompañar a Catalina de Médicis en las «Vistas de Bayona», el rey de España impuso su veto y anunció que si acudía la de Vandoma no habría vistas. En abril de 1567 la temida madama trataba de ganarse a Monluc. A Bardaxí aquéllo le producía gran inquietud. Escribe a Juan para que lo comunique al Príncipe de Eboli: *«Que Madama de Vandoma avia venido alli y que se havia visto con Monluc, y le comenzava a acariciar y que esta es una gran perra, y sería bien acortarle sus malos designos porque emprendera qualquiera traycion, y suplica se le avise lo que sera bien scrivir sobre esto».*

Estas palabras —*«seria bien acortarle sus malos designos»*— puestas en boca de un personaje de la catadura de Felipe Bardaxí sólo pueden tener un significado. Sin embargo, parece que no debieron darle orden alguna al facineroso espía para que *«acortara los malos designos»* de la madama. Ella siguió conspirando y reclutando fuerzas contra los católicos. Felipe siguió enviando informes. Cuatro años más tarde, en marzo de 1571, Felipe Bardaxí manda una carta en la que habla, de nuevo, de «la Vandoma». Asegura que está en tratos con los moriscos. El asunto es grave. No debe olvidarse que entre 1568 y 1570 los moriscos andaluces se habían sublevado contra el rey y habían originado una guerra en las montañas del sur de España. Los moriscos eran muy abundantes en Aragón: según Bardaxí también mantenían contactos con los herejes franceses. En la misma carta vuelve a insistir en la relación de los hugonotes con el Turco. Y con los rebeldes de Flandes, en cuyo socorro han enviado una flota. La actividad de los herejes es frenética, según el espía aragonés: van a tomar Fuenterrabía, tienen dominado al rey de Francia, amenazan Toulouse. Los católicos se encuentran desamparados. En otras cartas describe con mucho detalle las fuerzas de los hugonotes. Sus ejércitos son temibles: *«V.m. se espantaría de ver quan brava gente y bien armada van»*.

En su informe de 1572 se vuelven a repetir las mismas alarmantes noticias y algunas viejas amenazas: se preparan navíos en la Rochelle para atacar la flota de Indias, los herejes buscan ayuda en Alemania, examinan las montañas de Aragón para atacar, piensan tomar Jaca, la reina de Inglaterra interviene a favor de los hugonotes.

Todo es confuso. Todo es inquietante. La Vandoma. Los hugonotes. Los católicos. Monluc. Los moriscos. Los turcos. Flandes. La corona francesa. La reina de Inglaterra. Juan y Felipe Bardaxí. Felipe II. Los intereses. Las fidelidades. Las traiciones. Nada hay seguro. Los protagonistas caminan por campos imprecisos, extraordinariamente resbaladizos, inciertos.

A veces, contemplando las grandes convulsiones históricas desde la lejanía, se percibe su imagen como la de un terremoto social con un epicentro desde el que parten ondas convulsivas que van agitando a los pueblos. Mientras las guerras de religión ensangrentaban la vertiente septentrional de los Pirineos, en la vertiente meridional, por las montañas del Alto Aragón, se extendían conflictos, también sangrientos, que semejaban espasmos agónicos de las ondas residuales del seísmo social francés. Las causas son distintas pero el aspecto es muy similar: las mismas banderías enfrentadas, los mismos desalmados mercenarios de equívocas lealtades en cada bando, el mismo desconcierto, la misma maraña de confusos intereses. El panorama también es muy confuso para quien pretenda estudiar aquellos agitados años: se tira de un hilo y en lugar de deshacerse el ovillo aparecen nuevos cabos que conducen a enredos intrincados. En casi todos los enredos hay un Bardaxí o un pariente de Bardaxí.

Ya se ha señalado la dificultad de clasificar la genealogía y los parentescos. El Felipe Bardaxí de esta historia o fue hijo del Antonio Bardaxí casado con Francisca de Latrás o fue hermano suyo. Francisca de Latrás fue hermana del señor de Latrás, padre del célebre Lupercio de Latrás. Lupercio y los espías —Juan y Felipe— eran parientes. El grado exacto de parentesco no es fácil de establecer con la documentación disponible.

Año 1589. En Barbastro, ciudad industriosa y próspera. Un día de mayo, al amanecer. Movimiento de labradores y hortelanos por las calles, camino de las fértiles huertas. Artesanos que abren las puertas de sus talleres. Primeros ruidos de los martillos de los plateros. Los asnos que llevan carne del desollador a las canicerías caminan cansinos bajo su carga envuelta en inmaculados paños blancos. Rumor de las ruedas de los molinos, golpes sordos de las mazas de madera de los batanes en los húmedos paños, junto a las pilas de los puentes. Aldeanos que llegan con sus acémilas. Los canónigos se disponen a cantar en la catedral. En la calle más transitada resuena el sonido de las trompetas y de los atabales anunciando un pregón importante. Cuando callan las trompetas y los atabales, Matías Iñiguez, corredor público de la ciudad, templa la voz y comienza a recitar un largo pregón: *«Nos Don Fhelippe, por la gracia de Dios Rey de Castilla, de Aragón, De Leon, de las dos Sicilias, de Hierusalen, de Portu-*

gal, de Hungria, de Dalmacia, de Croacia...». La gente se arremolina en torno al pregonero que continúa recitando largo rato los títulos del monarca más poderoso del mundo. El rey quiere dirigirse a todos los aragoneses para darles a conocer los grandes delitos y crímenes de Lupercio de Latrás. Comienza relatando cómo fue hallado culpable de *«enormes delitos de muerte y incendios que con tanta offensa de Dios y nuestra y de los naturales desse Reyno cometio en la Val de Hecho».* Condenado a muerte por esos delitos, Lupercio vio suspendida la ejecución de su sentencia a cambio de servir al rey como capitán en los ejércitos que combatían en Italia. Antes de lograr el perdón, Lupercio, siguiendo los pasos de su pariente Bardaxí, había servido al rey como espía en el sur de Francia y había —también— ejercido de bandolero por las montañas del Alto Aragón. En Italia, según parece, el de Latrás demostró poseer gran valor, mucha fortaleza y astucia sobrada. En 1588 abandonó los tercios del rey y vino a España para combatir en las filas del ejército del conde de Ribagorza, que guerreaba en las montañas del Alto Aragón contra sus vasallos levantiscos. Aquélla fue una guerra oscura, sin sentido, repleta de innombrables causas cargadas de miserias. El conde, educado, pulcro, erudito, desea hacer valer sus derechos legítimos sobre ochenta pueblos de las montañas aragonesas que constituían, en su conjunto, el señorío más rico del viejo reino. Los vasallos, animados por agentes del rey, se alzan contra su señor. Miles de bandoleros, cuadrillas enteras de insolentes asesinos con sus propios jefes al frente, abandonan las guaridas de los montes para enrolarse en las filas de los dos ejércitos. Da lo mismo en cuál. Es el mejor el que más paga y deja de serlo si paga más el otro. El rey reconoce los derechos del conde pero, bajo mano, alienta a los sublevados. Detrás del rey están los consejos del conde de Chinchón: no olvida a su cuñada que, casada con el conde de Ribagorza, fue mandada asesinar por éste cuando descubrió su infidelidad. El joven conde fue ajusticiado, pero los odios no se extinguieron. El de Chinchón odiaba al nuevo conde de Ribagorza, el que peleaba contra sus vasallos. Capitaneaba Lupercio las filas del conde ribagorzano, compuestas por muchos bandoleros bearneses, catalanes y aragoneses. Eran sus lugartenientes dos docenas de infanzones montañeses entre los que había varios Bardaxíes parientes suyos.

Mientras se combate en las montañas ribagorzanas, en la ribera del Ebro, lejos de la zona del conflicto, unos moriscos asesinan a un pastor pirenaico. Lupercio de Latrás se erige en defensor de los ganaderos de las montañas. Desciende con sus hombres al valle del Ebro y en una sola noche mata a doscientos moriscos: el pastor ya estaba bien vengado. Una matanza cruel, una locura, una orgía de sangre sin sentido. Lupercio es perseguido por la justicia. Se dictan pregones contra él. El bandolero no se arredra. Con el poderoso ejército de facinerosos que dirigía se dirige de nuevo a los montes. Toma la villa de Aínsa y dice hacerlo en nombre del rey. Se instala allí como un reyezuelo. Organiza la vida local. Actúa como un soberano. Se dictan nuevos pregones contra él. Se pone a precio su cabeza. Cualquiera que entregue a Lupercio, vivo o muerto, verá perdonados todos los delitos que hubiera cometido y recibirá mil ducados de a once reales por parte de los diputados del reino y otros mil ducados del Capitán General de Aragón. El de Latrás se irrita y, en su cólera, responde con altanería: deja las montañas y baja al llano, toma la villa de Zuera —a las puertas de Zaragoza— y hace imprimir pregones en los que pone a precio la cabeza del virrey de Aragón.

Las fuerzas de la justicia no pueden con él. Toma, una tras otra, varias villas importantes. Cuando llegan los soldados del rey, Lupercio ya ha huido, siempre con gruesos botines, con muchos caballos. Pero las armas reales son poderosas: se lanza un edicto concediendo el perdón a todos los compañeros de Lupercio que abandonen sus filas. Poco a poco se va quedando solo. Cada vez es más difícil escapar. Protagoniza huidas de auténtica epopeya perseguido por grandes ejércitos que lo acorralan varias veces sin lograr capturarlo. Lleva una vida errabunda por los montes. Vuelve a Francia y entonces —de nuevo— el rey lo perdona para que —otra vez— le sirva como espía. Ejerce su oscuro oficio en Francia y en Inglaterra. Decide volver a España y lo hace —no podía ser de otro modo— en un navío de piratas ingleses. El barco es capturado por los españoles. Lupercio es trasladado a Segovia y allí, bajo órdenes secretas del rey, el de Latrás, que todavía no había cumplido cuarenta años, es ajusticiado.

¿Quién fue Lupercio de Latrás? ¿A quién sirvió? Aquella matanza terrible de moriscos que capitaneó, su más sangrienta fechoría, el origen de las persecuciones más encarnizadas... ¿a qué se debió aquella matanza?

Lupercio era muy fuerte: podía rasgar con sus manos un mazo formado por dos juegos de naipes completos. Era corpulento. Era el bandido generoso. Hay una historia que muestra su talante. Había tomado la villa de Tardienta. Se instaló allí unos días, igual que en Aínsa. Envió a sus hombres por los pueblos próximos en busca de caballos. Pasados unos días llegó uno de sus capitanes con el botín que había logrado: traía muchos caballos y también bastantes mulos y asnos. Al verlo, Lupercio salió a su encuentro y de un manotazo lo derribó del caballo. Una vez en el suelo lo abofeteó mientras insultaba a todos los hombres de su cuadrilla: *«¡ladrones, bellacos, ¿por qué habéis hurtado estas caballerías que son de labor? Y luego dijo a los jurados de Tardienta señores jurados den bueltas y escombro por el lugar y todas las cavalgaduras que hallen que mis lacayos hayan hurtado tómenlas a su mano y denlas a los señores de los lugares de donde fueran dichas cavalgaduras»*. El notario Miguel López de Botaya levantó acta de los hechos. En otros papeles notariales se muestra un Lupercio muy unido a su madre, doña María de Mur. La de Mur lo mimaba como a un niño. Mientras estaba combatiendo en Italia la madre se ocupaba de sus negocios. Hasta en los fríos testimonios notariales se perciben los latidos de la especial relación que enlazaba a la madre con su hijo menos afortunado, con el que no heredó el señorío, con el proscrito.

¿Por qué mató a los moriscos? ¿Por vengar a un pastor?

Unos años antes el espía Bardaxí, hablando de un jefe de los hugonotes, había escrito al rey: *«dizen que tenía tracto con los moriscos de Aragon y que dos mil dellos habian de venir a juntarse con el y que le han enviado a dezir que por faltalles ciertas cosas que no habian podido cumplir con lo prometido que en pudiendo lo harían»*.

La guerra de Ribagorza terminó con la victoria de los vasallos: el conde perdió su señorío. Los que habían combatido en el bando equivocado —siempre es el que pierde— se encontraron con dificultades. Muchos infanzones que señoreaban pueblos de las montañas se vieron en una situación penosa: estaban arruinados y mal vistos por el rey. Pero eran hombres sin escrúpulos, valientes, capaces de todo, curtidos en cien emboscadas con pedreñales y con estoques: todavía estaban seguros de poder rescatar algo de gloria gracias a las armas. Las pusieron al servicio del rey sin condiciones. Para dos de ellos —un Bardaxí y un Mur, cómo no— Felipe II tenía reservada una misión difícil relacionada con Antonio Pérez.

El caso del secretario del rey es muy célebre. En 1578 fue asesinado en Madrid Juan de Escobedo, secretario de don Juan de Austria. Su muerte debe relacionarse con las intrigas y conspiraciones que se urdían entre los personajes más próximos al rey para controlar ciertas esferas de poder. Seguramente Felipe II supo de los planes para matar a Escobedo y —quizá— ordenó él mismo que lo mataran. Antonio Pérez fue acusado del crimen. Primero sufrió arresto en su domicilio y luego lo encarcelaron. Recorrió —como preso— varios lugares próximos a Madrid y —en 1585— logró escapar. Se dirigió hacia Aragón donde, como descendiente de aragoneses, hizo valer los privilegios que le permtían escapar a la justicia castellana y permanecer en la cárcel foral de Zaragoza bajo custodia del Justicia de Aragón. Felipe II, con el fin de arrebatar el preso de las manos —bastante suaves— de la corte del Justicia aragonés consiguió que Pérez fuera acusado de herejía para que la Inquisición se hiciera cargo de él. Cuando en mayo de 1591 los inquisidores lo trasladaron a las cárceles del Santo Oficio, el pueblo zaragozano, dirigido y animado por varios nobles alborotadores, se amotinó para rescatarlo. Fueron jornadas terribles las de Zaragoza. Murió el marqués de Almenara, representante del rey en Aragón, como consecuencia de las heridas que le produjeron los sublevados. Hubo más muertes. El rey comenzó a fraguar los planes que condujeron a la invasión de Aragón por un ejército castellano y llevaron al Justicia aragonés al patíbulo.

Antonio Pérez, viéndose perdido, abandonó Zaragoza en noviembre de 1591 para dirigirse a Francia. La huida de Pérez irritó sobremanera a sus perseguidores, con el rey a la cabeza. Entonces entraron en acción Antonio Bardaxí —señor de Conques— y Rodrigo de Mur, señor de Lapenilla. Este Bardaxí ha sido a veces confundido con su homónimo de San Juan del valle de Gistau al que se ha hecho referencia como padre o como hermano de Felipe Bardaxí. El de Conques era uno de los varios Bardaxíes que señoreaban pueblos o aldeas minúsculas en las montañas del Alto Aragón. El señorío de Conques rentaba poco: era sólo una ladera —verde, frondosa y bien regada, eso sí— en el valle de Benasque, con una casona que alzaba sus oscuros muros —hendidos por torvas aspilleras— entre los prados.

El señorío de Rodrigo de Mur era algó más extenso, pero también paupérrimo. Su lugar de Lapenilla se alzaba en una gran oquedad rocosa del valle del Cinca. Allí tenía medio centenar de vasallos que dejaban la vida por los riscos cultivando olivos entre peñas y arrancando a los estrechos campos de las laderas algunos granos de cereal con los que pagar a su señor. Rodrigo poseía un oscuro caserón de abovedados techos en el centro de su lugarejo y una casa algo más confortable en la villa de Graus.

Con las rentas de sus señoríos, tanto el de Conques como el de Lapenilla, no podían aspirar a mucho. Quizá por eso buscaron en el contrabando y en el bandolerismo una salida para lograr ingresos. Quizá también fue esta la causa que les empujó a animar al conde de Ribagorza a luchar contra los vasallos sublevados: una guerra puede traer fortuna. Sirvieron al conde en la guerra y pelearon junto a los bandoleros y a los herejes bearneses, alguno de cuyos jefes era pariente de Bardaxí. Tras la guerra quedaron —como al comenzarla— sin fortuna. Durante los sangrientos sucesos zaragozanos Pérez los contó entre sus partidarios. Pero las lealtades eran mudables. Cuando el antiguo secretario del rey huyó, Bardaxí y Mur —al frente de una partida importante de gente armada— se lanzaron a la persecución del fugitivo por encargo del rey. Marañón, en su admirable biografía de Antonio

Pérez, es inclemente en los calificativos que otorga a los perseguidores: los llama «perdularios» y «perfectos bellacos». Lo eran.

Pérez cruzó la frontera francesa, en medio de la oscuridad y de la nieve de una noche de finales de noviembre, por el puerto de Sallent. Los bellacos señores que lo perseguían le hubieran dado alcance si hubiera demorado sólo unas horas la partida.

No cejó Rodrigo de Mur en sus intentos de ganarse el favor real a base de emplear sus malas artes contra Pérez. El Señor de Lapenilla, como Felipe Bardaxí, también abandonó las cárceles de la Inquisición para marchar a Francia a cumplir una misión al servicio del rey de España. Fue en el otoño de 1595. Mur se trasladó a París para asesinar a Antonio Pérez. Fracasó en sus planes. Lo capturaron, sufrió tormento, confesó las intenciones y fue ajusticiado.

Rodrigo de Mur era pariente de María de Mur, la madre de Lupercio de Latrás. Lupercio era pariente de Francisca de Latrás, la madre —o la cuñada, es difícil determinarlo— de Felipe Bardaxí. Felipe Bardaxí era pariente del Bardaxí que señoreaba Conques y que fue socio de correrías de Rodrigo de Mur. Y la lista se podría seguir incrementando con más parientes —señores de pobres señoríos montañeses— que buscaron fortuna al margen de la ley en aquellos agitados años postreros del siglo XVI. ¿Qué les pasaba a los señores de las montañas? ¿Por qué tomaban el camino azaroso de las armas mercenarias, del contrabando, del bandolerismo o del espionaje? No hay una respuesta única para estas preguntas, aunque todo lo que se responda partirá de la misma situación personal de los distintos hidalgos que se echaron al monte: estaban descontentos con su situación personal y con su fortuna, querían más y creían que podían lograr más con las armas.

El señor de Latrás era un hombre afortunado. Su señorío se componía de varios pueblos que —sin ser muy grandes— contaban con buenas tierras de cultivo, bosques extensos, huertos, caza y bastantes vasallos. Solía residir en su lugar de Javierregay, a la entrada del valle de Hecho, en un promontorio suave sobre el río Subordán. Son tierras montañosas pero no agrestes ni frías: crecen en ellas los almendros y las vides. La casa del señor era grande y clara. A principios del siglo XVII la amplió mucho. En los contratos que firmó con los constructores y con los carpinteros, el de Latrás demuestra poseer un gusto esmerado y una economía saneada. Su señorío rentaba bastante. Los vasallos de Latrás, de Javierregay y de Anzánigo, pagaban puntualmente. Los grandes encinares eran recorridos por piaras de cerdos franceses cuyos amos pagaban arriendos elevados. El martinete que poseía en Anzánigo, movido por las aguas del río Gállego, también proporcionaba buenos ingresos, igual que el puente de la misma localidad, donde los servidores del señor cobraban a todos los que cruzaran el caudaloso río. La madera de sus bosques, cuando llegaba a Zaragoza después de navegar varios días por el Gállego o el Aragón y el Ebro, se vendía a buenos precios. El de Latrás era un hombre poderoso. Pero Lupercio, que era hijo del señor, no heredó el señorío. Creció soberbio y altanero, rodeado sólo de criados y vasallos, de gente que le temía, de subordinados. Sin embargo Lupercio no tenía fortuna. El señorío lo heredó su hermano mayor y él —cargado de altanería— se encontró sin recursos, sin vasallos.

Rodrigo de Mur sí heredó el señorío, pero se trataba de un señorío mísero, incapaz de rentar lo que el señor necesitaba para mantener el rango social al que aspiraba. Cerca del lugar de Rodrigo estaban los pueblos de otro Mur, Ramón, barón de Pallaruelo. Las tierras de su baronía tampoco eran muy ricas, pero Ramón de Mur era emprendedor y negociante, dinámico como los burgueses de Barbastro que se estaban enriqueciendo y controlaban ya la mayor parte del dinero que circulaba por las montañas del Alto Aragón. Ramón se asoció con ellos para explotar las minas de hierro, de plomo y de plata de Bielsa. Sus mineros arrancaban el mineral de las montañas y luego lo fundían en la ferrería que el barón poseía en Salinas. También compró y vendió molinos de harina. Hizo negocios con madera. Prestó dinero. Ramón de Mur actuaba como un burgués rico. Se relacionaba y asociaba con burgueses ricos. El dinero le permitía mantener un tren de vida elevado. Mandó venir a un cantero francés para que ampliara su palacio de Formigales. El maestro trabajó varios años y construyó una de las más hermosas residencias fortificadas de todo el Alto Aragón. Su primo Rodrigo, el señor de Lapenilla, no hizo nada de todo eso. Pero seguramente no miraba con indiferencia el enriquecimiento del barón de Pallaruelo y —mucho menos— el de sus socios los burgueses de Barbastro: los prestamistas y los comerciantes —antiguos carreteros, labradores o artesanos enriquecidos— disponían de cantidades elevadas de dinero mientras él —orgulloso infanzón y señor de vasallos— sólo obtenía de su señorío unas docenas de gallinas, algunos cahices de trigo, unos cántaros de vino y varios botos de aceite cada año.

Sin embargo estas situaciones no pueden explicarlo todo. Siempre ha habido segundones desheredados en las grandes casas. Siempre hubo señores que lo eran de señoríos miserables. ¿Por qué fue a finales del siglo XVI cuando las montañas se poblaron de infanzones facinerosos que —al frente de cuadrillas de criminales— asolaron los pueblos, negociaron ilícitamente con los franceses o llevaron la inseguridad a los caminos? Quizá tuvo la culpa la aparición masiva del dinero. Estaban muy cerca los oscuros tiempos medievales, cuando la moneda apenas circulaba y el autoconsumo era norma general: entonces unas gallinas, unos panes o algunos corderos resultaban un pago satisfactorio. No había gente, en las montañas o en sus proximidades, que manejaran otras riquezas. Los abuelos de los bandoleros infanzones no envidiaron a ningún burgués acaudalado porque no lo conocieron. Pero en la segunda mitad del siglo XVI el dinero circulaba. En las ciudades había burgueses ricos. Se ofrecían mercancías caras. Se compraban y se vendían muchos productos. El lujo estaba al alcance de quien pudiera pagarlo. Y allá, en sus señoríos de las montañas, los viejos señores —orgullosos, altaneros— recibían cada año unas gallinas y algunos panes: como sus bisabuelos.

Por otro lado estaba la condición fronteriza de las montañas pirenaicas, la población —escasa— y los malos caminos que favorecían al proscrito e intimidaban al perseguidor. En Francia la agitación, las guerras civiles y la violencia cotidiana creaban tipos desalmados y crueles. La frontera era permeable: venían muchos franceses a establecerse en Aragón y pasaban algunos aragoneses a Francia.

Quizá la peste también influyó. Hubo varias epidemias de peste que asolaron el Alto Aragón en aquellos años. La de 1564 fue la más espantosa: dejó tal temor entre los que sobrevivieron que su recuerdo se palpa incluso en los contratos mercantiles que con frencuencia establecen cláusulas por si vuelve la temible pestilencia.

Los valores morales o el temor a las leyes, tantas veces amparado en el deseo de conservar la vida o la libertad ¿no quedan seriamente afectados cuando las garantías de sobrevivir parecen escasas?

Juan Bardaxí, el espía del rey, el correo de aquel mariscal Monluc tostador de herejes, tuvo un final trágico. Ocurrió hacia 1585, durante la guerra de Ribagorza. Lo mataron los hombres de un bandolero famoso: el Miñón de Montellá. Este catalán salteador de caminos acababa de alcanzar la cumbre de su carrera delictiva con el asalto al convoy que transportaba el oro americano camino de Barcelona. Su osadía le dio fama. Encontrándose muy perseguido en Cataluña pasó a Aragón donde, al mando de doscientos hombres, se integró en el bando de los rebeldes ribagorzanos. Juan Bardaxí combatía en las filas del conde. Un día los hombres de Bardaxí se tropezaron con los del Miñón en las fragosidades de la sierra de la Carrodilla. Combatieron. Los del Miñón huyeron y los otros salieron tras ellos. Bardaxí cabalgaba al frente de los perseguidores. Se acercaban al lugar de Estadilla. Al entrar en el pueblo, los que huían encontraron refugio, se parapetaron y dispararon contra los que los perseguían. Un tiro de arcabuz derribó del caballo a Juan Bardaxí. El que había corrido mil peligros en guerras y escaramuzas contra los hugonotes, el que conocía tantos secretos de estado de boca del mismo rey, vino a morir a manos de un salteador de caminos. Felipe, el hermano, el hereje espía, había muerto ya.

En la segunda mitad del siglo XIX don Vicente Bardaxí —el último heredero varón de la casa de Bardaxí, muerto en plena juventud— mostró un interés extraordinario por conocer la historia de sus antepasados. Consultó toda la bibliografía que hacía referencia a ellos. Revisó los archivos de muchas casas particulares y de varios ayuntamientos. Escribió a lejanos parientes solicitando datos para componer un amplísimo árbol genealógico. Y contrató a un erudito para que indagara en bibliotecas o en archivos alejados y poco accesibles.

De Simancas el estudioso regresó con las copias de las cartas cruzadas entre los Bardaxíes espías y el rey Felipe II. A Vicente Bardaxí los remotos parientes debieron seducirle: en cuanto leyó aquella correspondencia repleta de cifras militares sobre las guerras religiosas en Francia y cargada de secretos de estado manejados por proscritos rufianes, deseó conocer más datos del Felipe Bardaxí que atemorizó a los vecinos del valle de Gistau trescientos años antes. Envió a su asalariado historiador al archivo de San Juan para averiguar qué memoria conservaban los papeles del lugar sobre el bandolero que sirivió al rey más poderoso del mundo.

Cuando el enviado de Bardaxí llegó al lugar donde se alzaba aquella casa del condenado espía Felipe que la Inquisición no había logrado derribar, encontró el archivo municipal en un estado lamentable: *«considerando el abandono inaudito en que se encontraba dicho archivo; hacinados sus papeles sin orden ni concierto; en confuso tropel, y en el más lastimoso abandono; de manera que si algo existe en el dicho archivo, es debido puede decirse a un milagro»*.

Sin embargo, la memoria de Felipe Bardaxí seguía viva entre las gentes del lugar. Y no por su vida sino por su muerte. Sucedió en algún invierno de finales del siglo XVI. Por la noche. En la iglesia. Durante la misa del gallo. Felipe tenía muchos enemigos que deseaban acabar con su vida. Era tarea difícil. Como escribían los inquisidores, se hacía acompañar siempre por muchos hombres armados. Iba cubierto de acero sin dejar camino libre para la daga, la saeta o la bala que cortara —como él decía de Madama de Vandoma— *«sus malos designos»*.

Los vecinos de la aldea observaron que sólo se desprendía de su casco de acero en la iglesia, durante la consagración, en los instantes breves en que el celebrante elevaba la hostia consagrada y la sangre de Cristo. En aquellos momentos dejaba expuestos el cuello y la cabeza al hacha o a la bala. Pero la huida era difícil. Si mataban al forajido, sus lacayos perseguirían al matador. Por eso convenía hacerlo de noche. Y sólo se celebraba una misa nocturna cada año: la de la noche de Navidad.

Hacía frío. Mucha nieve y hielo en los montes. La gente llegó a la iglesia con la lumbre de las teas. No había bancos en el templo. Felipe y sus lacayos ocuparon los primeros lugares, cerca del presbiterio. Tras ellos, los conjurados con las hachas escondidas bajo las capas. La misa avanza. Felipe la sigue cubierto de acero. Llega el momento de la consagración. Se arrodillan todos. Felipe se descubre. Tras él, los asesinos aprietan con fuerza las manos sobre el mango del hacha, se aprestan: viene el instante decisivo. El cura alza la hostia. Felipe dobla el cuello. Dos hachas brillan en el aire y caen sobre la cerviz del altanero forajido. Rueda la cabeza sobre las losas. Los matadores huyen. Los protege la oscuridad helada. Hay confusión en el templo. Los hombres de Felipe salen en persecución de los que han matado a su señor. Nunca los hallaron. Los bosques y la noche daban guarida a todos los que huían. Eso lo sabían muy bien los lacayos de Felipe. ¿Quién armó a los que lo mataron? ¿Quién los animó? ¿Quién les pagó? ¿Quién se ocupó de ellos tras abandonar —para siempre— el pueblo?

Los vecinos se alegraron mucho de ver morir a Felipe Bardaxí. Durante casi tres siglos rezaron cada día por las almas de los que lo mataron. Bárbara plegaria le pareció ésta al erudito que envió Bardaxí a San Juan. Escandalizado, escribió a don Vicente: *«Hasta hace poco, y al final de la misa, al rezar, o visitar, como es costumbre los cinco altares, el que llevaba la pala-*

bra decía muy serio: «un padrenuestro y una avemaría por los que nos libraron del Señor o por los que mataron al Señor» (es decir, que unas veces decía librar y otras matar) y el pueblo contestaba con mucha devoción. Hoy ya ha concluido esta bárbara costumbre como ha tenido ocasión de observar este verano de 1880 el que redacta estas líneas. También quemaban antes un cirio por los dos asesinos; porque dos hijos del pueblo fueron los que con hachas le cortaron la cabeza».

CAPÍTULO II

«PARA EL BUEN EXERCICIO DE LAS COSAS DEL SANTO OFICIO...»

Mientras Felipe Bardaxí perdía la cabeza en la iglesia de San Juan del valle de Gistau y su hermano Juan caía del caballo, mortalmente herido, a las puertas de Estadilla, en Puértolas, el maestro Francisco Montes construía una iglesia hermosa: quizá era la única obra planificada, racional y obediente a las reglas del arte que había en todo el entorno. El valle de Puértolas extiende su territorio atormentado un poco al sur y a poniente del pueblo donde se crió el espía perseguido por la Inquisición. No había en los Pirineos lugares —habitados por los hombres— más quebrados que los de aquel valle. Media docena de aldeas alzaban sus caseríos miserables entre precipicios calcáreos y barrancos espantosos. Los aldeanos tenían ovejas y conseguían algunos granos de trigo y de centeno arañando unos bancales estrechos que se escalonaban por las pendientes agarrándose a las laderas por medio de muros ciclópeos. Las aldeas eran oscuras y tristes. Siempre estaban sin hombres: el ganado los ataba a los montes y los alejaba de los poblados. En verano subían con las ovejas a los puertos que extendían su apretado terciopelo cespitoso a los pies de las nieves perpetuas de una sierra desnuda alzada a espaldas de los caseríos. Allí vivían en chozas pequeñas como nichos de cantos aguzados cubiertas con losas pardas, se alimentaban de carne salada y de la espesa leche de sus ovejas, ahuyentaban a los osos con sus mastines y dejaban pasear el pensamiento por los deseos turbios que engendraba aquella lejanía —casi permanente— de las mujeres. En otoño, cuando llegaban las primeras nieves, abandonaban las montañas. Caminaban ocho o diez días al frente de sus rebaños hasta alcanzar las estepas del corazón desolado de Aragón y los valles inferiores de los grandes ríos que bajan del Pirineo. En la tierra que llamaban baja, entre nieblas y escarchas que volvían de cristal blanco los matorrales, pasaban el invierno comiendo sopas con sebo. Mientras tanto, en las aldeas, sus mujeres criaban niños piojosos que se cubrían con paños burdos de lana hilada junto al fuego. Sólo los hijos pequeños y los viejos desdentados que ya no podían seguir el rebaño se quedaban en los pueblos con las mujeres. El invierno era muy largo. Desde noviembre hasta abril permanecían los corrales, los prados y las casas sepultados bajo la nieve. Parecía que nunca iban a volver los días calurosos del verano. Pero en mayo, cada año, se alegraba todo. Los torrentes, embravecidos por el caudal de las nieves derretidas, caían por las peñas y marchaban —crecidos— por las quebradas hacía los ríos grandes llevando a los pastores el mensaje de que ya podían regresar a las aldeas de los montes. Volvían a finales de mayo con sus rebaños vestidos de lanas untuosas y sus caballos cargados con mantas raídas y calderos de vientres negros. El mes de junio era el único que los pastores pasaban junto a sus familias: apacentaban las ovejas en los prados próximos a las aldeas, esquilaban, destetaban a los corderos, hacían queso y dormían con sus mujeres. Eran felices.

Cuando faltaban algo menos de dos décadas para que el siglo XVI concluyera, los pastores de Puértolas tuvieron un buen año. Los lobos no se acercaron a los rebaños. Ni la viruela, ni la picueta atacaron a las ovejas. No hubo abortos. Nacieron muchos corderos. La lana se vendió bien. El presbítero Juan Pérez, rector de Puértolas y comisario del Santo Oficio, creyó llegado el momento de convencer a sus feligreses para que construyeran una iglesia nueva. Se reunió con los regidores del pueblo. Les habló de las hermosas iglesias que se estaban levantando en algunas villas próximas. Comentaron lo avanzadas que iban la obras de la colegial de Boltaña y de las parroquiales de Broto y de Bielsa. El párroco lo tenía todo pensado: con las rentas de los frutos primiciales del pueblo a lo largo de treinta años y con un préstamo de cinco mil sueldos que les cedería —en forma de censo— su hermano, podían acometer las obras. Para realizarlas, él había pensado en el maestro Francisco Montes, cuya habilidad en las artes de la cantería había quedado bien demostrada en las airosas bóvedas de la iglesia de Bielsa. A los jurados del lugar les pareció buena la propuesta.

Estaba acabando junio cuando convocaron a todos los vecinos del lugar para una reunión del concejo en el sitio donde acostumbraban a juntarse para hablar de los asuntos comunes: era un prado pequeño con un gran olmo en el centro. A la sombra fresca de las hojas nuevas del árbol gigantesco los vecinos discutieron el tema: el rector los convenció. Al día siguiente el presbítero y el justicia del lugar marcharon a Bielsa para hablar con el cantero. Por la senda que conducía a la villa se cruzaron con largas recuas de mulas cargadas de aquel hierro tan apreciado que se fundía en Salinas con el mineral de los montes de Bielsa. El hierro hacía ricos a los vecinos de la villa. Había muchos forasteros trabajando en las minas y en las obras de la iglesia y de la nueva casa consistorial. Llegaban ferreros vascos y franceses. Un maestro alemán dirigía la explotación de las mejores minas. El dinero circulaba. Contaba la villa con tres médicos y tres cirujanos, tres notarios, varios sanadores, algunas putas y muchos contrabandistas. Siempre había riñas.

Al maestro Francisco Montes le gustaba aquel ambiente. Aceptó el encargo de los de Puértolas porque estaba bien pagado. Les haría una buena iglesia con su campanario, todo de cantería bien labrada. El templo sería de una sola nave, muy amplia, cubierta por una bóveda estrellada. Un mes después, el cantero y su cuadrilla —gente toda alegre— se trasladaron a Puértolas y comenzaron a trabajar.

El rector Juan Pérez, que convenció a los de Puértolas para que mandaran hacer el templo, era comisario del Santo Oficio. Quizá fue él quien mandó a sus superiores de la Inquisición aquellos informes donde se describían las tropelías heréticas del bandolero Felipe Bardaxí. Lo que no sabían el estricto inquisidor y el deslenguado espía era que, dos generaciones más tarde, sus linajes iban a fundirse: la heredera de la casa del presbítero Pérez se casó con el heredero de la casa de Bardaxí.

Juan Pérez había nacido en un caserón fortificado de Puyarruego, aldea próxima a Puértolas. Su hermano, Victorián Pérez —familiar del Santo Oficio—, se hizo cargo de la casa. Juan, desde la parroquia que regía, mantenía lazos muy estrechos con la casa donde nació: tenía en ella una alcoba grande y un arcón con dos llaves para guardar sus papeles.

De los asuntos del Santo Oficio apenas conservaba papel alguno. Todo era secreto: y los secretos es mejor guardarlos en el alma que en los papeles. Cuando murió, sus herederos sólo hallaron en el arca un documento de la Inquisición: era, precisamente, la carta en la que aconsejaban al comisario del Santo Oficio que actuara siempre con el mayor de los secretos. La epístola comenzaba exponiendo los fines que pretendía: *«Para el buen exercicio de las cosas del Santo Oficio, es de muy grande importancia, que los comissarios esten instruydos en lo que deben hazer, y que el estilo sea uniforme: y assi a parecido se guarde de aqui adelante la instrucción que va con esta; en todas las cosas tocantes al Santo Oficio. La qual instruccion, se ha de tener guardada debaxo de llave, sin mostrarla a persona alguna, de cualquiere calidad que sea»*.

A continuación la carta ordena al rector de Puértolas cómo debe actuar en su papel de comisario: transmitirá a sus superiores las informaciones y descargos que reciba sin dejar en poder de los notarios o de cualquier otra persona informe alguno. Cuando reciba cartas del Santo Tribunal las leerá y responderá a las mismas. Con la respuesta enviará también el original de la carta que recibió a fin de no conservar documento alguno de la Inquisición. Si no cumple lo que se le ordena será excomulgado y si revela algún secreto caerá en pena de perjurio y de infidelidad.

También le ordenan que si conoce a algún servidor del Santo Oficio que ha revelado algo del Tribunal lo denuncie secretamente. Le encargan que transmita las órdenes de la carta a *«los Familiares, Notario y Ministros de este Santo Oficio de esa comarca y destricto»*. Deberá reunir a todos los interesados y explicarles el contenido de la carta. El notario levantará acta de la reunión y señalará qué familiares asisten *''para que todo conste en este Santo Tribunal''*. Si alguna vez debe acudir a un notario para testificar algo relativo a la Inquisición, previamente le hará jurar que guardará el secreto y le advertirá que de no hacerlo así *''será castigado con todo rigor''*. La carta —que había sido escrita en el castillo de la Aljafería de Zaragoza— terminaba aconsejando al comisario rector de Puértolas que esmerara sus cuidados en todo lo relativo a las informaciones sobre genealogías y limpieza de sangre.

El inquisidor, para celebrar la reunión que le ordenaban en la carta eligió su casa natal en Puyarruego. Allí guardaba sus papeles. Allí —también— vivía su hermano Victorián, familiar del Santo Oficio. El día de la reunión los vecinos de la aldea vieron entrar al caserón fortificado una docena de personajes graves. Llegaron silenciosos sobre sus mulas robustas. Permanecieron algunas horas en las entrañas abovedadas de la casa. Luego partieron sin saludar a los que encontraron por el camino. Los que informaban al Santo Tribunal sobre los desmanes de Felipe Bardaxí estaban allí. Los que llevaron —con sus confidencias— a la cárcel de la Inquisición al cantero que construía la iglesia de Puértolas también asistieron a la reunión.

Juan Pérez, el comisario, conocía algo del mundo de las brujas y de los brujos: desde niño vio el temor con el que sus vecinos de la aldea hablaban de ellos. Luego, siendo ya párroco, leyó el mismo miedo en el rostro de los feligreses de su parroquia de Puértolas. Aquellos pastores, que vivían en chozas y conducían sus rebaños de los pastos frescos de las montañas a las estepas del llano, habían sido pioneros en lo de dotarse de armas legales para perseguir a las brujas y a los brujos que los atemorizaban. En 1571 se reunieron bajo el olmo gigantesco que protegía sus asambleas y elaboraron unos estatutos contra la brujería que luego fueron muy imitados. Más tarde, durante décadas, otros muchos pueblos del Alto Aragón redactaron estatutos para perseguir a las brujas. En la introducción de varios de estos cuadernillos se reconoce que se redactan a imitación de los de Puértolas.

Era tan grande el temor, que para redactar los estatutos convocaron a todos los habitantes del valle a un concejo general. Estaba acabando octubre. Los bosques ya mostraban el color otoñal. En los puertos los pastores y los ganados preparaban la marcha trashumante hacia los llanos donde pasarían la invernada. Bajo el follaje dorado del gran olmo se juntaron los vecinos de Puértolas, de Escuaín, de Bestué, de Belsierre, de Revilla y de Tella. Los de estas dos últimas aldeas, para llegar al árbol de la asamblea, habían tenido que caminar más de tres horas cruzando barrancos y bosques, sorteando precipicios, subiendo y bajando montes. A la hora convenida todos estaban allí. El notario Pedro Climente, de Bestué, iba tomando nota de lo que acordaban los reunidos. Comenzaron reconociendo su temor ante *«los muchos escandalos, peligros de concyencia e danyos intolerables generales y partiqulares de los vezinos y habitadores de toda la dicha e presente val por causa de los muchos bruxos e bruxas, ponzonyeros e ponzonyeras, maleficos e maleficas, ladrones e ladronesas, que de presente, segunt se crehe e dize ay y estan en dicha val».*

Los pastores viven aterrorizados y están dispuestos a acabar *«con qualquier persona de qualquier ley, grado, estado e condicion que haya seydo o de presente es o en lo venidero será bruxa, hechicera, mezinera, ponzoñera o fretellera que con bruxerías, mezinas, echizos, ponzoñas o fretillerias haya muerto o hecho matar o damnificar en qualquiere manera o matará o damnificará persona o personas algunas, bestias, animales gruesos e menudos e habrá hecho dar o dará o dar fará gratillones siquiere papos o habrá impidido o impidirá e impidir fará que marido e muger no se puedan conozer las partes de las mugeres, damnificarán o habrán damnificado o destruydo o destruyrán árboles, prados, yerbas, aguas, trigos, y otros frutos de la tierra».*

Todo es hostil. Todo es difícil y peligroso en aquellos riscos, en los bosques, en los puertos, en la aldeas. Si pierden las pobres cosechas de los bancales escalonados en la ladera los aldeanos ven tras la desgracia la mano maligna del brujo o de la bruja. Si las personas o los animales mueren, si mueren los árboles, hay una hechicera que los mató. Si el marido y la mujer no pueden yacer juntos es porque una bruja los «encortó» o «ligó» para impedir la procreación.

Los estatutos que los aldeanos elaboran muestran una desesperación sin límites. Renuncian a todo fuero, a toda ley, a cualquier observancia, a los derechos que el viejo reino reservaba a los detenidos, a todo. Nombran entre ellos a oficiales que para perseguir la brujería podrán hacer lo que deseen sin prescindir de torturar a los sospechosos: *«estatuimos y desaforándonos ordenamos que acerca de los dichos crimines, excesos e delictos de bruxeria e ponzoñería se pueda y deba dar y dé tortura ya sea que desfuero en Aragón sea ... una y muchas vezes y tantas quantas a dichos justicia, lugartenientes y consejeros parecerá et será bien bisto».*

Octubre acababa. Los pastores elaboraron aquellos estatutos desesperados y partieron con sus ganados a las brumas de la tierra llana, donde los ríos grandes atravesaban estepas desoladas.

Maese Francisco Montes y los canteros de su cuadrilla, aunque estaban acostumbrados al frío, encontraban muy duro el invierno en Puértolas. El pueblo se alzaba como una atalaya dominando los valles del río Cinca y del río Bellos. La iglesia que construían coronaba el cerro. A sus pies descansaban las pobres casuchas de mampuestos secos donde malvivían las familias de los pastores. Cerca de la iglesia se levantaba el único edificio sólido y bien construido del lugar: era una torre cuadrada de perfecta cantería, una obra defensiva muy antigua que se empleaba como cárcel.

La nieve lo cubría todo. No se deshacía. La que cayó para Navidad se acumuló sobre la que había caído para la Purísima, y aquélla descansaba sobre la que cayó al día siguiente de San Martín. La de la Candelera creció encima de la de San Antón, la de San Blas se alzó sobre la de la Candelera y cuando cayó la nevada del día de Santa Ana parecía que todos los tejados se iban a venir abajo: sobre las losas pardas de las techumbres había casi dos metros de nieve.

Los canteros trabajaban penosamente. Unos arrancaban las piedras en una ladera cercana al pueblo. Piedras era lo único que aquellos montes daban en abundancia. Las que usaban para construir la iglesia eran de esas areniscas calcáreas que casi todas las sierras pirenaicas ofrecen dispuestas de un modo que cuesta poco arrancarlas y labrarlas. Desde la cantera las llevaban a la obra. Empleaban para el transporte una pareja de bueyes negros que arrastraban un estirazo. El estirazo era un carro primitivo, sin ruedas, como una especie de tosco trineo construido mediante un robusto tronco de roble que formaba una horquilla con sus dos brazos. Los bueyes se movían con lentitud, sobre la nieve sucia, de la cantera a la iglesia que, poco a poco, veía subir sus muros de sillería.

Junto a la obra había unos cobertizos donde los canteros labraban los sillares. Eran poca cosa aquellas chozas: apenas unos tejadillos de ramas sostenidos sobre cuatro maderos clavados en el suelo. Allí trabajaban los hombres de Francisco Montes. Para protegerse del frío encendían hogueras. Las llamas y el humo, el ruido de los punteros y de las bujardas, las conversaciones de los canteros y sus chanzas alegraban un poco la mustia quietud del cerro sepultado por la nieve.

A la hora de comer dejaba cada uno la maza y el puntero sobre la piedra que estaba labrando y se sentaba junto a la hoguera. Las mujeres del pueblo les llevaban sopas en pucheros de barro, quesos duros como los cantos que labraban, tocino, pan oscuro y un vino flojo que calentaban un poco junto al fuego y luego bebían en grandes cantidades. Después de comer se encontraban alegres. Los niños del lugar los contemplaban ateridos: les gustaba subir al cobertizo para ver trabajar a los canteros. Les daban vino y los hacían cantar. Todas las mozas y las mujeres casadas se acercaban hasta el cobertizo. Provocaban a los canteros y éstos respondían con gestos y con palabras soeces que gustaban a las provocadoras. Al anochecer se retiraban. Los constructores dormían en las casas del lugar. Como tenían algunas monedas para pagar su alojamiento eran bien acogidos. Casi ninguno consiguió una cama: apenas se conocían aquellos muebles. Dormían en los bancos de madera que rodeaban el fuego del hogar o en unos cajones bajos llenos de paja donde anidaban colonias voraces de pulgas y de chinches. A pesar del frío y de la nieve aquellos inviernos, mientras el siglo XVI se extinguía y los muros de la iglesia se elevaban, fueron dulces para las mujeres de Puértolas: casi no notaron la falta de los hombres del lugar que se encontraban —como todos los inviernos— guardando los rebaños en las brumosas tierras de la ribera.

El párroco comisario del Santo Oficio veía con preocupación todo aquello. Seguía de cerca las obras de la iglesia y se alegraba de la buena marcha de las mismas. Pero le preocupaba la relación de los canteros con las mujeres del pueblo. Los gestos y las palabras de unos y de otras eran cada vez más osados y revelaban intimidades que crecían. En las miradas y en los ademanes el presbítero leía que por las noches, bajo la mortal quietud de los tejados cubiertos de nieve, sucedían cosas. Con el jefe de las obras era inútil hablar del tema. Maese Francisco Montes era el más lujurioso de todos los canteros. Tenía un magnetismo especial que atraía a las mujeres. Las esposas y las hijas de los pastores, que vivían en medio de una miseria horrible, que iban siempre llenas de mierda y apenas tenían qué dar a sus niños, se lavaban las manos y se peinaban para acercarse al maestro Montes, le regalaban quesos y mantequillas, le tejían calcetines de lana y disputaban entre ellas por alojarlo en sus pobres casas.

En los días finales de mayo del año 1593, cuando los pastores de Puértolas llegaron a sus hogares de la montaña ahelando las delicias que, cada año, junio les deparaba, encontraron el ambiente enrarecido. Casi todos tuvieron la impresión de no ser bien recibidos. Otras veces hallaban a sus mujeres alborozadas, embargadas por la ansiedad de estar de nuevo junto a ellos.

Aquel año las encontraron raras, airadas, enfebrecidas. Los recibieron de mal humor. Apenas escuchaban las explicaciones sobre cómo había ido el invierno en la tierra baja. No les importaban los corderos, ni querían saber nada de cuántas ovejas devoró el lobo. No se mostraban interesadas por esquilar y por vender la lana. Todo era muy extraño.

Cuando el ganadero más poderoso del lugar durmió siete noches en su casa sin conseguir que la esposa accediera a realizar los actos que otros años ella misma le solicitaba, creyó que un poder misterioso y muy fuerte se había interpuesto entre ambos: pensó que estaban ligados o encortados. Sin lugar a dudas su mal era aquel que todos conocían y temían, el que se describía con concisa precisión en los estatutos contra las brujas: *«que marido e muger no se puedan conozer las partes de las mugeres»*.

Se juntó en el monte con otros pastores y hablaron del tema: la mitad tenían el mismo problema y todos —hasta los que no lo tenían— se daban cuenta de que algo había ocurrido. Las mujeres sufrían de dolores misteriosos en el corazón y en el estómago. Algunas no dormían. Varias no hablaban. Las había que padecían temblores y convulsiones. Los días luminosos y cálidos de junio fueron sombríos en Puértolas. Los canteros ya no dormían en las casas: se acostaban sobre la paja con la que alimentaban a sus bueyes, almacenada en un cobertizo levantado junto a la iglesia que construían.

Las mujeres, caminando como fantasmas de mirada enloquecida, se acercaban hasta las obras de la iglesia y suplicaban —sin hablar, sólo con los ojos enfebrecidos— a los canteros que las comprendieran. A veces se cruzaban por los caminos o en las tres callejas del villorrio: las esposas con sus maridos, las jóvenes con sus padres o con un vecino al que otros años provocaban, los canteros con los pastores, el párroco con todos. En aquellos encuentros callados la tensión era enorme. Algo muy fuerte estaba sucediendo.

Cuando vino un saludador al pueblo su llegada fue bien acogida. Aquel hombre recorría los lugares de las montañas visitando a los enfermos, averiguando el origen de los males, sacando de las casas los maleficios y descubriendo a las brujas. Venía precedido de mucha fama. Los aldeanos se fiaban de él. En Bielsa habían ahorcado a tres mujeres porque el saludador dijo que eran brujas. En Puértolas habló con el justicia del lugar y con el párroco. Les mostró media docena de documentos en los que el Santo Oficio de Zaragoza y el Obispo de Barbastro le autorizaban a ganarse la vida con sus prácticas saludadoras. El comisario de la Inquisición se percató enseguida de la falsedad de los papeles, pero nada dijo. Se mostró dispuesto a aceptar la propuesta del saludador, que sabía cómo descubrir a las brujas y a los brujos. Les dijo que él tenía un poder especial por ser *«el septeno hijo varón de su madre y tenía la rueda de Santa Catalina debaxo de la lengua»*. Les ordenó reunir mediante un pregón, a todos los vecinos del lugar en la plaza. Dijo al justicia que él pasaría dando a besar a todos un cristo y soplándoles y también *«dixo que a la persona que diese mayor soplo aquel era bruxo o bruxa»*.

Al día siguiente, en la plaza, se juntaron todos los habitantes de Puértolas: sumaban un centenar y medio entre pastores rudos y desconcertados, mujeres consumidas por la ansiedad y canteros hartos de todo aquello. El saludador, con parsimonia, iba de uno a otro, se situaba ante ellos y —con ademán solemne— les acercaba el crucifijo a los labios. Los pastores, las mujeres y los canteros lo besaban atemorizados. Tras retirar el crucifijo miraba con descaro a los ojos del que tenía enfrente y, después, le soplaba en el rostro. Eran soplidos breves, de un instante, casi como un suspiro. Pero con Maese Francisco Montes la cosa fue distinta. El saludador lo estuvo mirando mucho rato y, finalmente, tomó aire con mucha ostentación, hinchó el pecho, adelantó su rostro hacia el cantero y sopló con vigor. Cuando todavía el adivino descubridor de brujos no había acabado de soplar, Maese Montes ya corría por la calle con toda la rapidez que sus fuerzas y su temor le permitían. Saltó un muro, se adentró en un prado. Saltó otro muro, y otro, y otro. Atravesó como una flecha dos docenas de aquellos estrechos campos de centeno que se escalonaban por la ladera y desapareció en un bosque de robles. Desde la plaza, los vecinos contemplaron estupefactos su huida. Nadie supo cómo reaccionar. Cuando lo vieron entrar en el bosque todos estaban callados: sin hablar todos sabían por qué huía. El maestro cantero corrió varias horas antes de descansar: él era de Bielsa y conocía lo que les había ocurrido a las mujeres de la villa a las que sopló fuerte el saludador.

Maese Francisco Montes hizo mal refugiándose en Bielsa. Allí tenía amigos y parientes que lo ocultaron durante algún tiempo. Pero finalmente fue apresado. Tuvo suerte: no cayó en manos de los de Puértolas sino que fue detenido por ministros del Santo Tribunal de la Inquisición. Los estatutos de Puértolas, al igual que los de todos los valles del entorno, lo hubieran conducido a la horca. El Santo Oficio era más benévolo.

Fue, probablemente, el presbítero Juan Pérez el que envió a los inquisidores zaragozanos las acusaciones contra Maese Montes. Estaban escritas en muchos folios que relataban una y otra vez los detalles del mismo delito repetido: el cantero había dado mal a casi todas las mujeres de Puértolas que se encontraban, como consecuencia de sus torpes encantamientos, espiritadas. La mayoría de las mujeres de Puértolas relataron que sus males comenzaron el día que se negaron a yacer con Maese Francisco Montes cuando éste les pidió que se entregaran a él. Al oponerse, el cantero les tocó la cabeza, o una mano, o el hombro, y por allí les entró *«una calentura muy grande y gran dolor de estomago y aflictiones en el corazon de manera que no podían alentar ni subir las escaleras de la casa y despues tenían muchos desmayos de los quales cahían en el suelo quedando sin sentido despues dellos»*.

Los informes convencieron a los inquisidores de la necesidad de juzgar al cantero. El comisario Juan Pérez y su hermano Victorián tenían una buena red de informadores. Averiguaron pronto que el brujo constructor se escondía en Bielsa. Antes de informar a sus superiores del Santo Oficio acerca del paradero del proscrito estudiaron la situación con detenimiento para no poner en peligro sus intereses personales. El presbítero había sido el impulsor de la construcción del templo, fue quien propuso a Francisco Montes para dirigir las obras y era párroco de Puértolas. Su hermano había prestado cinco mil sueldos a los vecinos del lugar para pagar las primeras fases de los trabajos. No convenía tener irritados a los feligreses de Puértolas, no fueran a negarse a pagar los intereses. El comisario y el familiar de la Inquisición diseñaron una estrategia meticulosa y cuando les pareció que sabían cómo proteger lo que les convenía, dijeron a los ministros enviados por el Santo Oficio desde Zaragoza dónde podían prender al brujo cantero.

Francisco Montes fue capturado el día de San Antón de enero del año 1594 en un corral de Bielsa donde vivía escondido desde hacía seis meses. Le pusieron grillos en las manos y en los pies para que no huyera. Cuando lo sacaron a la calle algunos vecinos de la villa, viendo cómo arrastraba las cadenas al avanzar por la nieve, se apiadaron de él y suplicaron a Joan Cosculluela —el jefe de los captores— que, para caminar por las escabrosas sendas, *«no lo tuviera herrado con los grillos por ser la tierra tan fragossa»*. El oficial de la Inquisición sólo se avino a quitarle las cadenas cuando dos infanzones de la villa se comprometieron con una fianza elevada. Se la hizo firmar ante el notario: *«los dos juntamente y cada uno de nos por si y por el todo nos prometemos y nos obligamos venido el caso —lo que Dios no mande— que el dicho Francisco Montes se fuesse, de restituir y tornar la persona del dicho Francisco Montes en poder del dicho Joan Cosculluela ypso facto sin debertirnos a otras cosas o pagar la suma y cantidad de veinte mil sueldos dineros jaqueses a quien el dicho Sancto Officio ordenare»*.

Al anochecer del día de la captura, el cantero y sus guardianes llegaron al castillejo de Escalona, que era del barón de Pallaruelo y alzaba sus cortos muros donde el río Bellos entregaba sus aguas al Cinca. Desde allí se veía Puértolas. El preso dirigió su mirada al elevado cerro coronado por las obras paralizadas de la iglesia que él debía haber acabado. ¿Qué sería de aquella iglesia? ¿Qué sería de él? Durmieron en el castillo y al día siguiente reemprendieron la marcha. Les costó cuatro días más llegar a Zaragoza.

Cuando llevaba varios meses en la cárcel de la Inquisición, que ocupaba los sótanos del antiguo palacio moro de la Aljafería, el cantero recibió la visita del comisario Juan Pérez. Venía a hacerle una propuesta acerca de las obras de la iglesia que había dejado inacabada. El tema era espinoso porque existía una capitulación por la cual Maese Francisco Montes debía construir el templo. Según parecía el cantero no iba a poder concluir —al menos durante algunos años— las obras. Pero tampoco los de Puértolas podían encargar la conclusión de la iglesia a otro cantero mientras Montes no renunciara.

Maese Montes no quería ni acordarse de Puértolas y aceptó de buen grado la solución propuesta por el presbítero que consistía en que las dos partes se sometieran a una sentencia arbitral dictada por hombres justos e imparciales.

La sentencia tardó algún tiempo en resolverse. Los «hombres buenos» que la dictaron fueron Tomás Roger, rector del lugar de Sin, Antón Palacín y Florián Dondueño, notarios y vecinos de Bielsa, Pedro Bernat y Miguel de Morillo, vecinos de Bestué y Victorián Pérez, el familiar del Santo Oficio hermano del rector de Puértolas. La sentencia fue larga: había muchos puntos que tratar acerca del dinero que se había entregado al cantero, del que éste debía a sus fianzas y peones y acerca, también, de la conclusión de las obras.

El preso aceptó la sentencia que lo apartaba para siempre de aquella obra. Otro cantero concluyó pronto las nervaturas de la bóveda que Montes había diseñado. El párroco Juan Pérez tuvo mucho trabajo para exorcizar a las espiritadas de su parroquia, pero quedó satisfecho de la nueva iglesia que regía: era un templo hermoso construido gracias a su tesón. Victorián Pérez también estaba contento: las pensiones del censo establecido en Puértolas para construir la iglesia llegarían puntualmente, cada año, a su casa de Puyarruego. Como pago por sus tareas como árbitro de la sentencia que arrebató a Montes las obras de la iglesia, Victorián recibió un par de guantes perfumados. Cuando se los ponía sentía un placer voluptuoso al notar cómo se adaptaban a sus manos.

CAPÍTULO III

«...EL BIENAVENTURADO SAN VITURIAN, PATRON MIO...»

A comienzos del siglo XVII Barbastro era una ciudad a la que los burgueses y artesanos dotaban, con su actividad, de una intensa vida comercial y de un notable ambiente empresarial y financiero, creativo y dinámico. La fábrica de la catedral se había concluido a mediados del XVI, poco después se restauró la sede episcopal, se organizó todo el cabildo catedralicio y se encargaron las numerosas obras necesarias para vestir el hermoso templo. Los rejeros y los campaneros, los orfebres, los pintores, los bordadores, los escultores, los carpinteros y los cerrajeros, trabajaban en la iglesia. Por las callejuelas de la ciudad transitaban los maestros y los aprendices. Se contrataban nuevas obras. Se compraban y se vendían toda clase de mercancías. Desde Barbastro se controlaba el comercio del hierro producido en las montañas de Bielsa, de la sal de Naval y de la madera que bajaba por el río desde los bosques pirenaicos. Los burgueses barbastrenses eran emprendedores, meticulosos con sus cuentas y piadosos. Construían capillas familiares en la nueva catedral y en la iglesia de San Francisco, estaban bien relacionados con los orgullosos canónigos y levantaban conventos donde sus hijas profesas competían entre ellas en riquezas e influencias.

Desde la ciudad, los artesanos abastecían todas las iglesias de las montañas de casullas, retablos, copones, sagrarios y cruces de plata con complicadas filigranas. Los aldeanos, cuando se decidían a adquirir algo para incrementar el ornato de sus templos, tomaban el camino de Barbastro, llegaban a la ciudad, negociaban las condiciones de la obra con el maestro correspondiente y luego visitaban al notario para que testificara lo acordado. El artesano se tomaba el tiempo necesario para acabar el encargo con meticulosa perfección. Antes de aceptarlo los aldeanos pedían el parecer a otros dos maestros y, si estos daban su conformidad, se aceptaba la obra y se pagaba. Para pagar solían emplear las primicias. Como los aldeanos no tenían dinero entregaban al artesano sus frutos primiciales a lo largo de varios años. El maestro cobraba su obra en especie: corderos, alubias, trigo, centeno y todo lo que producían las pobres parcelas de las laderas. Si el que encargaba la obra era un particular el pago se efectuaba en dinero: los demandantes eran gente poderosa, infanzones, comerciantes, prestamistas o clérigos bien situados.

En un día de privamera del año 1604 Victorián Pérez salió de su aldea, que coronaba un cerro rojizo entre dos ríos, y tomó el camino de Barbastro. En la ciudad visitó al maestro Juan de Arbeloa, mazonero. El escultor Arbeloa trabajaba la madera. Igual labraba retablos que construía peanas para santos o se encargaba de proporcionar sagrarios a las iglesias que se los demandaran.

Por un sagrario lo fue a ver Victorián Pérez. Había oído hablar bien de la maestría del mazonero, que estaba esculpiendo un retablo para la iglesia de Gistaín. Arbeloa aceptó el encargo: haría un rico sagrario de madera dorada para la rutilante capilla del infanzón. Este trabajo convenció al escultor de la necesidad de buscar un socio con el que compartir la realización de los encargos. Decidió crear una compañía con Domingo de Campo, pintor y dorador que también residía en Barbastro. Se repartirían las tareas que cada obra exigía. Arbeloa se encargaba de la transformación de la madera: diseñaba, esculpía y ensamblaba hasta dejar la obra perfectamente montada y pulida. Entonces comenzaba su trabajo el socio: sobre la madera extendía las múltiples y delicadas capas de yeso que formaban el asiento del color y del oro, después pintaba o doraba la obra y el retablo o el sagrario quedaban listos para su entrega.

A finales de 1604 Victorián Pérez tuvo su hermoso sagrario de madera dorada. Domingo del Campo se trasladó a la aldea para dorarlo. No era aconsejable que una obra tan delicada viajara por los torpes caminos a lomos de una mula. Cuando estuvo instalado en la capilla del infanzón su brillo deslumbró a los aldeanos.

El Victorián Pérez que encargó el sagrario — ya conocido por su participación en el espinoso tema del constructor de la iglesia de Puértolas— era un infanzón rico, hijo de Victorián Pérez y Padre de Victorián Pérez, que a principios del siglo XVII vivía en Puyarruego.

Era un hombre conocido en toda la comarca. Su figura se relacionaba en los valles con la ansiedad que producían las deudas agobiantes, antiguas, imposibles de pagar: dos docenas de pueblos le debían dinero. En tiempos de escasez acudieron a él en busca de préstamos para salir del apuro y se embarcaron en censos que obligaban al pago anual de una pensión. El magnífico Victorián Pérez era un hombre de orden, una persona respetable: tenía muchos parientes presbíteros, un hermano comisario del Santo Oficio y él mismo jamás se olvidaba de hacer constar en los documentos su condición de familiar de la Inquisición. De tanta fortuna y tan holgada posición tenía que dar gracias al Todopoderoso y pensó que debía levantar una capilla para mostrar a Dios su agradecimiento y a los hombres su piedad y su riqueza. No reparó en gastos: a la aldea que corona el cerro abrazado por los dos ríos trajo los mejores canteros y maestros albañiles, que trabajaron muchos meses para concluir la obra.

Comenzaron por excavar en el cementerio, junto al muro de la iglesia, en las entrañas rojizas del conglomerado, una galería que luego cubrieron con bóveda de medio cañón: era la cripta donde reposarían los difuntos de la casa del magnífico familiar de la Inquisición. Después, sobre la cripta, levantaron la capilla que se abría a la iglesia junto al presbiterio. Para cubrirla, los canteros se esmeraron labrando una bóveda estrellada de gusto antiguo. El día que retiraron las cimbras, la geometría de las nervaduras llenó de asombro a los aldeanos y de orgullo al rico infanzón que las pagaba: no habían llegado apenas a las miserables aldeas de aquellos montes las florituras góticas y los ojos, acostumbrados tan sólo a las limpias superficies lisas de las bóvedas sencillas, se extasiaban bajo los relieves de los nervios curvos. No acabaron allí el asombro de los paisanos ni el dispendio piadoso del poderoso infanzón: mandó venir a un pintor que trabajó durante meses en la casa del prestamista hasta concluir un retablo con muchos dorados para presidir el altar del nuevo oratorio. Las pinturas mostraban escenas de la vida del santo al que se dedicaba la capilla que —en honor del piadoso varón del dinero— era San Victorián o San Viturián, como entonces decían.

El retablo ya no existe: ardió en los infaustos días de la última guerra civil. No es fácil imaginar qué escenas de la vida del santo eremita y abad eligió el pintor para plasmar en el retablo: ¿Con qué aspecto pintaría a Maura, la apasionada tentadora del varón casto?

En esto de la santidad y de la virtud todo es opinable. A veces conmueve más la figura de la dama enamorada que la del varón fuerte ante la tentación. Victorián o Viturián, aunque su culto se reduzca casi a las aldeas de estos montes escabrosos, fue un santo nacido en Italia hacia el año 480. Las viejas crónicas, tan cargadas de detalles como —muchas veces— carentes de fundamentos documentados, aseguran que *«nació victorioso para vencer gigantes y domar monstruos»*. Por la mujer que lo amó no se sabe si irá lo de gigante o lo de monstruo o las dos cosas. La historia es triste. En Italia, Victorián destacó muy pronto por su sabiduría y por sus virtudes, hasta el punto de verse acosado por discípulos y admiradores que buscaban su compañía y su consejo. Él, para huir de la vanidad que tanta lisonja excitaba, cruzó los Alpes y marchó a Francia. Allí fundó monasterios y de nuevo se vio asediado por la vanidad, hija de la admiración que su sabiduría despertaba. En Francia, a la veneración de sus discípulos se unió algo más peligroso para la virtud del casto varón: *«los halagos de una Sirena llamada Maura, que ciegamente apasionada de Victorián, le quiso obligar a dar lastimosamente en un escollo: pero entendiendo el Santo, con luz del cielo, que una femenil belleza, se sabe fingir lisonja del alma; y que puede ligar los más castos pensamientos; se entregó nuevamente a la fuga, y tomando rumbo para los Perineos llegó a España».*

Cruzó estas montañas acompañado por algunos discípulos. Un día caminaba con ellos por cerca de Laspuña, pueblo sobre el río Cinca al pie de la Peña Montañesa, cuando la sed acabó por vencerlos a todos. Al no encontrar agua en las cercanías, Victorián tuvo que recurrir a sus poderes: golpeó con el bastón la roca y al instante manó una fuente. Junto al chorro —la Fuensanta— se levantó siglos después una ermita. El casto sabio deseaba purificarse en la soledad. Para cumplir sus deseos un ángel lo llevó volando a una gruta abierta en medio de la pared rocosa de la inmensa peña caliza. Allí, alimentándose de amargas raíces, llevaba Viturián vida de anacoreta. Pero el amor de Maura no se disipaba ante la resistencia y la huida: *«aquella madama francesa, que con apacibles arrullos le quiso hechizar en su país, y no lo pudo lograr su ciego amor, le vino siguiendo las huellas hasta el pie de la cueva, gritando como desesperada por aquellos montes afelpados de nieve y de horror: pero ni este canto de sirena bastó para afeminar la gallardía de Victorián; pues mejor Ulises que el antiguo, se abrazó al mástil de la Cruz, y cercando sus oídos con espinas, y castigando con disciplinas su cuerpo, quedó como siempre victorioso».*

Cerca de la cueva del eremita había un monasterio fundado un lustro antes, bajo la invocación de San Martín, por el rey godo Gesaleico. Los monjes, al conocer la santidad y la sabiduría del casto solitario, lo llamaron y lo hicieron abad. Veinte años permaneció Victorián al frente del monasterio que después llevó su nombre. En este tiempo formó en la virtud a muchos monjes que luego alcanzaron mitras y llegaron a los altares. También intercedió ante el arriano rey Teudis para lograr que los católicos no fueran molestados. Murió el día doce de enero del año 560 y sus restos, conservados en una urna, resultaron prodigiosos: *«El cuerpo de Victorián cadáver, rindió más árabes en las batallas con su presencia que millones de soldados vivos con el fusil y la espada»*. Estas facultades bélicas de los despojos del santo habrían de hacerlos muy codiciados: por lo visto, los reyes de Aragón los llevaron a tantas batallas que acabó resultando incierta la localización del sitio exacto donde reposaban.

¿Qué plasmó en las tablas del retablo el pintor que pagó Victorián Pérez? ¿Estaban el macilento penitente en su cueva y, al pie de la roca, la desesperada enamorada loca de pasión? ¿Aparecía el santo platicando con el rey Teudis? ¿Se mostraba al sabio abad cubierto con rica mitra y sosteniendo el báculo con una mano mientras levantaba la otra para bendecir? ¿Pintó alguna batalla con moros despavoridos ante la presencia de los huesos del casto Victorián? Nadie lo sabe. Quienes recuerdan el retablo hablan de dorados y pinturas oscuras apenas reconocibles a la luz de las velas y lámparas sagradas.

Sin lugar a dudas el infanzón inquisidor debió sentirse satisfecho de la obra levantada en honor del santo de su nombre: allí estaba el enterramiento para él y los de su casa, allí el rico retablo, allí la bóveda estrellada que hablaba a todos de la riqueza y de la piedad del que fundó la capilla. Sólo faltaba un detalle caro e importante: había que proveer fondos para que un capellán atendiera de forma permanente la capilla, rezando por las almas del fundador y los de su casa.

El doctor Ciprián Broto era tío del magnífico Victorián Pérez, hermano de su madre. El doctor Ciprián Broto fue un clérigo afortunado y rico. Nació en una aldehuela de tres casas en el valle de Puértolas: tierras paupérrimas, laderas escabrosas donde nada crece, bosques entre precipicios, rebecos, osos y gargantas profundas por cuyo fondo corren ríos claros. Realizó estudios eclesiásticos y consiguió una buena parroquia, fue rector de Laspuña y Ceresa. Estos lugares levantan sus caseríos cerca de Puyarruego, en las terrazas del valle del Cinca, buenas tierras para el cereal. Ceresa es pueblo chico y más alto, Laspuña es mayor y está más cerca del río. Había pertenecido este lugar al monasterio de San Victorián, que obtenía del mismo pingües beneficios. Los habitantes de Laspuña se dejaban la vida por los campos, por los montes y por los ríos. Sembraban cereal en las tierras próximas al pueblo y guardaban rebaños de cabras y ovejas en los montes. Pero su economía giraba sobre todo en torno a la madera. Tenían bosques espesos en un valle oscuro que se esconde entre los precipicios calizos de Peña Montañanesa y de Cotiella. Allí —y en otras montañas— cortaban árboles que luego conducían por los ríos Cinca y Ebro hasta las puertas del Mediterráneo. De lo que sacaban con sus arriesgados oficios pagaban mucho a la iglesia: una parte a los señores del pueblo, primero los monjes y luego el obispo de Barbastro, y otra parte al párroco. Así logró el doctor Ciprián Broto su fortuna. En 1621 era muy cuantiosa. Había comprado en Laspuña una casa con su huerto y una hacienda considerable formada por huertas, viñas y campos. Tenía, además, muchos miles de sueldos puestos en censos por los pueblos. De ellos obtenía cada año ingresos elevados.

El presbítero mantenía con sù sobrino relaciones muy cordiales. El párroco rico y el rico familiar del Santo Oficio se veían con frecuencia. Sus aldeas estaban separadas por sólo una hora de marcha. Cuando se encontraban hablaban de negocios: los dos eran grandes prestamistas. Los dos despertaban el mismo temor en las aldeas cuando aparecían montados en sus mulas poderosas en compañía de notarios y testigos. Lo de la capilla de San Victorián también debieron tratarlo juntos. Al párroco le pareció excelente la idea de su sobrino y siguó con atención las obras. Cuando vio concluida la cripta y la hermosa capilla con su bóveda nervada y su retablo dorado, se dejó seducir por las palabras del infanzón que le propuso la fundación de un beneficio en ella. Lo de los beneficios eclesiásticos era algo frecuente entre las familias poderosas por aquellos años. Se trataba de lo siguiente: el presbítero recibía cada año mucho dinero de las pensiones de los censales que tenía establecidos por las aldeas y esas pensiones podía dedicarlas a mantener un sacerdote que se ocupara del culto en una capilla. Mientras viviera el Doctor Broto él sería el beneficiario y tras su muerte lo serían otros sacerdotes, todos de la casa del infanzón Pérez. Al párroco no debió parecerle mala la idea del sobrino. Debatieron a fondo todos los detalles de la institución —como han hecho siempre todos los que han amasado una fortuna y la han mantenido— para no dejar ningún cabo suelto. A finales de enero del año 1621 tenían ultimados todos los puntos, de modo que decidieron llamar al notario para que diera fe de la institución del beneficio. Para reunirse eligieron un terreno neutral a mitad de camino entre las dos aldeas donde residían el párroco y el infanzón. Esto de buscar para los tratos un lugar situado entre los pueblos de las dos partes era frecuente cuando se concertaban matrimonios, pero en lo de la capellanía de San Victorián resulta sorprendente y más cuando el lugar elegido no era siquiera un sitio habitado sino una huerta junto a un río. El presbítero y su sobrino vivían en casas amplias que disponían de buenos bancos de madera junto al fuego ¿qué les llevó en aquella cruda mañana invernal a juntarse con el notario en una tosca cabaña cerca del río Bellos? Tal vez el deseo de mantener secreta la reunión fue más fuerte que el temor al frío.

El día veintinueve de enero de 1621 salieron temprano de sus casas los que iban a participar en la reunión. Avanzaron silenciosos y ateridos sobre la nieve hasta llegar a la choza de mampostería que se levantaba en la partida llamada La Sala. Ataron las riendas de sus caballos en unos árboles y entraron en la tosca construcción. Junto a los árboles próximos al cauce helado del río quedaron cuatro cabalgaduras. Dentro de la choza se encontraron el escribano Juan Lascorz, de Labuerda, y su hermano, el presbítero Antonio Lascorz, que actuaría de testigo; el Doctor Ciprián Broto, que iba a fundar el beneficio, su sobrino Victorián Pérez —patrón de la capilla— y el hermano de éste, el licenciado Juan Pérez, rector de Puértolas, comisario del Santo Oficio y testigo también del acto de constitución del beneficio. En todo esto se cuidaba mucho cada detalle: había por medio una renta anual de dos mil sueldos.

Antes de entrar en los menudos pormenores de la institución que fundaba, el Doctor Ciprián Broto quiso manifestar claramente su piedad: *«...en mi nombre propio, a honra de Dios y gloria de Nuestro Señor y de la gloriosa y bienaventurada siempre Virgen María madre suya y del glorioso y bienaventurado San Pedro príncipe de los ápostoles y del bienaventurado San Vituríán patrón mío y de todos los santos y santas de la corte celestial, atendido y por mí con gran fervor y caridad de animo considerando la grande devoción que yo tengo a la iglesia parroquial del lugar de Puyarruebo so la invocación del señor San Pedro ápostol y por haber en ella una capilla del glorioso San Vituríán, la cual ha sido fundada por mi sobrino Vituríán Pérez...» «...continuando mi devoción y proposito que a dicha iglesia he tenido y tengo dejar, instituir y fundar un perpétuo beneficio ... en la capilla del señor San Vituríán, el cual dicho beneficio perpétuo haya de cantar y servir perpétuamente un clérigo presbítero...».*

En las fórmulas piadosas tal vez se podía generalizar nombrando a todos los santos y santas de la corte celestial, pero a partir de allí los cabos debían quedar bien atados, especificados, circunstanciados, pormenorizados y cuantificados. El sacerdote que serviría —o disfrutaría, según cómo se mire— el beneficio, habría de elegirse, a ser posible, entre los hijos de la casa de Vituríán Pérez y de sus descendientes. Estos serían perpetuamente patrones del beneficio: tenían en sus manos la facultad de ir nombrando a los presbíteros que ocuparían el cargo, residentes siempre en Puyarruego. Era un puesto apetecible, bien dotado y con pocas obligaciones. El sacerdote que lo disfrutara debía decir cuatro misas semanales en la capilla de San Victorián y rezar otros tantos responsos sobre la sepultura del Doctor Ciprián Broto. Los días festivos, cuando acudiera gente a la iglesia, el responso sería cantado, *«a fin de que alguno se acuerde de mí en sus oraciones»*. Si acaso en algún día no hubiera sacerdote de la casa para encargarse del beneficio, podrá éste recaer en manos de un estudiante de la casa siempre que vaya a ordenarse en los seis años siguientes. Mientras viva el Doctor Ciprián Broto él será quien se haga cargo del beneficio. En el testamento nombrará a quien haya de sucederle y para cuando muera este sucesor los siguientes beneficiados serán nombrados por el patrón del beneficio: el amo que entonces haya en la casa de los sucesores de Viturián Pérez. El capellán, cuando tome posesión del beneficio, jurará cumplir todos los ritos y obligaciones de su cargo. A cambio del desempeño de sus tareas piadosas recibirá una renta anual de dos mil sueldos. El dinero proviene de las pensiones de cinco censos que los concejos de otros tantos pueblos habrán de pagar cada año. El presbítero instituyente había iniciado su carrera prestamista en los últimos años del siglo anterior: en 1598 entregó a los vecinos de Bestué 6.000 sueldos por los que debían pagar una pensión anual de 300. Luego entregó dinero a los de Tella, después a los del lugar de San Vicente, más tarde a los de Bielsa y por fin llegó con su capital hasta una villa lejana —Castejón del Puente— ya en la parte baja del valle del Cinca. De este modo, una parte del trabajo de los pastores que cuidaban cabras en los riscos miserables de Tella o de los que bajaban con sus rebaños en invierno a la ribera del Ebro, servía para alimentar el caudal del beneficiado de la capilla de la olvidada aldea que se alzaba entre los dos ríos. Otro tanto ocurría con lo que sacaban de los escabrosos campos de las laderas los vecinos de San Vicente o con lo que obtenían de sus salitrosas fincas los campesinos de Castejón.

Cada año, en las fechas señaladas, el beneficiado acudía personalmente o enviaba a un procurador a cobrar las pensiones a los pueblos. En los días alegres de junio, cuando el sol ya calienta mucho y los cereales están próximos a la sazón, cobraba las dos pensiones mayores. Para San Juan la de la lejana villa de Castejón del Puente y para San Pedro —patrono de la aldea— la más cuantiosa, que la pagaba la villa de Bielsa. En octubre, cuando sopla el viento frío y caen las nieves primeras, recibía —para San Lucas— los sueldos de Bestué y los de San Vicente. El dinero de Tella entraba en la casa del presbítero para San Martín de noviembre: era la pensión más pequeña, sólo 150 sueldos, pero la más amarga. Nadie puede imaginar cuánto costaba sacar algo de las miserables peñas, de los precipicios y de las parcelitas chicas como pañuelos que rodeaban la aldea.

El beneficiado firmaba apocas de las pensiones que iba cobrando en los distintos lugares cada año. Los cuadernos de torpe caligrafía en que los escribanos de los remotos concejos anotaban estas cosas tienen algo de patético en su opresiva continuidad: año tras año los pastores analfabetos y paupérrimos estrujan sus economías para pagar una pensión al beneficiado de la capellanía de no sé qué santo en esta aldea, al de la capilla de otro santo en otra aldea, al de una nueva capilla en otro pueblo distinto, etc. etc. El lugar de Tella, a finales del siglo XVIII, pagaba pensiones anuales a media docena de beneficios establecidos un par de siglos antes. Aquellos aldeanos que sobrevivían con tres parcelitas de centeno y una docena de ovejas contribuían a mantener capellanes pagando los intereses de una deuda contraída por tatarabuelos de los que no conocían ni el nombre.

Los censos —ya se sabe— podían luírse o redimirse devolviendo el montante total del dinero entregado. Si esto sucedía aquel dinero dejaba de rentar una pensión anual y los ingresos del beneficiado disminuían. Por eso el Doctor Ciprián Broto, cuando instituyó su beneficio, dejó bien claro cómo actuar en estos casos: se reunirían el patrón del beneficio, el presbítero beneficiado y los jurados del lugar de Puyarruego para cargar el dinero en un nuevo censo lo antes posible. Para que se ocupen de esta misión y para que revisen cada año los papeles relativos al beneficio instituido, el presbítero deja al patrón diez sueldos anuales y a los jurados cinco, con el encargo de que construyan un arquita con su llave para guardar los documentos del beneficio. Cada año, para el día de difuntos, se reunirán los jurados, el patrón y el beneficiado y —tras rezar un responso sobre la tumba del instituyente— abrirán el arca de los papeles y los revisarán uno a uno cerciorándose de que no falta ninguno.

Todos estos cabos —y algunos más— dejó bien atados en aquella fría jornada de enero de 1621 el Doctor Ciprián Broto. El notario se pasó el día escribiendo. Al anochecer abandonaron los cuatro firmantes la tosca caseta próxima al río y emprendieron el camino de sus respectivas aldeas. El instituyente creía que no había olvidado ningún detalle, pero había pasado por alto uno de los más importantes.

¿Qué pasó entre el Doctor Ciprián Broto y su sobrino, el magnífico Victorián Pérez? ¿Qué desprecio, qué burla, qué desplante hicieron los vecinos de Puyarruego al presbítero doctor? ¿Quién habló con el sacerdote, para inducirlo a arrepentirse de lo que había hecho? ¿Qué afecto se quebró? ¿Por dónde vinieron los roces? No lo sabemos. Pero algo pasó.

En 1628, cuando sólo llevaba siete años instituido el beneficio fundado por el Doctor Ciprián Broto, su sobrino funda una nueva capellanía en la misma capilla de San Victorián de la iglesia parroquial de Puyarruego. Si el presbítero era rico, su sobrino —el familiar del Santo Oficio— lo erá más. De los muchos censos que tenía cargados por las aldeas de la comarca separó unos cuantos para mantener con sus pensiones a un capellán que sirviera en la capilla levantada por él. El capellán sería elegido entre los descendientes de su casa y estaría obligado a celebrar en la capilla doscientas ocho misas cada año y a rezar sobre la sepultura. La institución es en todo similar a la fundada por su tío: los mismos fines, las mismas obligaciones, la misma capilla. Si los dos beneficios recaían sobre el mismo presbítero, el clérigo afortunado podía considerarse un hombre rico. Pero el magnífico Victorián Pérez ya sabía que no sería así: algo se había quebrado entre él y su tío.

El Doctor Ciprián Broto estaba profundamente arrepentido de haber fundado el beneficio en la capilla de San Victorián. Todo aquello de la devoción a su bienaventurado patrón San Viturián, de su amor a la iglesia parroquial de Puyarruego y de su fervor hacia la capilla fundada por el sobrino, ya no tenía sentido: era como las viejas palabras que sirvieron para declarar un amor roto. No quería saber nada de Puyarruego, ni de su iglesia parroquial, ni de la capilla, ni —tal vez— de su sobrino. Debió resultar muy duro para el viejo clérigo: toda su vida atesorando dinero para fundar censos con los que instituir un beneficio y cuando por fin lo logra se equivoca. Alrededor de este cambio de intenciones debió haber mucha disputa, bastante crispación, tal vez envidia, ambiciones oscuras, resentimientos ... hubo, algo turbio: seguro.

En 1633 el Doctor Ciprián Broto, convencido de su error,

está firmemente decidido a rectificarlo. Llama al notario a su casa de Laspuña y le hace redactar un documento para corregir y rectificar la escritura de fundación del beneficio de 1621. Ya no quiere ni siquiera ser sepultado en la cripta de la capilla de su sobrino. Desea que lo entierren en la iglesia parroquial de Laspuña y ordena que todo lo dicho sobre el beneficio fundado en 1621 se traslade también a Laspuña: allí residirá el beneficiado, allí dirá sus misas y sus responsos y allí disfrutará de los dos mil sueldos anuales de renta. De las tareas que, según la institución primera, se ocupaban los regidores de Puyarruego pasarán a ocuparse los monjes del monasterio de San Victorián.

Después de rectificar el antiguo documento, el presbítero se autonombró primer beneficiado del beneficio refundado y designó al que debía sucederle tras su muerte: un clérigo ajeno a la casa de su sobrino el inquisidor. Levantó acta notarial de todo y descansó tranquilo: ya estaba enmendado el error. No sabía el rico sacerdote que los documentos notariales y las leyes a veces son como las esporas de los hongos: desaparecen o permanecen ocultas a la vista, pero llegado el momento y las circunstancias favorables, hacen brotar su fruto.

Tal vez en la decisión del párroco de Laspuña pesó la opinión de los monjes de San Victorián, que fueron señores temporales del pueblo. Eran muy ricos aquellos monjes. Su monasterio no disfrutaba de un emplazamiento amable. Levantado en una ladera bastante pendiente, al pie del espinazo rocoso de la Peña Montañesa, estaba bien orientado al mediodía, pero lo batían todos los vientos y lo arañaban con frecuencia las garras ardientes de los rayos. Las rentas consolaban un poco a los montaraces cenobitas de las inclemencias naturales. Sólo en Ribagorza les pertenecían veintinueve pueblos y en Sobrarbe eran señores también de muchos. En los edificios pardos que alzaban sus muros de buena cantería junto a la gran iglesia, se iban acumulando los tributos que traían los vasallos de las aldeas remotas escondidas en los montes, de los pueblos de las riberas feraces e incluso de la villa de Graus, que también pertenecía al monasterio. Las sendas escabrosas que serpenteaban hacia el convento entre quejigos y aliagas conocían un constante ir y venir de pastores y campesinos huraños que llevaban a los monjes los censos, quistias, treudos, décimas, oncenas y un montón más de viejas cargas feudales en forma de panes, pollos, jamones, cereales, corderos, vino y dinero.

El origen del monasterio se relacionaba con los tiempos oscuros de los reyes godos. De cuando llegaron los moros a estas montañas se contaba cómo incendiaron el monasterio y destruyeron sus edificios. Los monjes huyeron a otro cenobio situado en un valle más escondido todavía y luego regresaron para reconstruir el que habían arrasado los sarracenos. De aquellos primeros tiempos de la lucha contra el árabe no se sabía mucho, pero todos suponían que el monasterio había tenido entonces una importancia decisiva. Cuando el Doctor Ciprián Broto fundó su beneficio y cuando rectificó la fundación primera, tenía San Victorián diez y ocho monjes: seis residían en los prioratos que dependían de ellos y los otros doce en el monasterio. Allí vivían entre los gruesos muros, bien arropados por los tributos de las aldeas y por unos cuantos esqueletos viejos de reyes y santos. De los siete primitivos reyes fabulosos que Sobrarbe —como Roma— tuvo, reposaban seis en San Victorián: ocupaban toscos sepulcros de piedra olvidados a los pies de la iglesia. De los santos —tal vez en consideración a sus prodigiosas virtudes— se atendían más los restos: en un arca de madera plateada estaba el cuerpo de San Albino, en otra más sencilla reposaba San Gaudioso, en una tercera —de piedra ésta— que se encontraba en la puerta de la iglesia que salía al claustro estaba el cuerpo de San Martín «abogado admirable de las cosas perdidas». Contaban también con muchas docenas de reliquias de otros santos y —por encima de todas— con el cuerpo de San Victorián. Sobre esto había algún debate: los monjes del monasterio de Montearagón afirmaban que el cuerpo del Santo lo tenían ellos porque lo dejó allí el rey Pedro cuando lo bajó de las montañas para que le ayudara en la guerra de la conquista de Huesca. Los de San Victorián estaban convencidos de poseer el cuerpo de su antiguo abad. Lo guardaban en un arca que obraba prodigios con la atmósfera cuando —en tiempos de sequía— la hundían en las aguas de la Fuente Santa. De vez en cuando esta arca prodigiosa llenaba de temor el corazón de los frailes: cuando el abad u otro monje iban a morir sonaban en el interior de la urna fúnebre del santo unos golpes secos. Si un día escuchaban las premonitorias «mazadas de San Victorián», al recogerse en sus celdas —por la noche— todos temblaban preguntándose por quién sonaban los huesos dentro del arca. No sólo las mazadas atemorizaban a los monjes: la naturaleza era inclemente con su santa casa. Algunas veces, de la muralla rocosa de la montaña que coronaba la ladera, se desprendían enormes cantos calizos que rodaban por la pendiente arrasando cuanto encontraban a su paso; quebraban los troncos de los quejigos centenarios como si fueran ramitas y derribaban los muros de cantería como si se tratara de construcciones de arena. En algunas ocasiones las rocas erráticas abrieron boquetes en el convento y continuaron ladera abajo tras hacerse camino atravesando varios muros. También los vendavales azotaban la desolada vertiente: rompían árboles y levantaban las pesadas losas de los tejados. Los rayos mostraban una atracción trágica hacia la torre del cenobio: casi todos los años la visitaban para desbaratar la techumbre y los muros, dañar los arcos y rajar las campanas. En una ocasión la potencia de la descarga fue tal que derribó la torre sobre la iglesia: cedió la bóveda y en el suelo de la nave del templo quedaron los escombros del altivo campanario. Había días de otoño en que se combinaban todas las fuerzas destructoras. Los grandes quejigos de coriáceas hojas ocres eran agitados por vientos fortísimos que les arrancaban las ramas; tras el vendaval llegaban el aguacero, los rayos y las piedras que caían del monte. En esas fechas, cuando los monjes se acostaban no necesitaban de las «mazadas de San Victorián» para sentir temor. Pero al día siguiente, si el cielo aparecía limpio y el sol acariciaba la ladera, se olvidaban las inclemencias de la naturaleza y se renovaba la alegría de vivir viendo llegar a los campesinos de las aldeas con sus asnos cargados de jamones y pollos.

A estos monjes que vivían entre la zozobra por las iras de la naturaleza y la abundancia cómoda de sus señoríos temporales, transfirió el Doctor Broto la custodia de los documentos de su beneficio y la vigilancia de los censos que lo sustentarían cuando él muriera. Ellos aceptaron gustosos las obligaciones y se dispusieron a cobrar los sueldos anuales que para pagarlas perpetuamente dejaba el presbítero.

Murió el Doctor Ciprián Broto y pasó el beneficio por él fundado al clérigo que designó para ocuparlo en Laspuña. Decía el presbítero cuatro misas semanales por el alma del difunto instituyente y rezaba otros tantos responsos sobre su tumba. Una vez al año se reunía con los monjes de San Victorián para revisar la arqueta que contenía los documentos del beneficio y comprobar que todo estaba en orden. Cobraban sus sueldos los monjes, cobrada su pensión el beneficiado, resonaban sobre la sepultura los responsos y —allí donde estuviera— el alma del que fundó el beneficio y luego lo rectificó se sentía satisfecha del funcionamiento de la institución creada con los ahorros de tantos años de misas, de diezmos y de primicias. Su sobrino, el familiar del Santo Oficio, también murió. El hijo varón de Victorián Pérez— que se llamaba como él —falleció muy joven y la herencia fue para la hija, Margarita Pérez, casada con el magnífico Diego Villamana de Blancas, señor de Lasaosa. Victorián, el que fundó la capilla, amaba mucho a su casa y a su aldea: al nombrar a la hija heredera de sus bienes sólo puso como condición que residiera siempre en Puyarruego.

En los primeros días de octubre de 1649, cuando ya se habían rezado muchos cientos de responsos sobre las sepulturas del presbítero instituyente y de su sobrino el de la Inquisición, llegó a Puyarruego Don Miguel de Escartín *«por la gracia de Dios y de la Santa Sede Apostólica obispo de la ciudad y obispado de Barbastro»*. Se alojó en la casa de la hija de Victorián Pérez y recibió un trato excelente en los días que permaneció allí: fueron varios porque debió resolver el espinoso asunto del beneficio de la capilla de San Victorián. Se trataba de la rectificación añadida por el Doctor Ciprián Broto para trasladar su beneficio de la iglesia de Puyarruego a la de Laspuña. Mientras vivió el instituyente nadie se enfrentó a las decisiones de quien hacía con su dinero lo que quería. Pero una vez muerto, los herederos de Pérez comenzaron a buscar el cabo por donde tirar del hilo para destejer lo que tejió el presbítero. Y lo hallaron. Nadie podía poner en duda que la voluntad última del instituyente fue la de vincular el beneficio a la iglesia de Laspuña y a los monjes de San Victorián: estaba bien claro en la escritura de rectificación. Pero al difunto presbítero, tan cuidadoso con los legalismos, tan amigo de escrituras, de escribanos y de testigos, tan precavido en lo de revisar cada año los documentos y tan doctor, se le escapó un detalle fundamental: en la exhaustiva escritura de fundación de 1621, en aquélla que se redactó en una choza junto al río, se le olvidó poner una cláusula autorizando posteriores enmiendas. Por este motivo la variación que después hizo no era válida. Así lo dictaminó el obispo en su sentencia. El beneficio había de regirse por la escritura fundacional que lo unía a la capilla de San Victorián en la iglesia parroquial de Puyarruego. Según esto, el presbítero que disfrutaba los dos mil reales del beneficio lo hacía ilegalmente porque no residía en la aldea.

Un propio marchó al lugar donde vivía el beneficiado con una citación del obispo para que, de inmediato, se presentara en Puyarruego. Al día siguiente se puso en camino. Mientras avanzaba por la senda pedregosa ya sospechada que algo iba a ocurrirle: estando en visita general no llamaba el obispo a un sacerdote para anunciarle nada bueno. Tal vez tembló pensando en la posibilidad de perder el beneficio que era su único sustento. No es difícil imaginar su rostro abatido de aldeano tonsurado cuando —ya en casa de Pérez— fue conducido ante el obispo. Le preguntaron si sabía que la rectificación de la escritura de fundación del beneficio era ilegal y él —seguramente tras pensarlo mucho— respondió asustado que en ese tema, como en todos, se sometía a lo que dictara el obispo. El prelado le ordenó obedecer sólo la escritura fundacional y residir en Puyarruego. El pobre sacerdote prometió cumplir todo sin recurrir ni apelar.

El caserío de Puyarruego, encaramado en la breve cumbre de su cerro, apenas tenía tres calles que pudieran llamarse tales.

El beneficiado debió buscar alojamiento en alguna de las doce casas del lugar. Tendría dificultades para encontrarlo y, seguramente, el que halló no le agradó mucho: casi todas las casas eran chicas, pobres, oscuras y frías. Todos los días se cruzaría con los de la casa de Pérez —que disponían de una vivienda amplia y soleada— y los miraría con rabia. También se encontraría con el otro presbítero, el párroco del lugar, que cobraba la pensión del otro beneficio de la misma capilla, el que instituyó Victorián Pérez. En la soledad oscura de la iglesia parroquial diría primero misa un beneficiado y luego, en el mismo altar, el otro. Por el alma del familiar del Santo Oficio rogaría uno, por la del presbítero doctor rezaría el otro. Más tarde, si los dos tonsurados se encontraban en la calle o en los caminos, tal vez no se dirían ni buenos días. No se sabe el alma del Doctor Ciprián Broto, cuyo cuerpo reposaba en otro lugar, qué pensaría de todo esto.

Desde las aldeas de los montes, las pensiones de los censos llegaban puntualmente cada año: dos para San Juan, dos para San Lucas y una para San Martín.

Lo del descontento del beneficiado duró sólo mientras ocupó el puesto aquel sacerdote al que llamó el obispo para hacerle saber la sentencia por la que le obligaba a residir en la aldea. Los siguientes beneficiados fueron todos clérigos felices y afortunados: estaban entre los presbíteros más ricos de aquellos valles. Juntaban en sus manos la rectoría de Puyarruego y los dos beneficios de la capilla de San Victorián, el que fundó el Doctor Ciprián Broto y el que creó su sobrino.

El primer descendiente de Victorián Pérez que disfrutó del beneficio creado por él fue ya un Bardaxí. En efecto, la nieta de Pérez que heredó la casa se casó con Juan Bardaxí y uno de sus hijos, Victorián —como el bisabuelo— Bardaxí, fue designado para disfrutar las rentas del beneficio cuando sólo era un niño. Con él, en 1676, se inicia la larga serie de Bardaxíes tonsurados que dieron envidia a todos los clérigos de la comarca por las rentas que los dos beneficios y la rectoría les proporcionaban.

A los monjes de San Victorián la sentencia espiscopal no debió afectarles mucho: la custodia de los documentos que les encargaba, en la rectificación anulada, el Doctor Ciprián Broto rentaba muy poco. No sufrieron contrariedad alguna por perder el papel que tenían en todo aquel asunto: a finales del siglo XVII el monasterio gozaba de una época de prosperidad a juzgar por las obras que se emprendieron. Los tributos de los lugares que señoreaba llegaban puntualmente. Los almacenes, graneros, corrales, cuadras, despensas y arcas del remoto cenobio estaban repletos. Se hacía necesario ampliar los edificios viejos y construir otros nuevos, ensanchar las puertas, abrir nuevas ventanas y remozarlo todo. En el caserío monacal de la escabrosa ladera había siempre cuadrillas de canteros y albañiles trabajando. Los aldeanos que llegaban con sus tributos de las oscuras aldeas de los montes lejanos admiraban la solidez de los muros y la perfección de la cantería. Al mirar a los alarifes que trabajaban en los andamios de madera tal vez calcularan —calladamente— los esfuerzos que a los de su aldea les costaba pagar todo aquello.

La consagración de la nueva iglesia culminó las obras de restauración del monasterio. Se trataba de un gran templo cuyos volúmenes, de alargada geometría, destacaban coronando las otras edificaciones monásticas. En la elevada bóveda que cubría la nave única trabajó mucho tiempo un grupo de albañiles dirigidos por un maestro barbastrense. Del viejo templo anterior sólo se respetaron las criptas en cuyos muros reposaban los monjes difuntos que habían poblado el monasterio en los pasados siglos. Para decorar el interior del nuevo templo no se ahorró en impostas ni en volutas de yeso, no se escatimó el oro, ni se puso límite al color. Hasta el rey que inauguraba en España dinastía nueva halló sitio en la iglesia sobre la tumba del legendario García Ximenez que había iniciado mil años antes la mítica serie de monarcas sobrarbeses. En un pedestal elevado, a los pies de la iglesia, la estatua de Felipe V miraba a otra —pareja en tamaño, colorido y posición— que representaba a su esposa. El rico templo, con el brillo de sus dorados y la luminosa claridad de sus colores en la amplitud de la nave, sobrecogía a los aldeanos cuando lo contemplaban. Llegaban a la santa casa agotados por la dureza de los caminos que serpenteaban ladera arriba. El tamaño de las construcciones pardas y la dureza monástica de las líneas del caserío les causaban una impresión de señorío, de poder, de dureza. Pero el templo, en su interior, era otra cosa. El oro y los colores, los santos, los reyes, las reliquias y las luces, la magnífica sillería de madera labrada, los retablos, los manteles de lino y la airosa bóveda clara, llevaban al corazón de los pastores huraños una sensación de lujo tranquilo y de misteriosa belleza que no olvidaban jamás. Al regresar a sus aldeas miserables contaban a los vecinos y a sus hijos lo que habían visto y con el relato de tanta hermosa riqueza la fama del poderoso monasterio crecía.

En los primeros días de septiembre de 1737 fue consagrada la nueva iglesia del monasterio de San Victorián. Entre los asistentes a la ceremonia que presidió el obispo de Lérida estaba el beneficiado del doble beneficio de la capilla del mismo santo en la iglesia parroquial de Puyarruego, el presbítero Juan de Bardaxí, que mantenía excelentes relaciones con los monjes del rico cenobio. Cuando murió el presbítero, un año y medio después, participaron los monjes en su fastuoso funeral. Tras su muerte, las relaciones entre el monasterio y la casa de Bardaxí siguieron siendo cordiales.

Don Joseph Bardaxí y Barrau conoció las dos caras de la fortuna: la mueca sombría de la adversidad y la sonrisa amable del triunfo. Huérfano de padre desde niño, fue educado por su abuelo y, sobre todo, por su tío, el presbítero que se llamaba como él. El clérigo, párroco de Puyarruego, señor de Villanova y beneficiado del doble beneficio, murió en 1751 dejando al sobrino, con poco más de quince años de edad, al frente de todo. Luego, la rueda de su suerte giró y aparecieron una poderosa herencia para añadir a la de sus padres, un matrimonio afortunado y varios hijos que triunfaron en sus carreras. Joseph Bardaxí, tras morir su tío el presbítero, tendría que haber nombrado un nuevo beneficiado. Su hermano Manuel era todavía un niño, pero si iniciaba los estudios eclesiásticos pronto estaría en condiciones de hacerse cargo del beneficio, porque la vieja institución del Doctor Broto preveía que si algún estudiante hijo de la casa tenía la posibilidad de ser ordenado en un plazo de seis años, podía disfrutar las rentas del beneficio, aunque pagara a otro sacerdote para que dijera las misas hasta que él recibiera las órdenes sagradas.

En 1753 los dos hermanos son aún adolescentes, pero su vida está ya marcada: Joseph es el heredero de la casa y de los señoríos, Manuel será párroco y beneficiado. El destinado a la carrera clerical inicia sus estudios y en 1753 reclama el beneficio de la capilla de San Victorián, que de forma interina estaba cobrando el párroco de la aldea. El presbítero no parecía muy dispuesto a dejar la pensión de dos mil sueldos —con la que contaba para varios años más— en manos de aquel jovencito imberbe, de modo que fue necesario acudir a todas las formalidades legales. Obtuvo el adolescente Bardaxí el nombramiento para el cargo expedido por los fideicomisarios de su difunto padre. Con el nombramiento y con la vieja escritura de institución del beneficio se presentó en Barbastro ante el vicario general de la diócesis para que le expidiera un documento de reconocimiento de sus derechos. Cuando lo obtuvo volvió a Puyarruego con todos los papeles y se los mostró al párroco. Requerido el rector para que pusiera al joven Bardaxí en posesión del beneficio, cuando vio las letras, *«obedecidas con su mayor respeto, se ofreció pronto a practicar cuanto por las mismas se manda»*. Para el día de la toma de posesión se buscaron testigos y se hizo venir también al notario que debía dejar constancia de la ceremonia protagonizada por el afligido presbítero que perdía una pensión y por el joven tonsurado que la ganaba. Presentes todos en la iglesia parroquial, el viejo sacerdote procuró ocultar su ira y comenzó el rito: *«habiéndole cogido de la mano lo llevó a la capilla y altar del señor San Victorián, bajo cuya invocación se halla fundado el expresado Beneficio, y en señal de verdadera posesión registró dicho altar y toda su capilla, se arrodilló y dijo la oración que comienza: Intercesit Nos quasumus Domine, y de allí pasó al al-*

tar mayor, sacristía y coro y hizo otras cosas y actos denotantes de la verdadera, real, actual, corporal y pacífica posesión...».

Años después, cuando murió el párroco, Manuel Bardaxí —ya ordenado in sacris— fue presentado para el cargo por su hermano Joseph —que también era patrón de la parroquia —y además rigió la capellanía fundada en la capilla de San Victorián por su antepasado Victorián Pérez. Este Bardaxí que comenzó a disfrutar el beneficio cuando todavía era un adolescente imberbe, ocupó el puesto más años que ninguno de sus predecesores: medio siglo pasó diciendo misas y orando sobre la sepultura de sus atepasados, que fue también la suya.

Eran tiempos difíciles. Joseph, el hermano heredero, marchó con su mujer y su hijo a Graus para residir en la casa que les donó en herencia un pariente lejano. Manuel quedó sólo en Puyarruego y aunque contaba con la compañía y la ayuda de varios criados y criadas que se ocupaban de las labores del campo, del ganado y de la vivienda, ya nada era igual: faltaba el amo de la casa, y la seguridad de que nunca más volvería a residir allí daba al edificio un sombrío aire de abandono. Las pensiones de los beneficios también resultaban cada año más difíciles de cobrar. Al comenzar el siglo XIX algunos de los censos que proporcionaban las rentas para los beneficios habían cumplido ya trescientos años. Los concejos de las aldeas se resistían a abonar intereses de dineros tan remotos y ponían mil excusas para evitar los pagos anuales. El presbítero, mientras fue joven, recorrió los valles intimando a la aldeas para que pagaran, pero luego, ya anciano, no pudo evitar la merma progresiva de sus pensiones. Eran tiempos revueltos: nada de lo que parecía hasta entonces seguro se veía libre de las grandes convulsiones que amenazaban con destruirlo todo.

En julio de 1936 se encontraba en Mediano, lugar a media jornada de marcha de Puyarruego, una cuadrilla de cómicos. Estaban actuando para los obreros que construían una gran presa que contendría las aguas del río Cinca para embalsarlas. Llegaron los acontecimientos que agitaron a toda la nación y los cómicos, gente de ideas anarquistas, impulsaron por toda la comarca la creación de comités revolucionarios para destruir la vieja sociedad e implantar el comunismo libertario.

La gente del país parece tener muy claro el papel que los cómicos jugaron en la organización de los violentos sucesos de aquellos días. Tal vez fue así. Tal vez partió de ellos el impulso revolucionario. Pero sólo eso: el impulso inicial. Es imposible que los brazos de la gente de la farándula alcanzaran las cien aldeas dispersas por los montes. En las aldeas hubo gente que cogió al vuelo las palabras que llegaban en aquellos días agitados. Algunos jóvenes que desde los seis años cuidaban cabras, labraban las miserables parcelas de las laderas inhóspitas, cortaban árboles en los bosques oscuros o conducían troncos por los ríos, comenzaron a hablar de comunismo, de libertad, de amor libre y del fin de la propiedad privada.

En Puyarruego un joven alto, amigo de las palabras gruesas y de la voz levantada, se colocó una pistola en el cinturón y, acompañado de media docena de hombres como él, derribó la puerta de la iglesia. Avanzó hacia el presbiterio y echó al suelo el retablo del altar mayor. Después se encaramó al retablo dorado de la capilla de los Bardaxíes. Ató una soga en la parte superior y luego descendió. Desde el crucero tiraron todos de la cuerda hasta que el viejo retablo cayó con su estrépito de maderas doradas crujientes y quebradas, descompuestas sus espigas en medio de una nube de polvo. Con las columnas partidas y con las imágenes formaron una pira en la plazuela, frente a la puerta de la iglesia, y le pegaron fuego. Mientras ardían los santos, el joven de la pistola en el cinto le decía a su camarada: «Ahora las mujeres ya no serán de un hombre sólo, serán de todos. Todas las mujeres irán con todos». Los jóvenes estaban nerviosos y alegres, agitados, como los tiempos que corrían. El viejo sagrario que hicieron Arbeloa y Campo en 1604 yacía junto a las columnas doradas que ardían. A alguien se le ocurrió un entretenimiento nuevo: podían tirar aquel cajón dorado montaña abajo, para que bajara rodando hasta el río. Cogieron el tabernáculo entre dos o tres y se dirigieron, en medio de la algazara de todos, a una era próxima que coronaba la ladera. Balancearon en el aire un par de veces la caja dorada para tomar impulso y la arrojaron. El sagrario comenzó a rodar por la pendiente, describiendo piruetas y saltos —cada vez más acelerados, cada vez más altos— entre las matas de boj. Los golpes del arca sagrada, al chocar contra el suelo en cada brinco, no parecieron a los espectadores sonidos lúgubres sino música alegre. Se paró cerca del río: unas matas de sarga muy grandes frenaron su loca carrera. Arbeloa se había esmerado en los ensambles: la caja resistió los golpes sin quebrarse. Quedó allí abandonada, junto a las sargas. Los que la tiraron tuvieron que ocuparse de cosas graves que les hicieron olvidar el sagrario. La alegría del comunismo libertario duró poco.

La guerra llegó a Puyarruego. Los aldeanos fueron evacuados a Francia. Se combatió mucho en el cerro rojizo. Mientras los soldados luchaban en la colina y disparaban desde las aspilleras de la vieja casa de Bardaxí, los vecinos de la aldea, alojados en barracones, aguardaban en lugares remotos del norte de Francia el fin de la guerra. Terminó la contienda y los aldeanos regresaron. Hallaron sus casas vacías. Algunas destruidas. Comenzaron a trabajar los campos. Sembraron trigo y lo segaron al verano siguiente. Lo transportaron a las eras y comenzó la trilla. Entonces, el hermoso sagrario que hicieron Arbeloa y Campo, apareció de nuevo. Rescatado, redivivo, medio podrido, desconchado, desnaturalizado. Un viejo aldeano lo había encontrado cerca del río, junto a la mata de sarga, en el mismo sitio donde se había parado el día que lo tiraron. El viejo lo recogió y al instante pensó en cómo darle alguna utilidad. Lo llevó a su casa y lo clavó sobre el trillo de pedreñas para sentarse encima cuando trillara el trigo. Comenzó a trillar en un día abrasador de mediados de julio. Extendió por la mañana, temprano, la mies en la era y aguardó unas horas para que el sol librara al trigo de la humedad de la noche. Luego, a media mañana, cuando la mies extendida, quebradiza y bien seca, parecía que echaba fuego, unció los dos bueyes, los enganchó a la gruesa tabla —con hiriente vientre de pedernales— sobre la que había clavado el sagrario, se sentó en la dorada caja, hizo restallar el látigo sobre los animales y los bueyes comenzaron a caminar lentamente sobre la mies extendida arrastrando el trillo con su banco brillante en el que se sentaba el viejo.

Parece que los vecinos no hicieron comentarios. Se acercaron a la era, vieron el sagrario y callaron. Recordaban el día que lo arrojaron montaña abajo y todo lo que vino después.

CAPÍTULO IV

«... SEÑOR DE LASAOSA ...»

La Val de Serrablo ha sido siempre un territorio remoto hasta para los montañeses que han habitado estas tierras alejadas de todos los caminos transitados. Es un valle alargado, de vertientes no muy pendientes y alturas moderadas, que riega el río Guarga. Se trata de las entrañas resecas y pobres de unos montes calcinados y miserables. Una veintena de aldehuelas levantaban sus caseríos en las laderas erosiondas del vallizuelo. Desde hace unos veinticinco años están despobladas casi todas. Cuando los hombres abandonaron sus casas pardas y los ganados dejaron de roer cualquier brizna verde que brotara de los pobres suelos de las vertientes, comenzó la vegetación a desarrollarse, a adueñarse del paisaje y a engullir todos los restos milenarios de la presencia humana: los caminos, los muros de los antiguos campos escalonados y las aldeas están desapareciendo bajo el manto oscuro de los árboles y de los matorrales que recuperan los territorios de los que fueron expulsados.

En la mitad del valle se alza un lugarejo llamado Lasaosa que en nada se diferencia de los otros. Una docena de construcciones pardas en la ladera, un riachuelo, una iglesia y un cementerio, algunos campos de cereal, huertecillos junto al agua, rocas de arenisca ocre, pinos raquíticos, quejigos y maleza que va estrechando su cerco en torno a la aldea muerta.

Las casas están cerca del arroyo y —sobre ellas— coronando un promontorio pequeño, están el templo parroquial y el cementerio. La maleza oculta las cruces del camposanto cuyos muros, al derruirse, dejan ver un perfil de tierra ocre del que brotan, como espinas blancas, los huesos. Tal vez esos despojos antiguos sean de los aldeanos que pleitearon con los Bardaxíes.

Desde la puerta de la iglesia, mirando al interior de la nave única, se ven los escombros de la bóveda que las últimas nieves han acabado de arruinar. Si vuelven hacia la aldea que está a los pies, los ojos —tristes— pasan despacio de una a otra casa. Se posan en una altiva chimenea cilíndrica, luego en un oscuro tejado de losas y más tarde en el marco, primorosamente labrado y encalado, de una ventana pequeña. Vuelan lentos, como un pájaro enfermo, desde el pajar con tejado de cuatro vertientes hasta la vieja herrería que va desgranando los mampuestos de sus muros arruinados junto al arroyo, ahora crecido por las nieves que se deshacen en las partes altas de las laderas. Después se detiene la mirada en la casa más destruida. Es un edificio rectangular y exento, el más antiguo y el mejor construido de la aldea, el más tempranamente abandonado. Perdió el tejado hace muchas décadas y los dos pisos cayeron sobre las bóvedas de la planta baja. El formidable peso de los escombros todavía no ha logrado doblegar del todo las rebajadas curvas que formó algún constructor, muy hábil, hace casi medio milenio. Porque la casa debió construirse en el siglo XVI bajo la dirección de un maestro de obras que fue, a la vez, cantero. Proyectó la fachada —en el lado largo y meridional del rectángulo— con una cuidada simetría cuyo eje pasaba por el centro de la clave de la portalada de medio punto.
vanos de la planta noble fueron agrandados más tar-
no han sido modificados: son dos ven-
ría que muestran falsos arcos conopiales
. Igual de cuidada está la cantería de las
sillares desiguales de arenisca. El menudo
s contrasta con los grandes cantos de las
cos de algunos vanos, muy bien labrados.

No sólo estas piedras —en las que se esmeró el cantero— rompen la monotonía: una trenza de cantos inclinados, colocados como los granos de una espiga, recorre los muros a poca altura. Esta hilada de «opus spicatum», que casi abraza la casa, es otra muestra del cuidado que el maestro constructor puso en su diseño. De la distribución de las plantas superiores nada se puede decir porque han caído, pero la inferior —cuyas bóvedas aún resisten en parte— es otro canto a la simetría: el portal de medio punto da acceso a un zaguán cubierto con bóveda rebajada; a ambos lados —frente a frente— se abren dos puertas iguales, de contundentes jambas y dinteles enterizos sin decorar, por las que se penetra en sendas estancias con bóvedas. La solución de las cubiertas de esta planta es armoniosa y técnicamente muy acertada: la bóveda del zaguán —bastante rebajada— descarga los empujes de los pesados cantos que la forman en las dos bóvedas laterales. En el fondo del zaguán estaría la escalera de acceso a la planta superior. Hoy ya no existe. Una masa imponente de escombros se amontonan donde antes estuvieron los escalones. Sobre las ruinas crecen los cardos, los rosales silvestres de afiladas espinas y el sahúco negro que en junio se cubre de olorosas flores blancas. Pero ni las flores del escaramujo ni las medicinales del sahúco logran acabar con el olor de las ruinas. Es siempre el mismo en estas aldeas: un aroma triste de humedad y de humo, como un aliento frío e intemporal que brota de las bocas desdentadas y oscuras que el peso de los escombros va abriendo en las bóvedas.

Esta casa, ahora ruinosa, perteneció a los Bardaxíes, que nunca vivieron en ella. Hay algo en las casas levantadas en estas montañas en el siglo XVI que las diferencia de las otras construcciones. Al tratar de casi todas las que quedan no parece correcto hablar de arquitectura popular. En primer lugar porque no eran las casas del pueblo sino las casas de los señores y, en segundo lugar, porque su construcción fue guiada por un plan preconcebido y que perseguía con la simetría y con cierta geometría la armonía. Aparte del aire inconfundible de estas construcciones, otros datos hacen pensar que es la casa de los Bardaxíes. Existía ya en el siglo XVI y en el pueblo no hay ningún otro edificio de esa antigüedad. Además es el único exento, el único que no está rodeado de edificios agrícolas y pecuarios anejos, el único levantado en una sola vez. Las otras casas ostentan, casi todas, inscripciones en las dovelas o en los dinteles para indicar que fueron levantadas en el siglo XIX. Son edificios amplios, con tejados pardos de dos o de cuatro vertientes coronados por las enormes chimeneas. Cada casa —como ocurre con casi todas las del país— ha sido ampliada, remozada y cambiada muchas veces, de modo que ofrece un aspecto abigarrado de tejados y tejadillos, de muros, de vanos de todos los tamaños y tipos, de aleros, de arcos y de barreras de corrales.

Tanta amplia construcción del XIX hace pensar que en el pasado siglo los aldeanos de Lasaosa se sacudieron su secular miseria. ¿Cómo eran en los tiempos anteriores sus viviendas? Cuando se alzó, en el siglo XVI, el sólido edificio del que se ha hablado ¿cómo vivían los vecinos de la aldea? O lo que es lo mismo: ¿cómo vivían las gentes de Lasaosa cuando eran vasallos de los Bardaxíes?

Aunque, para ser exactos, debe señalarse que en el XVI Lasaosa no era señorío de los Bardaxíes sino de los Villamana de Blancas. Luego, ya en el XVII, los Bardaxíes lograron —por matrimonio— señorear el pueblo.

Ahora unos cuervos miran la aldea muerta desde los grandes quejigos que la dominan por el sur: ellos son los únicos habitantes permanentes de estos paisajes callados. Sin embargo el lugar se resiste a perder su alma.

Entre la vida y la muerte de las obras del hombre hay una línea divisoria. Hay cosas que el hombre hizo que están vivas. Otras están muertas. En las obras del hombre hay un alma, hay un hálito invisible pero perceptible, que permanece mientras las obras viven y que desaparece al morir. Mueren cuando no se miran. Las cosas mueren cuando el hombre no las mira. En las ciudades no hay nada muerto: las casas viejas y deshabitadas o los solares donde se acumulan las basuras no están muertos, porque la gente pasa cada día a su lado y vuelve hacia ellos los ojos. En cambio, en las aldeas deshabitadas no hay nada vivo. En Lasaosa los propietarios de dos casas las conservan en buen estado. Mantienen las ventanas cerradas y en las puertas han puesto un letrero para advertir que no son edificios abandonados y rogar que se respeten. Pero no por eso la aldea está viva. Las casas cerradas y bien conservadas son aquí como los animales disecados: parecen vivos. Pero las estaciones se suceden en silencio. Los quejigos echan hojas nuevas y las pierden sin que nadie los mire, sin que los poden, sin que un hombre se siente a su sombra y calcule cuántos días de invierno podría calentarse con la leña del robusto árbol. Las aguas del arroyo caen de una a otra roca sin dar de beber a nadie, sin regar huerto alguno. En las casas se instala también el silencio, que es el rostro y la mano de la muerte. El silencio, conforme se adueña de los espacios, va desalojando el alma de las cosas. No importa que se labren los campos y que vengan los hombres un par de semanas para sembrar y cosechar luego el trigo. No importa que los propietarios de las dos casas cerradas acudan algunos días en verano: sus miradas y sus palabras resultan ya insuficientes, no son capaces de hacer volver al alma que se fue para disolverse en los espacios infinitos a los que la envió la muerte cuando fue llegando de la mano del silencio y de la ausencia de miradas.

En 1563 había ocho casas en Lasaosa. Eran edificios pobres de mampuesto seco o unido con barro. Poca cosa, apenas algo más que chozas. En la planta baja una cuadra y un corral pequeño, en la superior un recinto cuadrado sin tabique alguno. No había ventanas, sólo algunos agujeros en el muro por donde salía el humo. El fuego en un rincón, cerca, dos cajones bajos de madera con paja para dormir.

Los vecinos vivían pobremente. Cultivaban algunos campos de cereal escalonados por la ladera: trigo y avena. Junto al riachuelo tenían huertos chicos como pañuelos. Allí recogían judías, cebollas y cáñamo. Un cerdo por casa, algunas gallinas y media docena de conejos completaban las escasas posibilidades de su despensa. Nada vendían y nada compraban: vivían de lo que ofrecían las tierras de su entorno.

A pesar de vivir tan apegados a la tierra no podían prescindir completamente del dinero. Necesitaban comprar sal y alguna bestia de labor para reponer las que morían. Si había nuevos matrimonios era necesario pagar dotes. También había que gastar algo en ropa. Poca cosa, porque el cáñamo y la lana los aportaban los vecinos, pero al tejedor tenían que pagarle. Luego estaban los gastos concejiles. Apenas significaban nada en una comunidad tan reducida: reparación de caminos, gastos religiosos —en los que el coste de las celebraciones festivas no era desdeñable— y casi nada más. Pero el dinero necesario, con ser tan poco, era demasiado para las posibilidades de los aldeanos.

Un día de enero de 1563 se juntaron los amos de las ocho casas en concejo y examinaron su triste situación monetaria: ninguno tenía dinero ni posibilidades de lograrlo. La única salida era acudir al préstamo. Todas las aldeas del valle hacían lo mismo. Todas habían recurrido a los censos o censales. Era fácil. Primero se localizaba a quien dispusiera de dinero y estuviera dispuesto a ponerlo en un censo, es decir, que estuviera dispuesto a prestarlo con un interés pagadero cada año en forma de «anua pensión». En los censos no se fijaba fecha alguna para amortizar el capital prestado. Existía la posibilidad de luir o redimir el censo devolviendo el capital entregado, pero no se establecía cuándo debía hacerse. No se pensaba en la devolución del dinero: se estaba pendiente sólo de la pensión anual que rentaba. Los de Lasaosa se informaron, hablaron, preguntaron a los vecinos de otras aldeas y acordaron ponerse en contacto con Mosén Juan de Oliván, que era el párroco de un pueblo no muy cercano. Al cura le pareció bien. Estaba acostumbrado a ese tipo de tratos. Disponía de algún capital y veía en los censos una inversión segura. Cuando estuvieron de acuerdo en las condiciones, el presbítero acudió a Lasaosa. Vino con un notario de Jaca. Se reunió con los vecinos en el cementerio anejo a la iglesia parroquial, que domina la aldea desde un cerro áspero y breve. Ataron las mulas cerca del templo, en un olmo que por aquellas fechas mostraba las ramas desnudas: faltaban tres días para que acabara el mes de enero. En el cementerio se sentaron junto al muro de la iglesia porque, como miraba al sur, recogía y reflejaba los débiles rayos del sol invernal. El notario traía ya preparado el documento del censo: treinta páginas farragosas en las que, aparte de poner la cantidad entregada y la pensión anual que los de Lasaosa habrían de pagar al cura, figuraban mil fórmulas destinadas a levantar una muralla de palabras para impedir que el presbítero perdiera el capital o sus intereses. La lectura del documento se hacía interminable. Los aldeanos ya sabían de antemano que el párroco les entregaría mil sueldos jaqueses y que ellos debían pagar a cambio —y perpetuamente— una pensión anual de 50 sueldos. A pagar esta pensión se comprometían *«los jurados, el concejo y universidad de Lasaosa»,* los de entonces y sus sucesores, para siempre. Los ocho aldeanos lo sabían y no entendían para qué hacía falta tanta palabra. Miraban, distraídos, los montes ásperos y la nieve, la tierra removida —junto a sus pies— del último enterramiento y el humo que salía por los agujeros de los muros de sus propias casas. El notario continuaba su monótona cantinela ininteligible: *«...y el dicho emparamiento sea a nosotros sobre dichos y a cada uno de nos concejo universidad y singulares de aquel presentes y ausentes...».* Un vecino miraba atentamente hacia los quejigos del monte de enfrente por si distinguía el ganado que los suyos habían sacado a pastar. Otro observaba de reojo al cura que les iba a dar el dinero: parecía contento. Un tercero se acordaba del padre, que estaba enterrado un poco más allá. El notario seguía: *«...que se pueda aprehender con la sola posesión momentánea...» «...Nomine precario...»,* etc. etc.

Por fin acabó la lectura del documento. El escribano preguntó si estaban de acuerdo. Nada dijeron. Bajaron la cabeza y alzaron unos ojos turbios. El cura entregó los mil sueldos y todo concluyó. Partieron el párroco, el escribano y los dos testigos con sus mulas. Desde el cementerio, donde habían quedado repartiéndose el dinero, los vecinos los vieron descender hacia las casas y luego los siguieron con la mirada hasta que se perdieron camino del río Guarga. El cementerio era una parcela pequeña pegada a la iglesia. Como todos los de estas aldeas no tenía —ni tiene— muros hacia arriba sino hacia abajo. Quiero decir que los muros no se elevan por encima de la tierra del camposanto, sino que son paredes destinadas a sujetar la tierra pegada a la ladera.

El cementerio es un escalón más de los que los aldeanos han construido para lograr mínimas superficies planas en estas laderas interminables. Cada escalón es una atalaya. Desde la que forma el camposanto de Lasaosa vieron ocho pobres campesinos, carcomidos por las deudas y por la miseria, cómo —de momento— sus economías se enderezaban gracias al dinero que acababan de recibir: eran los veintiocho días del mes de enero del año contado del nacimiento de Nuestro Señor Jesucristo de mil quinientos y sesenta y tres. Aquel día en Lasaosa todos estaban contentos. Ningún aldeano pensaba en el pago de la pensión: sólo se acordaban de las deudas que iban a saldar con lo que acababan de recibir.

Pasaron los meses y llegó la fecha del pago de la pensión. El párroco se presentó en la aldea para cobrar. Los vecinos se reunieron en concejo para ver cómo recaudaban los cincuenta sueldos. Alguno trajo su parte en dinero, otros trajeron trigo o gallinas. Con grandes apuros se completaron los cincuenta sueldos. El cura cobró. Al año siguiente fue más difícil reunir los cincuenta sueldos y al siguiente más todavía. En 1566 ya no quedaba en Lasaosa ni una moneda, ni trigo, ni gallinas, ni nada para pagar. Sólo había una solución: un nuevo censo. Lo negociaron con el mismo cura. Esta vez fue para San José, cuando ya florecían los narcisos alrededor de la iglesia. Llegó el presbítero con el notario y los testigos. Volvieron a leer un documento extensísimo e incomprensible y los forasteros se marcharon dejando a los aldeanos seiscientos sueldos y la obligación de pagar treinta sueldos más de pensión anual. Al año siguiente no pudieron pagar con sus bienes y decidieron embarcarse en un nuevo censo. Esta vez acudieron al párroco de su aldea. Mosén Juan de Bergua lo tenía bien organizado: buena parte del dinero que necesitaban los de Lasaosa era para pagarle a él. Él se lo prestaba, ellos se lo daban de nuevo para pagar sus deudas y se lo seguían debiendo, además de quedar comprometidos a pagarle, a él y a sus sucesores, una pensión perpetua. En septiembre de 1567 les entregó mil sueldos, en octubre les tuvo que entregar dos mil más. Los pobres aldeanos se entramparon en otros ciento cincuenta sueldos de pensiones anuales. Pero los tres mil sueldos de su párroco los sacaron de apuros durante diez años. Transcurridos éstos, tuvieron que cargarse con un nuevo censo. Acudieron a un infanzón de Abellana, otra aldea de la comarca no mayor que Lasaosa. Este hidalgo se llamaba Pedro de Otín y, como todos los infanzones, anteponía a su nombre el calificativo de «magnífico». Pues bien, el magnífico Pedro de Otín entregó a los de Lasaosa mil sueldos jaqueses en una fría mañana de noviembre de 1577 con la condición de que le pagaran una pensión anual de cincuenta sueldos jaqueses. Los pobres campesinos, al año siguiente, tuvieron que acudir de nuevo a su párroco para que les diera 1.200 sueldos. El cura se los dio en un día de comienzos de mayo pero, viéndolos apurados, les subió el interés: le tenían que pagar una pensión anual de 95 sueldos. Aquello era insoportable, de modo que dos años después tuvieron que acudir de nuevo al hidalgo de Abellana para pedirle 600 sueldos y dos años más tarde otros mil más. El infanzón no debía ver muy seguras sus pensiones y no les entregó más dinero. Así, tuvieron que volver de nuevo a su párroco. Mosén Juan de Bergua les dio 1.200 sueldos en 1584 y 1.200 más dos años más tarde. Pero también el cura cortó sus préstamos, o tal vez se murió, no sé lo que ocurrió con él porque ya no aparece más en los documentos. En 1590 acuden a otro infanzón: esta vez es el magnífico Francisco Grasa quien les entrega 1.200 sueldos. Las deudas son cada vez mayores. Dos años después tienen que pedirle 3.000 sueldos. Al acabar el siglo XVI los aldeanos de Lasaosa viven abrumados por los censos. Son los hijos de aquellos ocho que treinta y siete años antes recibieron mil sueldos en el cementerio; son los hijos de los que no podían pagar 50 sueldos anuales de pensión y por eso tuvieron que cargarse con un nuevo censo. Los hijos son mucho más desgraciados que los padres: deben pagar cada año 910 sueldos en pensiones para clérigos e infanzones.

En 1609 la situación es muy apurada. Muchas aldeas viven aplastadas por las mismas angustias económicas. Los vecinos de Lasaosa se juntan con los de Fenillosa y Villacampa —dos lugares cercanos— y deciden pedirle dinero al párroco de Tramacastilla. El cura les entrega 6.000 sueldos. Deberán pagar de pensión cuatrocientos cincuenta sueldos anuales. Pero aquello no resuelve casi nada. Las deudas acumuladas son tan elevadas que el dinero del párroco no cubre ni una mínima parte. Cinco meses después los acreedores agobian a los miserables campesinos de Lasaosa. Los ocho amos de las casas de la aldea se reúnen en concejo. Están desesperados. Deciden pedir un nuevo préstamo para cubrir todas sus deudas. Logran de un infanzón de Villacampa una comanda de 28.000 sueldos. Esta vez sí: han cancelado todas las pensiones atrasadas. Pero se quedan sin nada y los meses siguen pasando: las pensiones hay que pagarlas todos los años. A comienzos de la primavera de 1611 el magnífico Ramón de Villacampa les presta 16.000 sueldos y en el otoño del mismo año tienen que recurrir a otro Villacampa para que les preste 6.000 más. Tres años después logran que un tercer Villacampa les preste en Huesca 8 dineros y 2.770 sueldos jaqueses. Ahora los intereses son ya desorbitados. Para pagarlos hacen falta préstamos cada vez mayores que reclaman pensiones elevadísimas. En 1620 consiguen de otro infanzón, el magnífico Juan Villamana de Blancas, residente en Broto, una comanda de 12.065 sueldos jaqueses. Esta es la gota que colma el vaso. Las deudas han aplastado la aldea. El dinero del infanzón de Broto cubre las deudas pasadas: pero sólo por un año. Luego vuelven las mismas incrementadas por los nuevos intereses.

En 1621 los vecinos de Lasaosa ya no hallan crédito en ninguna puerta. Ni clérigos ni infanzones quieren cargar censos a unos aldeanos de los que se sabe que están carcomidos por deudas imposibles de pagar. Son los nietos de los que recibieron 1.000 sueldos en el cementerio. Ahora con aquellos mil sueldos ni siquiera pagarían los intereses de un mes. Y sus tierras no producen más, ni sus casas son mejores, ni han encontrado género alguno con el que iniciar mercaderías. Son igual de miserables, pero más abrumados por las deudas. ¿Qué hacer? ¿Dónde obtener dinero? Están dispuestos a cualquier cosa, así se lo cuentan a Agustín Pérez, el escribano de Yebra que actuó como notario cuando el magnífico Juan Villamana de Blancas les prestó dinero el año anterior. Él les informa de la única salida posible: deben vender todo. Deben vender sus casas, sus tierras, sus montes; deben vender el pueblo entero; con sus animales, sus huertos y su caza; deben vender incluso sus propias personas. Los aldeanos, derrotados, aceptan la propuesta y ponen la venta en manos del notario: él les buscará comprador. Seguramente el escribano, cuando les sugirió la posibilidad de vender la aldea, ya estaba en tratos con el que quería comprarla, el mismo infanzón que había otorgado a los de Lasaosa la última comanda, la de los doce mil sueldos y pico.

El magnífico Juan Villamana de Blancas era un hidalgo de Broto, la vieja villa ganadera que alzaba su caserío, a orillas del caudaloso Ara, repartido en dos barrios unidos por un puente de airoso arco. La villa era rica porque disponía de extensos pastos estivales en montañas que se adentraban, incluso, por las tierras del vecino reino francés. Los orgullosos ganaderos de Broto poseían grandes rebaños trashumantes: sus pastores los guardaban en la montaña durante el verano y parte del otoño, el resto del año lo pasaban en las tierras llanas del bajo valle del Cinca o en las del valle del Ebro. Seguramente estaba en este ganado trashumante el origen de las fortunas locales. Sólo el origen, porque una vez logrado el capital inicial para fundar censos y otorgar comandas, el dinero de los intereses iba llegando cada año. Tal vez no con prontitud ni con facilidad. A veces costaba cobrar las pensiones, pero acababan cobrándose. Don Juan Villamana de Blancas era uno de los que debían el origen de su fortuna familiar a la lana de las ovejas, pero a comienzos del siglo XVII ya no obtenía de ellas sus mayores rentas: éstas provenían de los intereses de su capital. Como todos los hidalgos de su tiempo tenía un montón de tíos curas, un pariente que era familiar del Santo Oficio y una capilla en la colegiata de su villa en la que descansaban los antepasados y donde acabarían reposando también sus huesos. Sus mayores se dijeron señores de Assué, pero aquel señorío rentaba poco: Assué era sólo una pardina, una casa aislada entre montes y bosques en la que una familia de «pardineros» trabajaban todo el año para obtener escasamente lo que necesitaban para comer y para pagar al señor el tributo acordado.

Al magnífico Juan Villamana de Blancas le tocó vivir malos tiempos con los censos. Los concejos de las aldeas de estos montes desolados se habían cargado con demasiados censales y no lograban pagar las pensiones anuales. Los censos comenzaban a convertirse en inversiones poco seguras. Cuando en 1620 entregó a los de Lasaosa la elevada comanda de los doce mil sueldos ya debía estar al tanto de la desesperada situación de los aldeanos. Tal vez por eso se la concedió. Quizá hubiera fraguado ya los planes para quedarse con la aldea. El notario que testificó esta comanda fue el mismo al que acudieron los vecinos de Lasaosa en demanda de consejo cuando las deudas acumuladas hicieron su situación insostenible. Él les aconsejó la venta del lugar y les sugirió el nombre del comprador: el magnífico Juan Villamana de Blancas. Así llegó este infanzón de Broto a ser señor de una aldea empobrecida y de unos vasallos que pasaron a serlo porque la presión de los acreedores les hacía insoportable la vida de hombres libres.

Un día de comienzos de agosto de 1621, cuando los campesinos de Lasaosa ya habían segado el cereal de sus pobres campos y lo acababan de trillar en las eras próximas a sus viviendas, llegó a la aldea el comprador, acompañado de Agustín Pérez —el notario de Yebra que había actuado de intermediario en el trato— y de algunos testigos. Aquel seis de agosto, cuando las cabalgaduras doblaron un recodo del camino y la aldea quedó a la vista de los caminantes, el hidalgo miraría los campos escalonados por la ladera y las casitas de mampostería parda con ojos distintos a los de otras veces: dentro de pocas horas sería el señor temporal de aquellas tierras, cuanto contemplaba sería su feudo y quienes lo habitaban sus vasallos. Éstos no vieron llegar la comitiva con indiferencia. Al infanzón lo conocían ya porque había estado con ellos el año anterior, cuando la entrega de la comanda. Pero ahora era distinto: venía para quedarse con todo. No es seguro que fuera temido por los que habían de ser sus vasallos. Eran gentes duras. Tantos años de hambre y de miseria y tantas montañas de deudas habrían hecho de ellos unos tipos duros. Y la dureza, unida a la ignorancia y a la pobreza, produce hombres adustos, gentes de rostros impenetrables, cargados de la malicia y del resentimiento acumulado que van creando una coraza durísima en el espíritu. Por eso, cuando el magnífico Villamana de Blancas entró en el lugar acompañado del notario, de sus criados y de los testigos, los rostros oscuros de los aldeanos, de las mujeres y de los niños que los miraron desde las puertas negras que se abrían a interiores negros como cuevas, no reflejaron nada. Sus miradas, seguramente, serían de esas que no dicen nada porque manifiestan un espíritu atrapado por un destino del que ya se sabe todo: miseria y pobreza mientras vivan.

Los amos de las ocho casas fueron convocados a concejo. Se reunieron con los forasteros y comenzaron la sesión recordando con detalle la cuantía de sus enormes deudas. Mientras les leían las montañas de sueldos reclamados por tal o por cual clérigo y por éste o por aquel infanzón, los aldeanos callaban. Ya hacía tiempo que estaban al tanto de su situación. Luego pasaron a la venta cuyas condiciones habían pactado de antemano. El notario redactó el documento y después lo leyó en voz alta. Los pobres campesinos no sé a dónde mirarían mientras el notario contaba sus miserias con voz solemne: *«...oprimidos de necesidades urgentes así por deudas concejiles como particulares de tal manera que es imposible vivir en dicho lugar (Lasaosa) a menos de vender aquél con todos sus derechos, universos y jurisdicción civil y habiendo tratado de ello y buscado quien quisiera hacerlo y haberlo hecho por medio de Agustín Pérez vecino del lugar de Yebra y otros ... efectuaron su trato con Juan Villamana de Blancas, señor de Assué y domiciliado en la villa de Broto...».*

El trato era sencillo. Los de Lasaosa no recibirían nada. El comprador se encargaría de cancelar los censales y de pagar las deudas, que eran muchas. A cambio, él y sus sucesores se quedarían con el pueblo *«siendo señores de dicho lugar y de las cassas, campos, güertos, heredades, cazas, yerbas y de la jurisdicción civil, alto, bajo, mero y mixto imperio».* Los de Lasaosa se obligaban a pagar a su señor, perpetuamente y por cada un año *«26 caices de trigo, ocho de abena, veinte libras jaquesas en dinero efectibo, ocho pollas, cuatro perniles de tocino de peso de tres libras carniceras y media cada uno y dos jornales por cada casa, uno personal y otro de cabalgadura...».* El señor se reservaba los derechos de comiso, luismo y fadiga y tenía la facultad de nombrar y revocar al bayle, que era la máxima autoridad local. Aquella noche todos durmieron tranquilos: los aldeanos porque ya no tendrían que mirar todos los días con temor los caminos por los que llegaban constantemente acreedores airados y, con frecuencia, armados. El magnífico Juan Villamana de Blancas porque salió de Broto siendo sólo señor de una pardina y regresaba con el señorío de un pueblo. Los campesinos fueron conscientes desde el primer día de que no lograrían cumplir durante muchos años con los pagos acordados para el señor, pero bueno —debieron pensar— siempre es mejor tener sólo un acreedor que diez y siete. El señor, en realidad, lo que hizo fue comprar todos los censos y reservarse la facultad de exigir las pensiones consignadas en los mismos si los de Lasaosa no cumplían con los pagos acordados en el documento de compra del lugar.

Veinticinco años después los campesinos no lograban pagar lo que debían al señor. Cuando el magnífico Diego Villamana de Blancas, hijo del que compró la aldea, les exigió el pago de lo que le adeudaban, ellos respondieron que no lo harían *«por haber sido los años malos y por parecerles el treudo dicho ser grande e imposible de pagarlo por su gran pobreza que tenían...»*. El infanzón podría haber acudido a la justicia para resolver sus diferencias con los vasallos, pero esta vía pareció a las dos partes lenta y cara, de modo que decidieron buscar unos árbitros componedores para que estudiaran el caso y dictaran una sentencia justa y equilibrada. En 1647 buscaron los árbitros. Fueron Mosén Gregorio de Arilla, rector del lugar de Secorún; el magnífico Pedro Rodrigo, señor de Bescós, Villacampa y Rapún; y el infanzón Jusepe de Caxol, escribano público. Los árbitros se comprometieron a dictar una sentencia en septiembre del año siguiente. Y la dictaron.

El día 26 del mes acordado se juntaron los árbitros, con el notario, el señor y los vecinos de Lasaosa. Desde que vendieron la aldea, hacía 27 años, había desaparecido una casa. Tal vez ese fue otro motivo de descontento para los vecinos que quedaron, porque una de las cláusulas del compromiso con el señor establecía que *«en casso que alguna cassa se amortare las residuas paguen su parte»*. Reunidos todos, los árbitros dieron lectura a su sentencia. En primer lugar mostraron su convencimiento de que la venta del lugar había sido legal. A continuación establecieron las nuevas obligaciones de los vasallos, algo más ligeras que las acordadas cuando se efectuó la venta. Deberán pagar cada año diez y ocho cahíces de trigo y siete de avena, tres perniles de tocino de tres libras y media carniceras cada uno, siete pollas, veinte libras jaquesas y dos jornales por cada casa (uno personal y otro de cabalgadura). El trigo y la avena las entregarán el día de San Bartolomé de agosto; las veinte libras las pagarán para San Miguel de septiembre; las pollas y los perniles para la fiesta de Santo Tomás apóstol, en diciembre; y los jornales cuando el señor los solicite. Don Diego Villamana de Blancas se reservaba una casa y unos campos en Lasaosa. Esta es la casa de la que se ha hablado antes. Pero ¿quién y cuándo la construyó? ¿con qué dinero? Nada de todo esto se puede averiguar. Tal vez la levantó el concejo para uso comunal con el dinero de alguno de aquellos censos de finales del siglo XVI. No se sabe. Tras la compra del lugar, el señor dispuso de la casa. Al igual que las tierras, la arrendaba, pero se reservaba una estancia para granero: allí debían depositar los aldeanos el trigo y la cebada. El dinero también lo pagaban en Lasaosa, pero las pollas y los perniles tenían que llevarlos a la lejana aldea de Puyarruego, donde vivía el señor. Porque aunque el primer señor residía en Broto, el segundo trasladó su domicilio a Puyarruego porque había contraído matrimonio con una rica heredera viuda de dicha aldea. En las capitulaciones matrimoniales que ambos firmaron en 1647 dejaban muy clara la obligación de los contrayentes de vivir en Puyarruego. Desde este lugar hasta Lasaosa hay una durísima jornada de marcha o —si se camina más tranquilamente— dos jornadas. En los fríos días de diciembre, cuando se celebra la fiesta de Santo Tomás apóstol que señalaba la fecha del pago de las pollas y los perniles, la luz del sol es muy corta. Los aldeanos dejarían su casa antes del amanecer. Caminarían un par de horas alumbrándose con la llama viva de las olorosas teas obtenidas del corazón del pino. Cuando el sol apareciera, ellos ya estarían coronando los ásperos montes que formaban el límite sudoccidental del viejo y mítico reino de Sobrarbe. Ya habría anochecido cuando llegaran a la casa del señor con su burro cargado de perniles y aves. Tal vez el señor era amable y los dejaba dormir en uno de sus pajares. Al día siguiente, antes del amanecer, partían hacia su aldea.

Así siguió siendo durante casi otro cuarto de siglo más. Recién dictada la sentencia arbitral de 1648 todos debieron quedar contentos: los vasallos porque vieron rebajados sus tributos, el señor porque logró que —aunque menos que antes— le pagaran y los árbitros componedores porque se llevaron cada uno dos jamones por su sentencia. Pero conforme pasaban los años los pagos iban pareciendo cada vez más abusivos, pesados e insoportables. Los aldeanos comenzaron a resistirse a pagar y el señor cada año encontraba más dificultades para racaudar lo que le correspondía. En 1672 la situación se había hecho insostenible. Para esa fecha el señorío ya estaba en manos de un Bardaxí. Diego Villamana de Blancas había muerto y su hija Orosia, casada con Juan Bardaxí, era la dueña de la aldea. Juan de Bardaxí y los vasallos, como habían hecho veinticuatro años antes el anterior señor y sus vasallos, decidieron resolver sus diferencias acudiendo a unos árbitros componedores. Esta vez los árbitros fueron dos clérigos: el propio rector de Lasaosa, Mosén Martín Garcés, y el rector de la vecina aldea de Grasa, Mosén Martín Malo. Dictaron sentencia el día diez y seis de noviembre de 1672. De nuevo la misma escena: el señor sentado que mira desde la distancia a sus vasallos, los campesinos que escuchan sin comprender casi nada y el notario que lee páginas y páginas de un texto farragoso y oscuro. De nuevo los insumisos aldeanos se han salido con la suya: los tributos se rebajan. Pagarán cada año doce cahíces de trigo y seis de avena, para la fiesta de la Asunción de Nuestra Señora; trescientos veinte sueldos jaqueses, para San Martín de noviembre; siete pollas y dos perniles de tocino, para Santo Tomás apóstol, en diciembre; y dos jornales por casa cuando el señor los solicite.

Don Juan de Bardaxí quiere aprovechar el viaje a su feudo: ha decidido dejarlo todo bien atado. Aquel día el escribano tiene que redactar cinco largos documentos. Antes de que se conozca la sentencia todos prometen que la acatarán sea cual sea su contenido: en este sentido el notario escribe un documento pleno de formulismos legales, de amenazas para el que no cumpla y de juramentos. Luego, en otro documento, redacta la larga sentencia. Después de leerla en voz alta escribe un nuevo documento: es para dar fe de que todos han escuchado la sentencia, se dan por enterados, están de acuerdo con la misma y juran, de nuevo, cumplirla. Aún no ha terminado la tarea de aquel día. El señor, usando su derecho, ha decidido revocar al bayle que hasta entonces ejercía la máxima autoridad local y nombrar uno nuevo. El recién nombrado juró su cargo *«en las manos del señor»,* y el notario testificó el acto. Por último, Juan de Bardaxí decidió arrendar por doce años la casa y las tierras que tenía reservadas en la aldea para su uso. El señor dispondrá en la casa de una estancia para granero y podrán albergarse en dicha casa él y sus criados cuando vayan a Lasaosa. En esta casa tuvo lugar la dilatada reunión que juntó al señor con sus vasallos durante casi toda la jornada. Fue un día muy largo. Los aldeanos, como siempre, no entendían nada de toda aquella jerga jurídica. ¿Qué pensarían mientras escuchaban páginas y páginas repletas de expresiones incomprensibles? Y el concejo en pleno, al oír aquello de *«...el dicho concejo respective singula singulis pro ut convenit referendo...»* ¿cómo lo interpretaría? Cuando llegó la hora de jurar el cumplimiento de la sentencia se sintieron felices porque comprendieron que terminaban las eternas horas de lecturas. Juraron *«sobre la cruz y los santos cuatro evangelios»* y no se preocuparon mucho de la primera consecuencia que les podía acarrear el no cumplir la sentencia: les importaba poco ser declarados *«perjuros públicos e infames manifiestos»,* eso en el supuesto de que conocieran el significado de los calificativos. Luego, las amenazas eran algo mayores, pero tampoco entendieron lo de *«que la parte cumpliente pudiese tener recurso a los bienes de la parte no tubiente y cumpliente».* Cuando abandonaron la casa del señor se encontraron aliviados. Probablemente había caído ya la noche.

Este acuerdo que, como los otros se firmó para tener validez *«perpetuamente»* porque recogía *«derechos imperecederos»,* tuvo una vida algo más larga que los anteriores: se cumplió durante treinta y ocho años. A comienzos del siglo XVIII los aldeanos se relajaron algo en el cumplimiento de sus obligaciones. Primero fueron mermas en los pagos, luego retrasos, después las dos cosas y por fin, hacia 1710, dejaron de pagar: ni un grano de trigo, ni un pernil, ni un sueldo jaqués, nada. En aquella época era señor de Lasaosa Francisco Bardaxí, hijo del que firmó la sentencia arbitral de 1672. Tal vez Francisco tuvo un carácter menos enérgico que su padre. No parece que se ocupara mucho de la insumisión de sus vasallos. Si algo hizo para hacer valer sus derechos cuando, a partir de 1710, dejó de recibir lo que cada año debían pagarle los de Lasaosa, fue poco y de ninguna eficacia. No queda constancia documental de que emprendiera acciones judiciales o arbitrales para resolver la situación. El hijo de Francisco Bardaxí llamado a remediar el caso, por ser su heredero, era Enrique. Pero seguramente este último también carecía de la decisión necesaria para enfrentarse con los aldeanos morosos. O, tal vez, Enrique no tuvo tiempo de resolver este asunto, porque murió joven. Su padre le sobrevivió y ya anciano puso el tema en manos de su otro hijo, Joseph Bardaxí, presbítero y rector de Puyarruego.

Este clérigo era un hombre de armas tomar. Seguramente estaba indignado con la pasividad de su hermano frente a los insumisos vasallos de Lasaosa, de modo que al morir Enrique, tomó la riendas de la administración de su casa y, con toda celeridad, se lanzó a resolver el asunto de las deudas de aquellos aldeanos levantiscos. Enrique murió en la primavera de 1739, cuando contaba cuarenta años de edad. Durante el verano, su hermano el cura, que tenía 36 años, se dedicó a estudiar los papeles relativos al señorío de Lasaosa para preparar la estrategia. En la casa de Puyarruego el archivo familiar se encontraba en una estancia amplia de la planta baja próxima al zaguán. Se llegaba a ella, tras bajar tres escalones, después de atravesar dos puertas con marcos de piedra de delicada cantería. Era una habitación cubierta por una airosa bóveda de medio punto algo rebajada. Los cantos de la bóveda y de los muros se ocultaban bajo un revoque de yeso que en los zócalos de las paredes aparecía decorado con toscos motivos geométricos de tonos claros. El archivo era un cuarto muy luminoso porque el techo y las paredes blancas reflejaban la luz solar que penetraba por una ventana abierta en el muro meridional. Allí se guardaban muchos libros: eran viejos volúmenes de contenido religioso pertenecientes a las varias generaciones de clérigos que habían habitado la casa. Cerca de los libros, en algunas arcas, estaban los documentos: papeles y pergaminos que contenían capitulaciones matrimoniales y testamentos, viejas testificaciones de las tomas de posesión de los lugares que señoreaban, apocas y recibos, compromisos, sentencias arbitrales, probanzas de infanzonía y otras muchas cosas. La estancia, además de luminosa, resultaba ventilada y fresca. Joseph Bardaxí, no sólo era presbítero: en sus papeles siempre recuerda que era bachiller en jurisprudencia. Es fácil imaginarlo sentado ante una mesa repleta de viejos documentos en el verano de 1739. Los leería día tras día para ir seleccionando los que podrían resultarle útiles. Los referentes a Lasaosa eran numerosos. Podían clasificarse en dos grupos: por un lado los compromisos y sentencias arbitrales que en diversas épocas habían compuesto las deterioradas relaciones entre sus antepasados y los vasallos de la aldea (en ellas encontró el presbítero el consejo de resolver las diferencias sin llegar a los tribunales); por otro lado los documentos de los diez y ocho censos y comandas que un siglo y medio antes habían colapsado la economía de los vecinos de Lasaosa obligándolos a vender su aldea (aquí halló el clérigo el arma para intimidar a los que ahora no querían pagar). Los papeles de los censos los encuadernó formando un grueso volumen. Cosió los distintos cuadernillos y para reforzar el lomo puso, doblado varias veces, un pergamino que debió arrancar de alguno de los viejos libros que se amontonaban en la estancia: es una piel con hermosos textos góticos encabezados por grandes caracteres policromados. Cuando estuvo seguro de disponer de lo que se necesitaba para forzar a los de Lasaosa, reunió en Puyarruego a los herederos fideicomisarios de su fallecido hermano y les hizo firmar un poder para representarlos como procurador. Con todo esto inició el primer paso táctico de su estategia para cobrar.

El día cinco de noviembre de 1739 se puso en camino hacia Lasaosa. Para esas fechas aunque las temperaturas sean todavía suaves, los días ya son cortos, de modo que el presbítero debió dejar su aldea antes del amanecer. Salió del pueblo acompañado de un pariente, que actuaría de testigo, y de un par de criados. Los sirvientes caminaban delante para alumbrar con teas la senda por la que avanzaban los caballos de los dos Bardaxíes. La comitiva descendió por el caminillo que iba, entre bojes, encinas y almeces, de la aldea que corona el cerro rojizo al río que viene de las nieves de los Treserols. Cruzaron, silenciosos, el puente y tomaron el camino —algo más ancho por ser la vía de los ganados trashumantes— que conducía al valle del Cinca. Cuando atravesaron Escalona la aldea aún dormía —oscura— entre los dos ríos. Los viajeros oían ladrar los perros cuando cruzaron por segunda vez y en dirección contraria, el río Bellos. Marcharon una hora por el valle del Cinca dejando siempre a su izquierda la inexpugnable mole caliza de la Peña Montañesa. Cuando se hacía de día llegaron a Labuerda, donde residían los notarios que solían testificar todo lo relativo a los Bardaxíes de Puyarruego. Pero en esta ocasión no fue así. La comitiva continuó, sin detenerse, un par de horas más hasta llegar a la villa de Boltaña. Allí se les unió el notario, que habría de levantar acta de lo que sucediera en Lasaosa, y un estudiante de gramática que haría de testigo. A media mañana comenzaron a ascender por las laderas de la desolada sierra que cierra por el sur el valle del río Ara. Coronaron los cerros ásperos y detrás de aquellos montes hallaron otros y otros más. La senda, cuando iba por las cumbres, cruzaba asperezas de plantas almohadilladas, espinosas y ralas; cuando descendía por las laderas discurría entre quejigos y pinos raquíticos roídos cada primavera por ejércitos de cabras voraces dirigidos por pastores miserables y adustos. A mediodía, en una vertiente soleada desde la que se veía el lugar de Secorún, se pararon a comer. Llevaban provisiones para todo el viaje porque no esperaban hallar, ni en las aldeas que atravesaban ni en la de su destino, a nadie que les diera comida. Después de comer emprendieron de nuevo la marcha. El estudiante de Boltaña y el pariente del presbítero, como mozos que eran y tal vez amigos, harían caminar sus cabalgaduras a la par para hablar. El clérigo iría serio en su caballo, callado y meditabundo, mirando a ratos el horizonte de montes y a ratos a las alforjas donde llevaba —bien encuadernados— los documentos con los que pensaba asustar a los morosos aldeanos. El notario también llevaba papeles —y plumas— en sus alforjas: de vez en cuando hablaría con el cura para ultimar los detalles de lo que harían al día siguiente. Los criados, a pie, estaban ya hartos de tanto monte, de tanta cuesta, de tanto barranco y de tanta sierra. Antes de llegar a su destino cayó la noche y tuvieron que encender las teas.

Los aldeanos estarían recogiendo sus ganados en los corrales cuando vieron en la negrura de la lejanía las dos luces que culebreaban por la senda. Como hacía tantos años que no pagaban, tal vez las luces no despertaron en la mayoría prevención alguna. Pero seguro que algún viejo, de los que sufrieron mucho en el pasado para pagar los tributos, tuvo una intuición seguida de un estremecimiento cuando vio la llama anaranjada de las teas. Los viajeros apenas se dejaron ver en la aldea: la casa del señor era la primera que se encontraba al entrar. El edificio —como luego veremos— ya era viejo y necesitaba urgentes reparaciones, pero todavía tenía más empaque que cualquier otra construcción vecina. No faltaría quien viera entrar en la casa a los forasteros. Aquella noche, mientras los criados de Bardaxí —rendidos por la caminata— dormían en la paja y el señor lo hacía en la mejor habitación de la casa preparada con urgencia por la mujer del arrendador, en la aldea habría un trajín de teas encendidas que iban y venían de una a otra casucha. Los más jóvenes sabían poco de los tributos señoriales, algo habían oído contar a sus mayores de trigo y de perniles, de pollas y de avena, pero ellos no lo habían conocido. Algún viejo contaría cómo en su juventud fue una vez a la casa del señor a llevar, para la fiesta de Santo Tomás apóstol que se celebra en diciembre, los perniles y las aves. Quizá, para adornar el viaje lejano, exagerara un poco las dificultades del camino, la lejanía, la altura de la capa de nieve que halló en los montes y la autoridad del señor altanero. Después de repetir cien veces los viejos aquello de «ya os lo decía yo: un día u otro vendrán a cobrar», tal vez debatieron su situación, quizá —incluso— sacaron papeles viejos y hubo alguien que supo leerlos. Una cosa es segura: ningún aldeano durmió aquella noche. Tumbados en sus lechos de paja dejaron pasar las horas angustiados por la idea de tener que desprenderse de una parte de sus miserables cosechas.

A la mañana siguiente, temprano, el campesino que tenía arrendada la casa del señor pasó por todas las otras convocando —como se había hecho desde tiempo inmemorial— a los vecinos a concejo en la casa del señor. De los viejos derechos señoriales no sólo estaban olvidados los que se referían a los tributos: tampoco había bayle porque el señor hacía décadas que, tras la muerte del último, no nombraba ninguno. Un vecino no se encontraba en la aldea, así que acudieron los cinco restantes, apellidados casi todos —así había sido siempre en Lasaosa— Aquilué.

No se sabe si Joseph Bardaxí era un hombre alto o bajo. Tampoco existen descripciones o retratos en los que apreciar si su rostro era grave o si su mirada imponía respeto. Ni siquiera conocemos el color de sus ojos o de su cabello. Pero parece seguro que se trataba de un hombre resuelto y su aspecto, de algún modo, revelaría el carácter decidido y enérgico. Los campesinos en la casa del señor —grande y destartalada— debían encontrarse incómodos. Cuando pasaron a la sala donde les aguardaban los altivos forasteros creció su inseguridad. Mirarían de reojo a los desconocidos y en la cara del presbítero leerían la decisión firme de cobrar lo que le adeudaban. Los aldeanos no sabían cómo se iba a desarrollar la reunión ni cuánto duraría. Seguramente permanecieron de pie, a cierta distancia de la mesa tras la que se escudaban, sentados, el cura, el notario y los dos testigos. El notario miró a los campesinos, los vio apocados y temerosos, con los ojos caídos, agrupados para protegerse, y debió pensar: «no sabéis lo que os aguarda». Y también: «yo si sé lo que me aguarda, y no es poco». En efecto: la táctica de Joseph Bardaxí para aquel día consistía en enterrar a los aldeanos bajo montañas de palabras incomprensibles para hacerles ver que con la mano de la justicia y de los documentos los tenía agarrados por el cuello. El presbítero sacó de su alforja el tomo de los viejos censos, que había cosido al hermoso pergamino policromado, y se lo dio al notario para que leyera. El escribano carraspeó un poco, buscó su timbre más autoritario y comenzó a desgranar las farragosas líneas de aquellos papeles vetustos que, en su ininteligible jerga jurídica, iban repasando todos los jalones de la angustia y de la miseria de los tatarabuelos de los campesinos que escuchaban. Les leyó los documentos de los diez y ocho censos y comandas que entre 1563 y 1620 habían ido asfixiando a los habitantes de Lasaosa. Cuesta trabajo creer que fue así porque la lectura de esos documentos ocupa no menos de doce horas, pero el acta que se levantó de la reunión no deja lugar a dudas: *«...cuios censales les mostró, y les fueron leidos por mi el presente Escribano los quales uno enseguida de otro...»*.

La escritura de un censo es de aquellas que durante siglos han hecho aparecer el derecho y la justicia, a los ojos del pueblo, como una jungla espesa e impenetrable. En dos páginas resuelve lo que de verdad importa y se entiende: cuánto dinero recibe el censatario y cuánto deberá pagar de pensión anual al censualista. Después siguen treinta páginas repetitivas, oscuras, obsesivas en su empeño de cerrar las mil puertas por las que el censatario pudiera huir de sus obligaciones. Allí las fórmulas latinas, allí las garantías, allí las amenazas, allí los compromisos perpetuos: murallas de palabras, montañas de formulismos, cadenas de términos, toneladas de peso legal tan incomprensibles como intimidatorias, espesas rejas jurídicas de ésas que siempre se han temido mucho porque —sin verse— están en todas partes. Resulta fácil imaginar cómo fue la jornada del seis de noviembre de 1739 para los aldeanos. La lectura completa de la escritura de un censo es farragosa: ellos tuvieron que soportar diez y ocho. Las horas irían pasando despacio. El notario leería, con tono tal vez vivo al principio pero luego monótono, un documento tras otro. Los campesinos escucharían aturdidos. De vez en cuando les chocaría —entre la palabrería ininteligible— algún término raro por su sonido o alguna cifra. Oirían los apellidos de cien Alquilués y supondrían que tal vez se trataría de sus tatarabuelos. Eran tipos remotos que habían muerto hacía más de un siglo: por lo visto se habían cargado con más intereses de los que podían pagar. Quizá a mediodía pararon un rato: más que nada para comer algo el notario, el señor y los testigos. Luego continuarían. Después llegaría el crepúsculo, luego la oscuridad. Encenderían candiles y velas, seguirían las palabras incomprensibles, una tras otra. Bien entrada la noche acabaría la lectura de los diez y ocho documentos. Todos estarían entumecidos y agotados, los aldeanos —además— angustiados. Tras la lectura, cuando todos estaban extenuados, llegó el requerimiento para que pagaran: *«...requirió el dicho Dn. Joseph Bardaxí en los referidos nombres a mi el presente escrivano los notificara y intimara a los dichos concejantes y al otro de estos (es el ausente) para que le pagaran las pensiones devengadas de dichos censales y el importe de las expresadas comandas; y yo el presente Escrivano notifique, e hice saber dichos censales, y comandas a los dichos concejantes y al otro de ellos de que doy fe; y asi mismo requirió el mismo don Joseph Bardaxí en los referidos nombres a los expresados concejantes, y al otro de estos le pagaran las pensiones devengadas de los sobredichos censales, y comandas todo de parte de arriba calendado y notificado...» «...y que de lo contrario les protestava, y protesto por una, dos, y tres veces, y quantas por fuero, y drecho fueran necesarias de todas las costas, daños, intereses, menoscavos, y perjuicios, que podrían seguirse...» «...y requirió a mi el presente Escrivano que de todo ello hiciese acto público para con el aiudarse de su drecho donde, y como mejor le conviniese: y yo el presente, e, infraescripto Escrivano a requirimiento del dicho Dn. Joseph Bardaxí hice, y testifique el presente acto publico en la forma sobredicha».*

Ya llevaban mucho rato las estrellas brillando en el cielo cuando los campesinos dejaron la casa del señor. Salieron, con las teas encendidas, para dirigirse a sus casas. Marcharon callados porque todavía no habían tenido tiempo de darse cuenta cabal de lo que ocurría. Aquella noche pensaron, y al día siguiente, mientras el señor cabalgaba desandando el camino seguido dos días antes por los montes ásperos, hablaron: como no habían cumplido los acuerdos pactados cincuenta y siete años antes entre sus abuelos y el señor de entonces, ahora les exigían las pensiones de antiquísimos censos que ellos ni conocían. Nunca Joseph Bardaxí consideró seriamente la posibilidad de cobrar todo lo que le adeudaban los vasallos: ni la aldea entera con sus tierras y casas valía tanto. Les leyó los censos y les exigió las pensiones para asustarlos mostrando que disponía de armas para hacerlos pagar. Los aldeanos no se asustaron mucho. Las deudas eran algo consustancial con la pobreza del territorio, las habían conocido siempre, habían crecido entre ellas: tal vez no se dejaban impresionar mucho por unos miles de sueldos porque no tenían nada.

El clérigo, siguiendo la estrategia que se había trazado, dio muchos pasos en los meses siguientes. No es necesario detallarlos: resultaría prolijo. Todo culminó —o casi culminó— en diciembre de 1740. Seguramente después de la visita de las largas lecturas de los censos habría mantenido algún contacto y alguna negociación Joseph Bardaxí con los de Lasaosa, aunque también pudo ocurrir que no sucediera así. Bueno, como eso no se puede saber, vayamos a lo que sucedió en diciembre de 1740. El día cinco de aquel mes se presentó el presbítero en la aldea acompañado del notario. Se reunieron con los seis vecinos y con un par de testigos. Esta vez no hubo «árbitros y amigables componedores». Joseph Bardaxí había estudiado detenidamente la situación, había examinado sus derechos y las posibilidades de los campesinos. Algo parece haber cambiado en todos estos años: ya no se habla de vasallos y de señor, ni de obligaciones «imperecederas». Ni siquiera se hace referencia al concejo de Lasaosa: el acuerdo al que se va a llegar se establece entre *«Don Jose de Bardagí y diferentes particulares del lugar de Lasaosa»*. ¿Qué había sucedido? ¿Vio Bardaxí poco claros sus derechos señoriales en la aldea, fundados en una compra de legalidad tal vez dudosa? ¿Fueron los propios aldeanos quienes buscaron argumentos jurídicos suficientes para enfrentarse con el que en los papeles privados seguía llamándose señor de Lasaosa mientras evitaba este título en los que escribían los notarios? No lo sabemos, pero algo es seguro: el documento que recoge los acuerdos de 1740 tiene mucho más aspecto de contrato mercantil que de pacto feudal. La capitulación parte de algo en lo que todos parecen de acuerdo: son tan grandes las deudas atrasadas que no pueden pagarse. Los de la aldea lo reconocen: *«Digeron que en y a cerca de los muchos debitos que dichos vecinos de dicho lugar de Lasaosa estan debiendo a dicho Dn. Josep de Bardaxí en el nombre sobredicho, asi de pensiones de censales treudos y encomandas, que a dichos vecinos no les es posible el satisfacerlos aunque abandonasen todo quanto tienen, asi de bienes muebles como de sitios».* Ante este panorama acuerdan olvidar las deudas atrasadas y establecer unos pagos que los aldeanos deberán realizar cada año: entregarán diez cahíces de trigo y dos de avena —en Lasaosa— para el día de San Miguel. Nada se dice de perniles, ni de pollas, ni de dinero, ni de jornales. La ausencia de estos últimos es particularmente importante: en los siglos anteriores los jornales se pagaban para mostrar el derecho de «dominicatura» que el señor tenía sobre sus vasallos.

Desde aquellos primeros tributos que el antepasado de Bardaxí había arrancado, en 1620, a los aldeanos abrumados por las deudas, hasta la concordia que firmaron en 1740 habían pasado muchos lustros. Los cahíces de trigo y de avena se habían ido perdiendo con los años, disminuyendo conforme el recuerdo de la vieja sumisión unida al acoso de los acreedores se fue borrando. El dinero, los perniles, las aves y los jornales, parecían ya a los de Lasaosa oprobios anacrónicos. Ellos debieron encontrar buenos apoyos para defenderse y Bardaxí pocos argumentos para reclamar los rancios derechos. Porque hasta los pobres pagos que consiguió en la capitulación quedaban condicionados al parecer que emitieran dos abogados de Huesca o Zaragoza. En 1741 acudieron las dos partes a los abogados, que no vieron muy claros los fundamentos en los que el presbítero basaba sus reclamaciones. Los de Lasaosa se envalentonaron con esta opinión y no pagaron lo acordado en la capitulación. Por fin, en 1753, en Zaragoza logró Bardaxí una resolución que condenaba a los aldeanos a pagarle cada año nueve cahíces y ocho cuartales de trigo y dos cahíces de avena. La diferencia con lo acordado en 1740 era mínima: por unos puñados de trigo habían pleiteado durante trece años. Ni siquiera sé si cumplieron la sentencia y pagaron o si lo hicieron sólo durante unos pocos años y luego dejaron de hacerlo: tal vez esto último fuera lo que ocurrió. En todo caso, el resuelto presbítero ya no vio los resultados de su estrategia: había muerto en 1751.

El señorío de Lasaosa siempre fue inseguro y su dominio difícil. El presbítero Joseph Bardaxí inició con gran brío las acciones para recuperar los derechos de sus mayores, pero se encontró con aldeanos que arrastraban una rebeldía histórica. Mientras los campesinos de Lasaosa se resistían a cumplir los onerosos pactos del pasado, todo lo que había sido sólido parecía que se tambaleaba. Así le ocurría a la casa del señor: llevaba dos siglos siendo el edificio de más empaque de la aldea, el más robusto, el de mejor cantería y el más alto, pero el paso de los años había hecho mella en su tejado. A mediados del siglo XVIII las goteras eran abundantes y amenazaban con dañar la estructura misma de la construcción. Era necesario «quitar el agua» de la casa. Don Joseph Bardaxí acordó con los aldeanos que ellos aportarían las losas para el tejado, las vigas de madera y los peones, corriendo por cuenta del presbítero los jornales de canteros y oficiales. La casa debió repararse en los años centrales del siglo. Seguramente fue entonces cuando abrieron los grandes vanos meridionales de la planta noble, que sustituirían a las primitivas ventanas, y también la ventana central de la planta superior.

A finales del siglo XVIII el señorío de Lasaosa era un recuerdo. Don Joseph Bardaxí —no el presbítero, ya difunto, sino su sobrino, que heredó todo— tal vez en sus conversaciones privadas, si salía el tema, se intitulara señor de Lasaosa, pero ya con conciencia de no serlo. Cuando su hijo, el que sería Cardenal Bardaxí, quiso que se le reconociera el derecho a nombrar alcaldes en los lugares de su señorío, para nada se ocupó de Lasaosa. Intentó y logró que se confirmara su derecho para los pueblos de Villanova, Las Vilas y Abenozas. De Lasaosa ni se habló.

En el siglo XIX los vecinos de la aldea, libres de su secular opresión, comenzaron a levantar casas grandes y sólidas. No ahorraron en gastos de cantería: labraron arcos hermosos y airosos dinteles donde dejaron los nombres y las fechas. Parecían competir por mejorar sus residencias en tamaño y vistosidad: levantaban construcciones anejas y decoraban los muros. Uno pintó racimos, pámpanos y sarmientos en el alero revocado de su casa; otro, con colores, simuló sobre el revoque del muro las estructuras transpirenaicas de algunos edificios de madera; un tercero construyó un abrevadero; otro levantó un gran pajar; entre todos alzaron una casita, junto al riachuelo, para herrería comunal. Fueron años de prosperidad. En todo el valle del Serrablo las aldehuelas libres de la opresión señorial, conocieron un vigor hasta entonces impensado. Había ganado en los montes, hortalizas en las orillas de los riachuelos, cereales en las laderas, abejas en las aliagas y hombres por los caminos y en las casas que rebosaban vida.

La robusta torre de la iglesia, testigo mudo de aquel censo que acordaron hace más de cuatro siglos los vecinos de Lasaosa con el clérigo prestamista en el cementerio, ya no existe: las piedras de tres de sus cuatro lados rodaron, hace tres décadas, por la ladera.

— *Era por el terreno. Se conoce que el terreno cedía un poco y por eso salieron grietas en las paredes. El cura tenía miedo. Vivía en Gésera y venía los domingos a decir misa. Antes de entrar en la iglesia se paraba un momento cerca de la torre, echaba para atrás la cabeza y levantaba los ojos para mirar las grietas que cada vez le parecían más anchas. Un día no pudo aguantar más: le dijo al obispo que él no entraba más en aquella iglesia, que cualquier día habría una desgracia y que le diera permiso para derribarla. A mí me parece que no estaba tan mal. Todavía habría aguantado muchos años. Pero bueno, es igual, a lo que íbamos: el cura se espantó y consiguió que el obispo autorizara el derribo. Vino un hombre de Castiello de Jaca, uno que vivía en Sabiñánigo, a lo mejor lo conocerá usted, trabajaba en Confederación y sabía emplear la dinamita. Bueno, pues aquel hombre hizo unos agujeros en la pared y puso la dinamita. Yo me lo miré y dije: «no la tirará». Encendió las mechas y se escapó. Todos nos lo estábamos mirando desde el pueblo. Luego explotó la dinamita. Salió un poco de polvo de cada agujero y la torre ni se movió. Unos días después fue la fiesta del pueblo y yo coincidí con el cura en casa del alcalde tomando café. Hablando de la torre le dije que no se había caído porque habían puesto mal la dinamita: como las piedras dejaban huecos entre ellas toda la fuerza del explosivo se había ido por allí. Tendrían que haber forrado con cemento los agujeros donde pusieron los cartuchos. El cura me preguntó si me comprometía a hacerlo y le dije que sí, que se podía probar. Al otro día nos juntamos con otro del pueblo y empezamos a preparar los agujeros. Sacábamos unas cuantas piedras y poníamos cemento dejando el hueco justo para la dinamita. Cuando todo estuvo preparado avisamos al cura. Pusimos los cartuchos, encendimos y nos escapamos. Luego explotaron y no salió ni humo ni polvo. La torre se inclinó un poco para adelante, luego un poco para atrás y luego otra vez para adelante, así como un hombre que tiene los pies fijos en el suelo y se tambalea. Pero después se quedó quieta y sin caerse, bastante inclinada pero en su sitio. El cura cuando la vio así se enfadó mucho y empezó a gritar. Decía: ahora sí que la hemos hecho buena. Antes no se podía entrar en la iglesia, pero ahora no se puede pasar ni por el camino porque se puede caer en cualquier momento. Aún estaba gritando cuando la torre empezó a moverse otra vez: se inclinó más, primero despacio, luego más deprisa y por fin cayó toda allí en la costera... Cayó entera y al chocar contra el suelo se deshizo y las piedras rodaron hasta los campos.*

Ahora, treinta años después, aún se encuentran por la ladera, medio ocultos entre los bojes y las aliagas, los sillares de las esquinas de la torre. Uno de los lados quedó en pie: del muro vertical sobresalen las piedras alargadas que lo unían a los muros que cayeron, son como dedos de manos tendidas al aire llamando siempre a las paredes caídas y pregonando a los vientos que allí hubo una torre.

De las ruinas de la que fue altiva casa del señor no se ha dicho todo. Se ha hablado de cuando pertenecía a los nobles que dominaban el lugar y del olor de humo húmedo que desprenden ahora las ruinas de sus bóvedas carcomidas. Falta contar los escalones que descienden desde la grandeza hasta el abandono: los ha recorrido todos.

Como otros bienes de los Bardaxíes, esta casa acabó en manos de la iglesia: donación piadosa de quienes empleaban parte de la riqueza que heredaron de sus mayores en dotar a los ministros de Cristo en la tierra para que éstos los tuvieran presentes en sus oraciones. Los curas de Lasaosa pasaron a residir en ella y los habitantes del pueblo comenzaron a llamarla como llaman por aquí a las rectorías: la abadía. Con ese nombre designan aún las ruinas de la vieja casa. Pero en Lasaosa no vive párroco alguno desde hace bastante más de medio siglo. El último que residió en la aldea fue un clérigo que tenía otros dos hermanos ejerciendo el mismo ministerio. Por cierto, que este hombre murió en circunstancias extrañas: hallaron su cadáver en el río Gállego, cerca de la parroquia que entonces regentaba. Pero bueno, esto no hace al caso. Cuando la dejó el último cura, la sólida construcción quedó silenciosa y cerrada. Pronto empezó a conocer las goteras y todos esos achaques que afectan a los edificios de los que nadie se acuerda. Tras la guerra civil aún era una vivienda habitable. Entonces la alquiló un buhonero. El hombre recorría la comarca con sus mercaderías y de vez en cuanto recalaba en Lasaosa. Permanecía en la aldea un par de días y abría su tiendecilla en los bajos de la antigua casa que todos seguían llamando la abadía. Nadie sabía ya que la vivienda hubiera pertenecido a señor alguno y menos todavía que el señor lo hubiera sido del lugar. Cuando el buhonero desapareció, la casa quedó abandonada: todavía el tejado estaba en su sitio y el edificio conservaba su empaque. Hace veinte años se fueron los últimos habitantes de Lasaosa. Cansados de labrar la tierra de aquella ladera pobre buscaron empleo en Huesca, en Sabiñánigo o en las ciudades del otro lado de los Pirineos, que reclamaban brazos para las industrias boyantes. La última casa que vieron al partir, cuando volvieron la cabeza desde la curva del camino para despedirse de la aldea, fue la abadía, el viejo caserón de los Bardaxíes que ya estaba arruinado. Luego se hizo el silencio en la ladera parda. Y en un día callado llegó alguien al pueblo que miró con detenimiento la hermosa cantería del ruinoso edificio. Era en verdad meritorio el trabajo del cantero que labró las dovelas de la puerta y el esbelto pilar hexagonal de la ventana ajimezada de la primera planta. El forastero se fue y regresó más tarde con un camión, con herramientas y con ayudantes. Una a una, trabajosamente, fueron pasando las dovelas y las jambas del muro al camión. El mismo camino siguieron el ajimez hexagonal y los arquitos. Cuando el camión desapareció por la curva del camino, la casa quedó como desnuda al verse privada del alma que el alarife puso en la cantería más cuidada. Cayó el tejado, cayó una pared, cayeron los pisos y sólo las bóvedas de la planta baja ofrecían, desde la puerta descarnada, las curvas de sus lomos imbatidos como muestra de resistencia última ante la ruina total. También las bóvedas cedieron en parte: fue el año pasado, cuando vivían en otra casa abandonada de la aldea unos picadores ocupados en sacar maderos negros de un monte cercano que se quemó. El gran boquete de la puerta de la vieja casa, en su oscuridad amplia, era una sugerencia de muladar. Los dos cuartitos abovedados que flanquean el zaguán fueron letrinas y entre ellos se amontonó la basura. Al partir le pegaron fuego. Junto a los montones de latas renegridas abandonaron también el cadáver de un gato.

El viejo que puso la dinamita en la torre vive ahora en Huesca. Es uno de los que mantienen todavía su casa de la aldea bien conservada. En primavera, cuando brotan las violetas y el día se hace largo, viene los fines de semana para cultivar el huertecillo que tiene junto al arroyo. Además de cuidar el vergel, limpio y chico, arregla los muros de los campos, quema la maleza y mantiene abiertos los caminos. Es un hombre que ama la aldea abandonada y la casa donde ha pasado la mayor parte de su vida.

—*¿Cómo dice usted? ¿Bardaxí? No, nunca oí hablar de nadie así. ¿Y dice que el pueblo era suyo? ¡Vaya, vaya! ¡Pues ya hará años de eso! ¿Verdad?*

CAPÍTULO V

«DIXERON QUE ERAN CONTENTOS DE PRESTAR JURAMENTO DE OMENAGE, FIDELIDAD Y VASSALLAGE...»

El día que comenzó el otoño del año 1696, antes de amanecer, salió de su casa de Puyarruego don Juan de Bardaxí. Era un presbítero joven. Tenía la casa llena de libros sagrados heredados de varias generaciones de parientes que fueron clérigos. Todas las parroquias de las aldeas próximas habían sido regidas por sacerdotes de su familia. Formaban una estirpe clerical criada entre breviarios, misales, presbiterios, capellanías y retablos. Don Juan de Bardaxí heredó el señorío de Villanova. En la jornada inicial del otoño de 1696 marchó a tomar posesión de su señorío: fue un día duro. El camino atravesaba sierras muy elevadas, espesuras de abetos oscuros y aldeas escondidas entre los riscos. Cabalgó desde antes de nacer el día hasta dos horas después de aparecer las estrellas en el cielo. La senda seguía el curso del río Bellos y luego —un poquito— el del río Cinca. Se desviaba más tarde hacia Laspuña iniciando la ascensión penosa de la falda de la Peña Montañesa hasta el collado que da paso al frondoso valle que riega el río Irués. Allí el camino cruzaba un bosque espeso de abetos en cuyas profundidades se escondían los osos. Durante varias horas la marcha discurría por la inquietante oscuridad del abetal. Los viajeros iban callados. Don Juan montaba un caballo negro. Un criado viejo iba a pie. Otro joven cabalgaba en una mula. Algo después del medio día avistaron Viu y, un poco más tarde, Senz: dos lugares, rodeados de fragosidades boscosas y de peñas, que ya vierten sus aguas al río Esera, el mismo que regaba las tierras de Villanova de las que iba a tomar posesión don Juan de Bardaxí.

Tras cruzar muchos barrancos, eriales, bosques, prados y peñas, cuando ya el valle dormía, alcanzaron Villanova: el señorío más preciado de la casa de Bardaxí; el caserío agrupado en la ladera, bajo el bosque de abedules, entre los prados que descendían hasta el río caudaloso; las casas —pobres— cubiertas por losillas de pizarra, a la sombra de los dos viejos templos de redondeadas formas en los muros que miraban al sol naciente; las calles, empinadas, con sus torpes pavimentos de desiguales cantos rodados; el molino harinero y el batán, junto al río, con su monotonía de giros y de golpes; la casa del señor —en el centro del caserío— oscura, vetusta, con su cárcel hundida en la roca... Todo dormía cuando llegó el señor.

Al día siguiente prepararon los actos posesorios. Mandaron aviso al notario de Chía para que viniera a Villanova. El bayle convocó a los vecinos. El corredor del lugar llevó —casa por casa— el anuncio de la convocatoria. A los campesinos de Villanova las ceremonias posesorias no les resultaban nuevas: hacía sólo seis años que habían participado en ellas. Fue en el día primero de abril del año 1690. En aquella ocasión tomó posesión de su lugar don Diego Antonio de Bardaxí: corto fue su señorío y corta su vida.

El día 23 de septiembre de 1696 don Juan de Bardaxí se dispuso a llevar a cabo las mismas ceremonias que desde hacía siglos habían servido —generación tras generación— para mostrar a todos quién señoreaba el lugar de Villanova. A media mañana se congregaron los vecinos en la casa del concejo. Era un local descuidado y sórdido. Se diferenciaba poco de los otros edificios del lugar. Cuando estuvieron todos reunidos llegó el joven Bardaxí. Venía acompañado del notario y del párroco. Era éste un clérigo viejo y orgulloso, pariente del abuelo materno del señor de Villanova. Pertenecía a la rancia saga de los Villamana de Blancas, que tenían en la villa de Broto su casa solariega. El párroco vivía apesadumbrado por la decadencia de la casa de Villamana de Blancas. Quizá no quería mucho al joven presbítero que iba a tomar posesión como señor del lugar del que él era párroco. Estaba resentido. No le gustaban los Bardaxíes.

Cuando entraron en la sala del concejo se hizo el silencio. El notario Antonio de Mur leyó los documentos que acreditaban a Juan de Bardaxí como *«señor de dicho lugar de Villanova y de la jurisdiction y drechos a dicho señorio assi mesmo del drecho de Patronado de la retoría de dicho lugar de Villanova y iglessia del lugar de Sessue»*. A continuación don Juan de Bardaxí se dirigió al bayle, al concejo y a los vecinos de Villanova y, con voz clara les requirió para *«que del presente día de oy en adelante (lo) tubiessen y tomassen en verdadero legitimo y natural señor suyo y de dicho lugar y terminos de aquel con los bassallos hombres y mujeres jurisdiction civil y dominicatura y rentas probentos y emolumentos a la dominicatura de dicho lugar pertenecientes»*. Después les pidió que *«diessen y prestassen sacramento de omenaje, fidellidat y vassallage a costumbre de España y segun fuero de Aragon et assi et segun que semejantes vassallos en el presente Reino de Aragon acostumbran facer y prestar los omenages a su su señor berdadero y natural et le respondiessen y pagassen de las rentas, drechos y emolumentos de dicho lugar a la dominicatura de aquel pertenecientes»*. Tras oír el requerimiento del señor todos los vasallos *«dixeron que eran contentos de prestar juramento de omenages, fidellidad y vassallage»*.

A continuación el señor tomó asiento y los vasallos pasaron ante él, se arrodillaron, pusieron las manos entre sus manos, lo besaron y le juraron fidelidad. El notario levantó acta de todo: *«prestaron juramento de omenages, fidellidad y vassallage de manos y de boca segun la loable costumbre dispone y fueros de Aragon en poder y manos de dicho señor don Juan de Bardaxi señor de dicho lugar de Villanova sobre la cruz y santos quatro evangelios»*. Tras recibir el juramento de fidelidad el señor recordó a los de Villanova sus obligaciones como vasallos: debían pagar *«todos los frutos, rentas y emolumentos que asta agora an acostumbrado pagar y responder a los señores passados de dicho lugar»*.

Terminados los juramentos y homenajes, don Juan de Bardaxí *«dixo que ocupaba entraba tomaba como de echo ocupó entró y tomó la verdadera real y actual posesion de dicho lugar de Villanoba»*. Entonces comenzó a realizar los actos que denotaban la posesión: *«se paseó por la sala de la cassa común de dicho lugar de Villanoba abriendo y cerrando las puertas y ventanas en señal de verdadera, real y actual possession»*. A continuación, seguido por sus acompañantes y por los vasallos, dejó la casa y salió a la calle. Recorrió con paso solemne el trayecto que conducía hasta el templo de Santa María, penetró en la iglesia y *«andubo y passeó»* por ella a la vez que abría y cerraba las puertas para confirmar su posesión. El párroco, aquel viejo Villamana de Blancas, orgulloso y resentido, lo miraba todo con rencor en el pecho: él llevaba más de veinte años rigiendo aquella parroquia, lo puso allí un Bardaxí. Ya había visto tomar posesión a tres señores. Ellos mandaban. Él era un anciano respetable, hijo de un linaje orgulloso y altivo. Y debía someterse a un señor que era un niñato, sobrino-nieto suyo, inexperto, pero afortunado.

Tras abandonar la iglesia el señor y sus acompañantes se dirigieron al molino, que se encontraba algo alejado del pueblo, junto al río. Mientras atravesaban los prados, don Juan de Bardaxí realizó los actos que denotaban la posesión de los montes: arrancó yerbas y cortó ramitas de los árboles y de los arbustos.

El molino era una construcción pobre próxima al cauce claro y embravecido del Ésera. Contaba con una vivienda minúscula y con otros dos locales: en uno estaban las muelas para el cereal, en otro los mazos de madera que golpeaban los paños. Don Juan penetró en la vivenda y en las salas donde estaban las piedras y los mazos, abrió y cerró las puertas y las ventanas y se paseó por el interior. El molinero, que se encontraba entre los vasallos, miraba aquellos actos que le recordaban quién era el amo de todo y se sentía algo confundido viendo cómo otro realizaba ceremonialmente los mismos actos que él repetía de modo mecánico varias veces cada día. Luego, el señor dejó el molino y se dirigió a la balsa: alzó la tajadera y el agua comenzó a correr por el saetín hasta herir los brazos lígneos del rodete, que comenzó a girar. Después don Juan cerró la tajadera, el caudal se cortó y calló el rodete.

A continuación el señor se dirigió a la aldea próxima de Sesué, de cuya iglesia ostentaba también el patronato. Entró en el templo, paseó por su interior, abrió y cerró las puertas. Después regresó a Villanova e hizo lo mismo en la abadía o casa rectoral. El viejo Villamana de Blancas aún sufrió más con este paseo por las salas y por las alcobas de su casa que con los actos posesorios de las iglesias. El joven Bardaxí entró en la casa que habitaba el párroco y abrió todas las puertas. Recorrió las habitaciones. Penetró en las alcobas de las criadas y en la del párroco. Se paseó por la cocina y por la sala. Anduvo por el zaguán, por las caballerizas, por el huertito contiguo. Y el viejo sacerdote, callado, lo seguía caminando junto al notario.

Después, al atardecer, cuando el escribano acabó de redactar el testimonio de los actos posesorios, el párroco firmó al pie del documento como testigo de que don Juan de Bardaxí *«hizo estos y otros muchos distintos actos exercicios possessorios de verdadera, real y actual possession denotantes pacificamente y quieta sin contradicción de persona alguna»*.

El señorío de Villanova había estado en manos de Bardaxíes desde tiempos inmemoriables. A don Juan de Bardaxí, el que tomó posesión en 1696, no le importaba mucho que no se conservara la memoria de cuándo y cómo comenzaron sus antepasados a señorear el lugar de Villanova. En el archivo de su casa de Puyarruego guardaba los documentos que testificaban cómo los Bardaxíes de varias generaciones anteriores habían tomado posesión del señorío del mismo modo que él lo hizo. También conservaba las escrituras de tiempos aciagos —de aquello hacía casi un siglo— cuando un antepasado suyo, acuciado por la necesidad, se vio obligado a vender sus derechos sobre Villanova: pero por suerte fue sólo una etapa transitoria. Los Bardaxíes solucionaron sus problemas económicos y recuperaron el preciado señorío.

La iglesia de Santa María de Villanova se construyó algunas décadas después del año mil. Quizá la mandó construir algún antepasado de los Bardaxíes y por eso adquirieron ellos los derechos de patronato sobre el templo. En los días en que don Juan de Bardaxí tomó posesión de la iglesia bajo la mirada rencorosa del párroco que la regía, presidía el templo un retablo muy antiguo que mostraba en su tabla principal la imagen del primer Bardaxí que señoreó Villanova. La pintura reflejaba un trance apurado con final feliz. El señor, como todos los poderosos, tenía numerosos enemigos. Don Juan había oído contar que los enemigos de aquel antepasado suyo eran asesinos feroces y sin escrúpulos. Perseguían al señor de Villanova para matarlo. Una noche lograron entrar en su casa y avanzaron —sigilosos, callados— por corredores y estancias oscuras en busca del Bardaxí que querían asesinar. Llevaban las espadas en la mano y en los rostros los signos de la obstinada firmeza y de la decisión homicida. Por fin abrieron una puerta y hallaron al que buscaban: el caballero, cubierto de acero, estaba arrodillado rezando ante una imagen de la Virgen del Rosario que alumbraban las llamas de dos cirios. Cuando los asesinos entraron el señor no se movió: continuó rezando a la Virgen. Y ésta, mientras los asesinos avanzaban con el acero alzado para descargarlo sobre el caballero, levantó sus manos hasta la corona que cubría su cabeza, la tomó y caminó hasta el señor de Villanova para colocar la corona en la cabeza del caballero. Se encontraron frente a frente: la Virgen Santísima que iba coronar al devoto señor y los asesinos que se disponían a matarlo. Sólo la madre de Dios logró su objetivo: puso la corona en la testa del caballero arrodillado y los asesinos —al ver el prodigio— huyeron.

La tabla principal del retablo mostraba el momento del milagro: el caballero, de hinojos en el suelo, recibe la corona de la Virgen. En la estancia oscura brillan el rostro de María Santísima, los cirios, la armadura del caballero y las armas de los asesinos que ya no muestran en sus rostros firmeza sino contrariedad y miedo, que son el preludio de su huida vergonzante.

Al Juan de Bardaxí que tomó posesión del señorío de Villanova en 1696 le sucedió, como señor del lugar cuarenta y tres años después, un sobrino suyo que también era clérigo y vivía en Puyarruego: se llamaba Joseph de Bardaxí. Se ocupó mucho de su señorío de Villanova. Miró el retablo donde aparecía aquel antepasado favorecido por la Virgen y lo encontró viejo y descolorido, antiguo, pasado de moda. Antes de tomar posesión de la iglesia y del lugar quiso renovar el retablo.

En el siglo XVIII ya no había en el alto Aragón artistas con el talento de los que pintaron retablos, frontales de altares y frescos en los muros durante los postreros siglos medievales. Aquellas tablas del siglo XIV o del XV, cuando se pintó —seguramente— la escena del milagro que salvó la vida del señor de Villanova, eran magníficas. Los fondos dorados, los colores vivos, las composiciones equilibradas, la perspectiva resuelta con elementos simples y efectistas, el dolor o la mansedumbre en los rostros, la ira en los gestos...: todo indicaba dominio del oficio como resultado de un aprendizaje largo junto a buenos maestros.

Fueron el humo, la humedad y el paso de los siglos los que hicieron que a Joseph de Bardaxí le pareciera vieja la imagen del milagro que salvó a su antepasado. Hizo desmontar el retablo y lo trasladó a su casa de Puyarruego. Las tablas viajaron sobre los lomos de tres mulas, envueltas en sábanas de cáñamo. Recorrieron aquella senda que culebreaba entre peñas y barrancos y atravesaba luego el bosque oscuro de los abetos. Las descargaron —ya era de noche— en el zaguán de la casa del presbítero-señor. El pintor que iba a pintar el retablo nuevo ya aguardaba la llegada de la obra en la que debía inspirarse. Alumbraba con una tea a los criados que habían llegado con la mulas. Dejaron las viejas tablas sagradas en el suelo, encerraron los animales —agotados— en las caballerizas, cenaron y marcharon todos a sus alcobas.

Al día siguiente el pintor comenzó su tarea. Era un artesano de Boltaña llamado Pedro Salinas. Había aprendido el oficio por su cuenta. Iba pintando por las aldeas figuras torpes de santos.

Cobraba a jornal. Pintaba despacio. Se instaló en la sala de la planta primera de la casa, la que extendía su suelo rojo de barro cocido sobre las dos bóvedas del zaguán. Los criados lo veían pintar y —como hablaba poco— creían que hacía una obra de mérito. El señor de Villanova también pensaba lo mismo: era mejor el nuevo retablo de colores limpios que el viejo de tonos apagados.

Cuando la obra estuvo acabada se embalaron las tablas nuevas con mucho cuidado, bien envueltas en sábanas limpias y en mantas de lana. Las cargaron en las mulas y emprendieron el viaje por la senda que llevaba a Villanova cruzando bosques y sierras. Con el retablo hicieron el viaje el señor de Villanova, el pintor, un carpintero y varios criados. Era el día 15 de octubre del año 1743. Al siguiente, muy temprano, comenzaron las tareas para «plantar» el nuevo retablo. El carpintero, el pintor y los criados trabajaron todo el día. Las piezas encajaban bien: todo había sido ensayado en la casa de Puyarruego para que el ensamblaje fuera perfecto. Las columnas, las molduras y las tablas policromadas iban ocupando su lugar. Al oscurecer encendieron teas y cirios para continuar las tareas que se prolongaron hasta la media noche.

Al día siguiente el presbítero-señor se vistió con las mejores ropas sagradas para bendecir el nuevo retablo y cantó la misa bajo la imagen recién pintada de aquel lejano Bardaxí a quien la Virgen salvó la vida. A don Joseph de Bardaxí le parecía perfecta la obra del pintor de Boltaña. Especialmente buenas eran las tablas centrales: *«arriba la Virgen del Rosario, a sus pies el señor, delante del señor una imagen de la Virgen pusiendo la corona de flores al señor, y a un lado los asesinos, todo como estaba en el retablico antiguo»*.

Aún permaneció el señor algunos días más en Villanova: lo retenían allí obligaciones pías y profanas. Entre las pías estaban las relacionadas con las almas de sus antepasados: *«el día 17 canté un Aniversario por todos los que han sido señores de dicho lugar y por los finados de esta casa»*. Entre las otras destacaban las de los tributos: era necesario aclarar bien cuánto debía pagar cada vasallo y cómo iban las cuentas.

Cuando regresó a su casa de Puyarruego se puso inmediatamente a anotar todo lo sucedido. La memoria de lo del retablo le costó poco. Las anotaciones contables resultaron más laboriosas.

Aquello de anotar con detalle cuánto pagaba cada vasallo y en concepto de qué, era una costumbre útil: si todos los señores la hubieran seguido se habrían evitado muchos problemas. Pero una saga señorial ofrece, como todo conjunto de personas, un abanico de temperamentos y actitudes: los hay meticulosos y despreocupados, cuidadosos, haraganes, hacendosos, torpes, etc. etc.

Los señores de Villanova no se habían mostrado especialmente hacendosos en los temas contables: desde que un Antonio Bardaxí escribió en pergamino a finales del siglo XV la relación detallada de lo que debían abonar sus vasallos hasta que volvió a hacer lo mismo don Juan de Bardaxí, actualizando los conceptos y las cantidades, transcurrieron dos siglos y medio.

A finales del siglo XV el señor hizo que un buen escribano redactara con detalle las obligaciones tributarias de sus vasallos. Cosió varios pergaminos formando un cuadernillo y en la portada anotó: *«Capbreu de los vasallos del señor de Villanova, de las rendas que pagan dichos vasallos en cada un anyo al dicho señor»*. Y a continuación, casa por casa, dejó constancia de lo que debían entregar. Algunos conceptos se repetían en casi todos los casos. Otros no. Muchos de los pagos no se sabía en concepto de qué los hacían: sólo se amparaban en la tradición, siempre había sido así.

De este modo, la casa de un tal Bertrán de Pelliçer pagaba: *«cada anyo trigo setze quartales. Item faze la dicha casa por la preguera segal seys quartales tres almudes. Item faze dicha casa por el forno dos quartales, la uno de trigo y lotro de segal. Item faze la misma casa cevada dos quartales un almut. Item faze la dicha casa de usages dos sueldos y quatro dineros. Item faze dicha casa un anyo pierna de puerco. Otro anyo media pierna. Item mas faze dicha casa anyo una quarta de vino»*.

Es inútil intentar sistematizar los tributos que los vasallos pagaban al señor en Villanova a finales del siglo XV: no hay dos casas que pagaran lo mismo. Los usages los pagaban casi todos: pero algunos lo hacían en especie y otros con dinero. En la anotación transcrita se señalan dos sueldos y cuatro dineros como pago anual por los usages. Otras casas pagaban tres sueldos y muchas —la mayoría— entregaban una gallina. La preguera la pagaban todos en cereal, pero las cantidades variaban mucho de unas casas a otras. El tributo que se entregaba por el uso del horno era el único que suponía para todas las casas el mismo desembolso: dos quartales cada año. Algunos vasallos debían entregar anualmente —sin que se señale en concepto de qué— una «pierna de puerco» y cierta cantidad de vino. Otros pagaban de trehudos varios cuartales de cereal.

En algunos documentos de siglos posteriores aparecen tributos nuevos, como el maravedí y las quistias, y desaparecen la preguera y los pagos por el horno. En los documentos del siglo XVIII y de comienzos del XIX se insiste mucho en otro tipo de tributo que no cita el documento del siglo XV: es el trabajo personal de los vasallos que se ofrece, de forma gratuita, al señor. Cada vasallo debía trabajar un día —cada año— para el señor.

Cuando se habla de los vasallos y de los tributos no se hace referencia a personas sino a casas. Los tributos no se cobraban por alma, se cobraban por casas. Cada unidad familiar —cada casa— pagaba un tanto, independientemente del número de miembros que la formaran.

Resumiendo: cada casa pagaba anualmente al señor unos tributos de origen inmemorial que suponían la entrega de ciertas cantidades de trigo, de cebada y de centeno, de algún dinero, de un jornal y —en ocasiones— de gallinas y de perniles de cerdo.

Don Joseph de Bardaxí, el que mandó pintar el retablo, llevaba escrupulosamente las cuentas. Tenía un cuaderno formado por muchos folios cosidos. En la primera página escribió: *«Cuaderno de lo que me deben diferentes casas de mis Basallos del lugar de Billanoba a mi Don Joseph de Bardaxí señor temporal de dicho lugar. Está foliado este cuaderno y va un indice de las casas que deven y se anota el folio de cada una».*

Bajo el encabezamiento dibujó el escudo de Bardaxí: las tres fajas de azur sobre oro. Para coronar el emblema heráldico el presbítero trazó una línea quebrada que es como el perfil de una cordillera vista desde la lejanía. Al pie de la cordillera y de las fajas de azur comienzan las anotaciones de trigo, de perniles y de gallinas. El señor pasaba cuentas cada año con cada vasallo. A veces los pagos se demoraban. En ocasiones se retrasaban dos años o tres, incluso más. Pero las anotaciones no revelan ansiedad ni conflictos. Los vasallos tenían asumidos sus deberes: siempre había sucedido todo del mismo modo. Sus padres y sus abuelos, todos sus antepasados, habían pagado. Ellos pagaban igual. Alguna vez tenían dificultades para reunir el cereal o las monedas. El señor anotaba la deuda. Pagaban cuando podían. Pero iban pagando. Los engranajes de la máquina feudal giraban con normalidad.

Uno de los engranajes de esta máquina estaba en el molino. En las listas donde se anotaban lo que debía pagar cada vasallo no figuran los tributos de la molienda porque no eran fijos sino que dependían de lo que se llevara a moler. El molino —como el horno— eran del señor. Los vasallos no podían tener ni hornos ni molinos: estaban obligados a acudir a los del señor.

El molino del señor se movía con las aguas del río Ésera. Tenía un cárcavo oscuro y —en sus entrañas— un rodete de madera que giraba al ser sus álabes azotados por el caudal que descendía por el saetín. Las muelas eran de piedra del país: producían una harina oscura que luego hacía un pan negruzco. Los vasallos de Villanova, si alguna vez viajaban a Graus o a Barbastro, se quedaban admirados ante la blancura del pan que allí se vendía.

Cuando iban con su cereal al molino, el molinero, antes de echar el trigo a la gruenza, hundía dos veces la pala de madera en cada saco y la retiraba repleta de grano. Una era para él, la otra para el señor. En el país a aquella pala corta, que el molinero agarraba introduciendo sus dedos por dos hendiduras, la llamaban el puñal. Quizá el nombre viniera de su forma. Aunque también puede ser que se asociara a la herida que producía en el saco, por donde se desangraba la estrecha cosecha del vasallo.

El molinero era un hombre afortunado: sin labrar, sin segar y sin sembrar recogía mejor cosecha que los campesinos. Trataba muy bien al señor. Tenía el molino en arrendamiento. Era escrupuloso en los pagos: cada año entregaba al señor el arriendo acordado y el trigo recolectado en concepto de maquilas o derechos de molienda. Los campesinos lo odiaban. Sabían que se enriquecía con su trigo y conocían sus privilegiadas relaciones con el señor. Cuando los años eran malos el molinero se hacía más odioso. El trigo y el centeno recolectado en las parcelas miserables no alcanzaba para todo el año. Lo recogían en agosto y lo almacenaban en sus trojes de madera. Cada mes iban al molino con su asno y su saco a moler el cereal que necesitaban para hacer el pan. Pasaba el otoño y llegaba el frío. El invierno avanzaba. Los trojes de los campesinos cada vez estaban más vacíos y el del molinero cada vez más lleno. Cuando llegaban los días largos y templados de mayo la situación se hacía difícil para los vasallos: a casi todos se les había agotado el cereal y todavía faltaban un par de meses para recoger la nueva cosecha. Entonces se veían obligados a comprar al molinero el trigo que necesitaban. Se lo pedían y veían cómo lo extraía del mismo cajón de madera donde echaba el que les había arrebatado de sus sacos. Como no podían pagarle se comprometían a entregarle, cuando llegara la cosecha, más cantidad de trigo que la recibida.

En aquel cuaderno que el presbítero Bardaxí encabezó con el escudo de la casa, las cuentas de cada vasallo ocupan media docena de líneas. Las del molinero acaparan tres folios enteros. El molino era una fuente de riqueza: para el molinero y para el señor.

Junto al molino harinero estaba el batán. Ocupaba un cobertizo pequeño y destartalado, sólo cuatro muros torcidos para sostener el tejadillo que cubría los mazos. De la misma balsa que alimentaba el caudal para mover las muelas partía un canal que empujaba la rueda del batán. Era una rueda vertical con torpes palas de pino que se hundían en el curso de agua que las hacía girar. El eje, formado por un grueso tronco con unos dientes en el extremo opuesto a la rueda, movía los dos mazos de roble que golpeaban —incansables— el paño de lana depositado en una pila. El tejido, con la humedad y los golpes, se iba haciendo más tupido, más consistente y más recio. Permanecía, cada pieza, dos o tres días girando bajo los golpes monótonos de los mazos. Pasado ese tiempo el molinero la retiraba y colocaba otra. Las telas eran de dos tejedores de Villanova y de otros que venían de las aldeas vecinas. Pagaban según las varas de paño que abatanaban: tanto por vara, a veces en dinero, casi siempre en especie. Luego, los tejedores hacían pagar caro el paño a los campesinos: decían que tejer era laborioso y en el batán les cobraban mucho. De este modo los vasallos del señor de Villanova veían incrementados los motivos para odiar al molinero.

No era el molinero el único vecino de Villanova que recogía una buena cosecha sin sembrar ni labrar: el párroco estaba en el mismo caso. Lo nombraba el señor, que ostentaba el patronato de las parroquias de Villanova y de Sesué, una aldea cercana. Procuraba elegir siempre a un clérigo de la familia, pero casi nunca recayó el nombramiento en un Bardaxí: eran parientes en grado no muy cercano, primos y tíos segundos, o incluso parientes de otros parientes, hijos todos de casas con cierto abolengo en las montañas de Sobrarbe y Ribagorza. El elegido encontraba en la parroquia de Villanova un puesto vitalicio que generaba una renta regular. Si el párroco era ahorrador y sabía colocar su dinero en censos ventajosos podía acumular una fortunita.

Los campesinos debían entregar al párroco la décima y la primicia de todos los frutos y ganados, exceptuando los ajos y las cebollas. Entre ambas cargas el párroco venía a recolectar, aproximadamente, cuatro partes de cada treinta y una de todo lo que se producía en Villanova. La octava parte de los corderos y de los cabritos que nacían en los montes de Villanova, la octava de los lechones, de las bellotas, de las judías, de la hierba que se segaba en los prados, del trigo y del centeno, del cáñamo y de la lana, de la leña, de los mimbres, de las manzanas y de las nueces: todo iba a parar a manos del párroco. Además estaban los pagos por misas, novenos, trentenes, cabos de año y todas las demás preces funerarias que los vasallos abonaban para allanar el camino de la salvación eterna, que suponían una sustanciosa rentita anual.

Aquel párroco Villamana de Blancas que acompañó —repleto de resentimiento— a don Juan de Bardaxí cuando tomó posesión del lugar en 1696 ofrece un ejemplo de lo que se podía lograr desde la parroquia de Villanova y de cómo vivían los párrocos de la época.

Don Joseph Villamana de Blancas nació en la villa de Broto en la cuarta década del siglo XVII. Su casa era de las principales de la villa. En los siglos pasados fueron ganaderos poderosos y luego incrementaron su fortuna prestando sumas importantes a los concejos de aldeas que pasaban mil angustias y trabajos para pagar las pensiones anuales. Como todos los infanzones del país levantaron una capilla en la iglesia de la villa, fundaron una capellanía, casaron a las hijas en las casas más poderosas de los valles cercanos y encaminaron por la senda de la carrera eclesiástica a uno o dos hijos de la casa por cada generación. Todo aquello de los matrimonios ventajosos, las dotes, los censos, las capellanías y las carreras eclesiásticas constituían los jalones del camino que seguían todas las grandes casas montañesas: pero no por trillada era la senda menos escabrosa. Se encontraba repleta de ambiciones, contratiempos, peleas, pleitos, sentencias arbitrales y odios familiares.

En las mismas fechas en que nació el futuro párroco, un hermano de su padre se casaba en Puyarruego con una Pérez de aquella casa de prestamistas y amigos de la Inquisición que acabó siendo solar de los señores de Villanova cuando, en la generación siguiente, Juan Bardaxí contrajo matrimonio con la hija y heredera del Villamana de Blancas que casó en Puyarruego.

Don Joseph Villamana de Blancas fue nombrado párroco de Villanova, hacia 1670, por el primer Bardaxí que vivió en Puyarruego, que era el marido de Orosia Villamana de Blancas, prima hermana del presbítero. Todo esto de los parentescos quizá importe poco para la historia. Probablemente el joven presbítero dudó mucho antes de aceptar la parroquia que le ofrecía el marido de su prima: también le apetecía quedarse en Broto como capellán de la capellanía de su casa. Y además estaba la herencia de la casa de Villamana de Blancas: quizá si combatía por ella lograra convertirse en el amo. Tras muchas cavilaciones aceptó la parroquia y —fraudulentamente— ocupó también la capellanía: pero nunca estuvo seguro de haber hecho lo mejor. Cuando su vida se agotaba, después de haber ocupado durante treinta y tantos años la rectoría de Villanova, aún rumiaba sus dudas y todavía sentía remordimientos por lo de la capellanía fundada en la capilla de La Piedad de Broto y sufría por el gobierno de la casa de sus padres.

La vida del párroco de Villanova era cómoda. Vivía en la rectoral, que era la mejor casa del lugar. Tenía una casera que envejeció a su lado: entró a su servicio siendo joven, cuando el párroco —joven también— llegó al pueblo, y murió poco después de que el rector, ya anciano, dejara el mundo. Además de la casera servían en la rectoral una doncella joven y un criado.

Don Joseph dormía en una alcoba amplia. Tenía muchas sábanas blancas de hilo fino y buenas mantas. Sobre la cabecera de su cama colgaba un cuadro grande de la Madre de Dios de la Rosa con su hermoso marco dorado. Era el único vecino de Villanova que comía en mesa cubierta por un mantel. Disponía de varios manteles y también de muchas servilletas. Tomaba el chocolate en una taza de plata, con forma de campanilla, que pesaba cinco onzas. Contaba con varios pares de zapatos y muchas medias. Tenía sotanas de largo y de corto y manteos impecables. Paseaba —altivo— por los senderos del valle. Su cabalgadura era lustrosa y aventajaba en talla y robustez a todos los animales del contorno. Hablaba poco. Prestaba dinero por los pueblos. Recogía los intereses. Volvía a prestar más. Su fortuna crecía. Hasta prestó dinero a sus parientes de Puyarruego, los mismos que señoreaban el lugar del que era párroco. No los quería. Cuando los cita en sus papeles nunca pone su nombre. Nunca escribe el apellido Bardaxí: siempre pone *«los herederos de Diego Villamana de Blancas de la casa de Puyarruebo»*.

Después de regir la parroquia de Villanova durante más de tres décadas don Joseph entregó su alma al Señor —al de verdad—en los primeros años del siglo XVIII. Su cuerpo fue enterrado bajo el presbiterio de la iglesia de Santa María de la que había sido rector. Buena parte de la fortuna que acumuló en vida se fue en misas por su alma: la lista de celebraciones que ordena en su testamento es interminable. Lo que quedó se repartió entre los herederos de la casa de sus padres y la capilla de La Piedad de Broto: allí fue también a parar el cuadro que presidía la alcoba del párroco. La vieja casera, la doncella y el criado recibieron su parte a la muerte del rector. Quizá son los únicos tratados con amor en el testamento. Hacia los otros —los parientes poderosos— el altivo Villamana de Blancas siempre albergó un resentimiento profundo.

Cuando don Joseph Villamana de Blancas regía la parroquia de Villanova, en Ribagorza mostraban más inquietud los señores que los vasallos. Quedaba lejos la época en que la mayor parte de los pueblos ribagorzanos se sublevaron contra su señor, el conde de Ribagorza. Hacía un siglo de aquella guerra atroz que enfrentó a los vasallos con el señor, apoyados —los dos bandos— por ejércitos de asesinos que asolaron la comarca. Finalmente el conde perdió sus estados ribagorzanos. El mayor señorío de Aragón —ochenta y cuatro pueblos lo componían— pasó a depender sólo del rey.

A finales del siglo XVII había en Ribagorza 224 pueblos. 84 — los que habían sido del conde— eran del rey. 79 pertenecían a señores eclesiásticos entre los que destacaba el abad de San Victorián, cuyo monasterio señoreaba 29 lugares. 69 pertenecían a señores laicos. De éstos, 11 estaban en manos de distintas ramas de la familia Bardaxí. El señor de Villanova lo era también de Las Vilas del Turbón y de un caserío próximo llamado Visaldric. Con los Bardaxíes que señoreaban los otros ocho lugares existían lazos de parentesco, pero se trataba de un parentesco lejano, remoto casi, cuyos orígenes se escondían en las oscuridades medievales de aquellos Bardaxíes que vivieron combatiendo a los moros y murieron al pie de las fortalezas que pretendían ganar para su rey.

Mientras el condado de Ribagorza perteneció a los condes, su vida se organizó como la de un verdadero estado. Sus límites, a pesar de la extensión del territorio, no ofrecían lugar a dudas:

«El dicho Condado consistia dentro del presente Reyno de Aragon, cabe los confines de Bearne y Francia, y como confrontava su districtu, y territorio, y discurria desde los terminos de la Villa de Monzon, y la Castellania, y por el rio Cinca, como sube en drecho de la Tallada, que llaman de Castro, y como va la Sierra de Panillo por las aguas vertientes, que caen azia Ribagorça, quedando la Villa, y terminos del dicho lugar de Panillo dentro los limites del dicho Condado; y de allí arriba, como sube la Sierra, hasta el lugar de Tronzedo, aguas vertientes exclusive, y desde allí por la Sierra Foradada, que esta dentro de Ribagorça, y Sobrarbe, y de alli sigue por el Puerto, hasta el de Lisas, y de él como las aguas vertientes, hasta el termino de Benasque, y su Honor, hasta el Puerto de Benasque, que confrenta con la Gascuña, y por las vertientes de las aguas de dichos Puertos, por la parte de Ribagorza, y confrenta con Gascuá, y Valle de Aran exclusive, hasta el Puerto de Cenet, que confrenta con la misma Valle, y hasta el rio Noguera Ribagorçana, y por el discurso de dicho rio, hasta en drecho de Monte Seco, y hasta los terminos de los Lugares de Tamarite, y San Estevan de Litera, y despues de los terminos de dicha Villa de Monzon, y de la Castellania, hasta el dicho rio Cinca».

En este territorio, más extenso que la provincia de Vizcaya, gobernaba el conde de Ribagorza hasta que, a finales del siglo XVI, le fueron arrebatados sus derechos. Pero dentro del condado existían señoríos de la iglesia y de señores laicos. De los 224 pueblos y 39 castillos de Ribagorza, el conde ejercía todos los derechos señoriales en los castillos y en 84 pueblos: de los otros 140 poseía la jurisdicción criminal, pero no la civil ni la dominicatura, que estaban en manos de otros señores. Todo esto originaba una situación peculiar y compleja. El señor de Villanova y de Las Vilas, como los otros señores, ostentaba la dominicatura y el señorío territorial sobre sus lugares: nombraba alcaldes y cobraba tributos. Pero sobre él estaba el conde, que tenía la jurisdicción criminal y la ejercía *«prendiendo y capcionandolos (a los delincuentes), y elevandolos a la dicha Villa de Benabarre, y alli encarcelandolos y haziendoles sus procesos»*. Cuando el conde perdió su condado estos derechos pasaron al rey.

A finales del siglo XVII, cuando el párroco Villamana de Blancas regía la iglesia de Villanova, los señores ribagorzanos andaban agitados y los vasallos se mostraban sumisos. La agitación de los señores estaba relacionada con la jurisdicción criminal sobre los vasallos: querían tenerla en sus manos. Los señores se reunían, estudiaban la situación y preparaban la estrategia para lograr algo que nunca habían poseído: el derecho a juzgar —y ejecutar si así lo cosideraban justo— a sus vasallos. Por fin elaboraron un memorial en el que exponían al rey sus deseos, razonaban su petición y ofrecían al monarca un pago —en dinero— elevado a cambio de lograr lo que ambicionaban.

Los señores que poseían lugares en Ribagorza pedían al rey que les concediera la jurisdicción criminal en los pueblos que les pertenecían. Para disipar los temores que el rey pudiera albergar acerca de los peligros derivados de desprenderse de la jurisdicción criminal sobre unos lugares fronterizos, los señores tranquilizaban al monarca y argumentaban que ellos eran los más interesados en proteger sus lugares: *«tanto tendrían mas arranque en defenderlos cuanto tuviesen mayor juridiccion sobre sus vasallos»*.

Además, Su Majestad no perdería nada. Al contrario: se evitaría trabajos y obtendría beneficios. La administración de justicia en Ribagorza le costaba dinero al rey. Si la dejaba en manos de los señores, se libraría de estos gastos y, además, recibiría una suma cuantiosa: incluso más de cien mil ducados se atrevieron a ofrecer los señores.

Eran altaneros —y hasta insensatos— Bardaxí y sus pares: se creían con derecho a detentar la jurisdicción criminal y aconsejaban al rey que aceptara la suma ofrecida porque de no hacerlo así reclamarían su derecho por vía de justicia y lo obtendrían, quedando Su Majestad sin el dinero y sin la jurisdicción. Su intermediario comunicó al monarca:

«Hanme advertido que holgarian servir a Su Majestad con algunas cantidades, cada cual con la que se concertase, de las que se podria sacar una gruesa suma que a mi parecer pasaria de cien mil ducados poco mas o menos, de cosa que si la piden por justicia quiza se declararía en su favor...».

Los señores no lograron su objetivo. No consiguieron la jurisdicción criminal. Nunca pudieron plantar una horca en la plaza de los lugares que señoreaban.

Aquel Bardaxí que tomó posesión de Villanova en 1696 realizó todos los actos posesorios, pero no pudo levantar el símbolo siniestro que mostraba el derecho de ciertos señores a juzgar y ejecutar a sus vasallos. Bardaxí envidiaba aquel símbolo de poder. Cerca de Puyarruego, la aldea donde vivía, había un lugarejo llamado Escalona que pertenecía al barón de Pallaruelo. El barón tenía la jurisdicción criminal y cuando tomó posesión *«mandó poner y plantar en la plaza de dicho lugar una horca y en ella mandó ahorcar y se ahorcó un ramo de box»*. Don Juan de Bardaxí nunca pudo ahorcar un ramo de boj en las plazas de Villanova o de Las Vilas.

Las Vilas, cuando pertenecía a Bardaxí, era una aldea cuyas diez casas, dispersas, se levantaban en uno de los parajes más agrestes y desolados de todo el Alto Aragón: son las laderas orientales del gigantesco Turbón, calcinadas, desnudas y lunares, claras y ásperas. Sólo algunas manchas de oscuras encinas retorcidas y de prados diminutos en torno a las casas, diseminadas por la ladera, rompían la monotonía gris del paisaje. Por encima de las casas se elevaba la masa gris de las calizas del Turbón, a veces más blancas, a veces más pardas, según los días. Por debajo las laderas estériles de margas grises, más claras en verano, azuladas bajo la lluvia.

Los primeros Bardaxíes que se intitularon —en los documentos— señores de Villanova se dijeron también señores de

Las Vilas. En 1555, cuando el conde de Ribagorza —en el memorial que elevó al rey reivindicando sus derechos— cita a los otros señores que poseían lugares en su condado, nombra a Juan de Bardaxí como señor de Villanova, de Las Vilas y de Visaldric (este último lugar era un barrio de Las Vilas). Sin embargo hay algún documento que ofrece datos discordantes. En 1585 Lupercio de Latrás, aquel famoso bandolero emparentado con los Bardaxíes del que ya se ha hablado, se encontraba —para redimir sus culpas de juventud— combatiendo en Italia como capitán de los ejércitos de Su Majestad. En España su madre, María de Mur, se ocupaba con especial amor del cuidado de los asuntos de aquel hijo díscolo y tarambana. En el protocolo del notario Jaime Villacampa, de Jaca, correspondiente al año citado hay un documento en el que se afirma que Lupercio de Latrás era señor de Las Vilas. María de Mur, procuradora de su hijo, nombra un apoderado para que en nombre de Lupercio de Latrás *«pueda pedir tomar y recebir la verdadera, real y actual posesión de la Carlanía de la Val de Lierp y Villas de Torbon y Torres de la Ribera y lugares y casas dellos pertenescientes».*

No sabemos si realmente el belicoso Latrás —o alguien en su nombre— tomó posesión como señor de Las Vilas del Turbón. Pero hay un hecho cierto: antes y después de 1585 los Bardaxíes que señorearon Villanova se llamaron también señores de Las Vilas.

El señorío de Las Vilas rentaba poco. Hay un documento del siglo XVIII que habla de la miseria en la que vivían los vasallos de Las Vilas. Es un memorial que se dirige al obispo para justificar la escasez de las rentas de aquella parroquia remota cuyo rector nombraba —como en Villanova— el señor. Decía el memorial: *«este Pueblo (Las Vilas) solo tiene diez casas dispersas en su termino y distantes unas de otras, de las quales las seis son pobres, y las otras quatro solo tienen haberes para vivir con estrechez».* Y, más adelante, continuaba: *«el termino de este lugar de Las Vilas de Turbón es de corto producto y extensión».*

A comienzos del siglo XIX, cuando los ecos que llegaban de Francia hacían tambalear los fundamentos en los que se asentaban los señoríos, doña María Ana de Azara, viuda de don Joseph Bardaxí, señor de Las Vilas, mandó una carta al párroco de la pobre aldea de las casas dispersas, pidiéndole información acerca de lo que debían pagar los vasallos de aquel lugar. El vicario era un clérigo —de acuerdo con la parroquia que regentaba— pobre y sumiso. Para regir aquella iglesia los Bardaxíes no nombraban a ningún presbítero emparentado con ellos: la entregaban al hijo de algún criado o de algún vasallo, que salió despierto y cursó estudios eclesiásticos. El joven presbítero, cuando era designado párroco de la aldea, sabía que envejecería en ella sin conocer la abundancia. En su iglesita sólo había seis casullas y dos albas: todas remendadas mil veces. La casa rectoral era también pobre. A pesar de todo, el párroco era el hombre más rico de Las Vilas. El pan para su sustento lo recibía de los feligreses. El señor le entregaba seis cahíces de trigo cada año. Entre misas y aniversarios recaudaba doscientos reales. Y además disponía de cuatro o cinco prados por cuyo arriendo obtenía anualmente unos treinta pesos fuertes.

El vicario al que demandó información doña María Ana de Azara no parecía encontrarse a disgusto en su parroquia. Cuando escribió a su dueña, contándole lo que ella deseaba saber, hacía cuarenta y dos años que regía aquella iglesia remota. No había amasado una fortuna, pero estaba contento con su suerte. Mandó a la señora una carta breve y concisa. Según él los deberes de los vasallos eran: *«Primeramente la obediencia, el respeto y el cariño, que como fieles vasallos le deben tener y han tenido como a tal señor de inmemorial tiempo. Mas le pagan todos los vecinos diezma y primicial de todo grano y semilla introducida, a distinción de judías, ajos y cebollas. Mas de corderos, cabritos y pollos, y de esto no se paga primicia, ni se paga de otros animales. Y dicha décima se paga en grano y se la llevan los mismos a su granero».* A continuación el vicario señala los tributos que pagan cada una de las seis casas llamadas de Visaldric. Después escribe las que —a su juicio— son obligaciones del señor para con sus vasallos:

«Primeramente el amarles, asestirles y tratarles como prudente y reverendo señor. Mas les debe poner cura parroco siempre y cuando lo necesiten. Mas el mantener la yglesia de todo lo

necesario y darles cuatro cantaros de vino el dia de las almas, y tres el dia de San Juan Bautista, y un cordero de los mejores de décima a su alcalde».

El viejo párroco termina su carta señalando: *«esto es lo que se practicaba y se ha practicado en 42 años, que ace estoy io cura, y sin que aya mutado añadir, ni quitar un tilde».*

Cuando el buen presbítero escribió a la señora, aquellas pacíficas relaciones entre señores y vasallos estaban a punto de romperse. El viento de los cambios entraba ya en España, venía de Francia. Rompía todo lo que hasta entonces parecía eterno.

En aquellos tiempos de la carta del viejo párroco —1808—, mientras los vasallos de la pobre aldea mantenían inalterable la tradicional sumisión, los vecinos de Villanova se mostraban más levantiscos que nunca. Ya hacía algunas décadas que se enfrentaban con el señor. No querían pagar. El párroco, que administraba el señorío, se desesperaba. Enviaba cartas a su dueño denunciando la actitud de los vasallos: *«son —decía— gente desaforada».*

Doña María Ana de Azara, tras la muerte del marido, quiso imponer su autoridad a los de Villanova. Llevó el caso a los tribunales. El pleito fue largo y enredoso. La justicia dio la razón en parte a la señora y en parte a los vasallos. Pero los vasallos ignoraron lo que no les favorecía.

Tras la muerte de la de Azara se hizo cargo del patrimonio familiar su hijo Vicente Bardaxí. Intentó hacer valer sus derechos, pero todo fue inútil: el sistema ya estaba descompuesto. Hay una carta patética de don Vicente Bardaxí. La dirige a un abogado para consultar qué puede hacer con sus vasallos. Se burlan de él. Se mofan. Los señoríos existen en la ley, pero en la práctica han dejado de existir. Los vasallos que debían entregar —según costumbre inmemorial— un pernil de cerdo al señor cada año, han encontrado la forma de escamotear su obligación. Dicen que en ningún lugar se encuentra escrito nada acerca del tamaño del pernil, ni pone en ningún sitio si ha de estar entero el pernil cuando lo entregan, de modo que han dado en llevar a la casa del señor, cuando les viene en gana, un hueso de jamón o el pernil minúsculo de un animal recién nacido. Don Vicente pide consejo al abogado: *«los perniles con que pagan actualmente dexan de serlo porque se reducen a un hueso o garrón de un animal sumamente pequeño»,* ¿qué hacer? Además de no pagar, los del pueblo se han apoderado de parte de la casa del señor y la emplean como propia ¿puede don Vicente impedirlo?

La respuesta del abogado es alambicada, se retuerce en torno al caso como una parra nudosa alrededor del alambre, se extiende en casuísticas, se esconde en la comprobación fehacientemente documentada de derechos sobre los cuales —hacía pocas décadas— nadie dudaba. La conclusión parece clara: don Vicente tiene poco que hacer. El señorío, antes de que la ley declare su extinción, es ya un cadáver.

Cuando los señoríos fueron definitivamente abolidos —en 1837— ya hacía algunos años que los de Villanova incumplían los inmemoriales deberes que como vasallos estaban obligados a guardar. Pero el triunfo de los liberales —en cuyas filas militaba tibiamente don Eusebio Bardaxí, hermano del último señor de Villanova, que llegó a presidir el gobierno de la nación— enardeció a los antiguos vasallos: los volvió altaneros ¡Ah, las tropelías de los oprimidos cuando llega su hora! ¡No son menores que las de los antiguos amos! Parece algo instintivo. Los campesinos no sabían leer. Lo ignoraban todo. Desconocían las leyes. Pero detectaban que el mundo había cambiado. Captaban algo en el ambiente: tal vez notaban el cambio en el rostro del señor, en sus ademanes, en su mirada, en su ausencia. Entonces comenzaban a probar: robaban un poco, usurpaban algo y esperaban la respuesta. El antiguo señor, que vivía lejos, no respondía. A continuación los viejos vasallos incrementaban el ritmo de las apropiaciones, de las usurpaciones, de los agravios: se sabían invencibles.

Y el que había sido señor de Villanova, el heredero de los que durante veinte generaciones habían recibido *«juramento de homenage, fidellidad y vassallaje»* se veía impotente para defender sus derechos hasta sobre aquellas propiedades acerca de las cuales no cabía duda alguna. Los sucesivos alcaldes que rigieron el ayuntamiento de Villanova en la segunda mitad del siglo XIX y en el primer tercio del XX mostraron una común aversión a los viejos señores: se pusieron siempre del lado de los usurpadores. Los Bardaxíes acudían a los abogados pidiendo consejo. Las respuestas de los letrados evidenciaban la existencia de dos mundos: por un lado el de la ley y el orden, el mundo de las grandes palabras, de los códigos, de los libros, del derecho y de la historia escrita. Este era el mundo de los abogados instalados en despachos cómodos, confortables, caldeados en invierno. Por otro lado la vida de los aldeanos, apegada a la tierra, intuitiva, carente de ordenamiento escrito, pero no menos real, sucia, oscura, hija del latido eterno de la naturaleza. Estos dos mundos vivían a espaldas el uno del otro: y el antiguo señor estaba en medio.

A comienzos del siglo XX las señoritas de Bardaxí, herederas del patrimonio de la casa, decidieron levantar un chalecito en el que había sido castillejo de los señores de Villanova, emplazado en el centro del pueblo. Junto al viejo edificio había un prado del que eran propietarias. Pensaron construir la cocina del chalet en aquel prado. Pero el alcalde les hizo parar las obras: los vecinos se habían acostumbrado a pasar por medio del prado para evitarse un rodeo por el camino de siempre. El prado era ya camino público. Las de Bardaxí acudieron a un abogado de Barbastro. La respuesta del abogado no tiene desperdicio. Dice cosas así: *«Se ha debido dejar llevar ese Robespierre diminuto de un arranque de patriotería creyendo que asi servía las ansias democráticas de alguno de sus administrados». «Se trata de una efervescencia momentánea del vecindario de Villanova acaudillado por su alcalde y mal aconsejado por alguien que está tras la cortina». «No creo que el belicoso Ayuntamiento de Villanova persista en su actitud. Confio en que pasada esa nerviosidad del momento comprenderá lo arbitrario e infundado de su conducta». «Interpóngase sin contemplaciones el interdicto con lo que se conseguirá volver las cosas a juego y se les enseñará que no hay derecho a atropellar los derechos del pacífico vecino que honra y favorece al pueblo y se obtendrá que la seriedad de una ilustre familia y el prestigio y buen nombre de una compañía respetable que beneficia a la comarca no estén a merced de las intemperancias de un alcalde de villorrio».*

Todo aquello estaba bien para ser escrito en un despacho o para decirlo desde una tribuna. Pero las señoritas de Bardaxí no pudieron construir la cocina en su prado. Los hijos de los viejos vasallos siguieron pasando por la tierra usurpada.

Cuando el abogado de las señoritas de Bardaxí llamaba *«Robespierre diminuto»* el alcalde de Villanova, ya estaba a punto de recibir las órdenes sagradas don Angel López. Eran años agitados. Europa ardía en la Gran Guerra. En Rusia tomaban el poder los que querían borrar el pasado para construir una sociedad nueva, solidaria, luminosa y sin Dios. En Barcelona y en Zaragoza los obreros hacían temblar a los burgueses. En los seminarios advertían a los futuros presbíteros sobre los peligros de aquellas doctrinas materialistas que querían adueñarse del mundo y acabar con la fe. Angel López era seminarista en Barbastro. Oyó hablar de todo aquello. Pero no le afectó mucho: a su alrededor todo seguía igual que siempre. El obispo puso las manos sobre él en 1920: ya estaba consagrado, ya era sacerdote. Había llegado la hora de buscar acomodo en alguna parroquia. No era fácil: había muchos sacerdotes, la competencia era dura, los buenos puestos fijos estaban muy disputados.

Pasó unos años malos. Iba de aquí para allá. Era sólo ecónomo, no párroco. Lo enviaban una temporada a una aldea perdida en las montañas. Acudía a la parroquia remota: caminos infames, casas miserables, una rectoría diminuta carcomida por las goteras, iglesias pobres, feligreses hostiles. Cuando llevaba allí algunos meses recibía una carta del obispado: acababan de nombrar párroco de aquella aldea a don Fulano de Tal, de modo que cuando tomara posesión el nuevo sacerdote él debía partir para ocuparse —temporalmente— de la parroquia de otra aldea. Obedecía. Se trasladaba al nuevo destino. Era como el anterior: igual de sórdido, igual de breve. Después, otra carta, otro destino. Así un año y otro. Una década. Un lustro más. Aquello era insoportable. Pero finalmente logró un buen destino como párroco: consiguió que las señoritas de Bardaxí lo propusieran para rector de Villanova. El último rector de Villanova. El nombre postrero de aquella larga lista de servidores eclesiásticos de los señores de Villanova.

Cuando acaba la penúltima década del siglo XX, en un día luminoso de verano, al atardecer, el último párroco de Villanova lee su breviario bajo un rosal. Tiene más años que el siglo que concluirá pronto. Lleva dos décadas jubilado. Vive en Zaragoza. En verano vuelve a Villanova. Se instala en casa de unos sobrinos. Pasea por la carretera. Se sienta en una silla de lona bajo el rosal que trepa por el muro de la cuadra. Lee un poco. Se duerme. En la cuadra las vacas rumian, calmosas, entre nubes de moscas. El viejo párroco se despierta. Lee otro poco. Tiene el rostro oscuro. Los labios gruesos. Las orejas amplias. El cráneo antiguo. Las manos grandes. Es duro de oído. Se perfuma mucho: una colonia vieja, rotunda, como una mezcla de almizcle con violetas e incienso. Viste sotana. El blanco cuello duro contrasta con la piel oscura. Le gusta hablar. Hilvana un tema con otro. Como oye mal, teme las preguntas y los silencios. Los evita enlazando episodios del pasado.

— *Yo era sólo ecónomo. Mala vida aquélla. Pero un día que prediqué me escuchó doña Pilar Bardaxí y le gustó cómo predicaba. Yo hacía una predicación catequética. Iba a lo práctico y no me entretenía en la teoría, en la metafísica. Otros sí. Otros se entretenían en esas cosas. Cargaban los sermones de florituras teleológicas y dogmáticas creyéndose que el pueblo los entendía o los admiraba, y resulta que no era así: los feligreses se dormían. Yo ponía muchos ejemplos y hablaba de lo práctico, de la vida de cada día. Todos me escuchaban porque entendían lo que decía. A doña Pilar le gustó. Luego me dijeron: mira, a doña Pilar le ha gustado el sermón. Así que cuando quedó vacante la plaza de párroco de Villanova yo me dije: escríbele, a lo mejor, como le gustó la predicación, consigues algo. Le escribí una cartita concisa, expresándole mi disposición a ser párroco de Villanova. A ella le pareció bien y me firmó una carta de presentación. Yo se la envié al señor obispo junto a la instancia.*

Las cosas se hacían así: primero era la presentación al obispo por parte del que tenía el patronato de la parroquia, luego, el examen. A mí me examinaron y me fue bien. De modo que así llegué a ser párroco de Villanova.

Mientras el sol se oculta tras los montes y las vacas rumian en el establo, el viejo párroco, bajo el rosal, evoca los retablos. De aquel retablo que mandó pintar el señor a mediados del siglo XVIII apenas recuerda nada. Lo quemaron durante aquellas jornadas incendiarias de la Guerra Civil.

— *Era obra de poco mérito. Oscura, muy oscura, no se veía casi nada. Era torpe. Ardió con todo allí cerca de la iglesia. El que se salvó fue el otro retablo, el que estaba en la iglesia de San Pedro y ahora está en la de Santa María. Lo salvaron los del pueblo. Y no crea usted que por devoción ¡Que va! No son devotos de nada, bueno, del dinero sí: de eso son devotos. Lo adoran. Por eso salvaron el retablo. Antes de la Guerra llegó por aquí un anticuario y les ofreció 300.000 pesetas ¡Trescientas mil! Nunca se habían imaginado que todo el pueblo entero podía valer tanto. Desde entonces empezaron a mirar aquel retablo de otra manera. No veían las pinturas. No veían a San Pedro ni a San Pablo: sólo veían trescientos billetes. Así que cuando les dio por quemar todo lo de las iglesias, el retablo lo respetaron. Pero ¡ojo! fue por el dinero, no por la piedad. Lo guardaron en la casa de Bardaxí. Allí estuvo escondido. Después, al llegar los soldados de Franco, como no encontraban leña seca para hacer fuego echaron mano de las tablas del retablo y ya las empezaban a quemar cuando los del pueblo se dieron cuenta y se las hicieron sacar del fuego. Lo hacían por el dinero: querían repartirse el dinero. Después de la Guerra el obispo se quiso llevar el retablo al seminario de Barbastro. Me escribió una carta anunciándomelo. Yo le dije: de acuerdo, vuecencia, todo es vuestro, haced lo que os plazca. A los pocos días mandó un camión para recogerlo. El camión era de uno de Castejón. Venía con él un canónigo y traían unos cuantos soldados para que ayudaran a desmontarlo y a cargarlo. Cuando los del pueblo se dieron cuenta de que iban a llevarse el retablo, se juntaron todos alrededor del camión con horcas, «forcas de fe-*

rri» que dicen ellos, para pinchar las ruedas. El del camión, al ver el panorama, les dijo: no le hagais nada al camión, por favor, ya me conocéis todos, yo soy de Castejón y sabéis que me gano la vida con esto, yo no tengo la culpa de nada, hago sólo lo que me mandan, no me toquéis el camión, por favor, no le hagais nada. Mientras tanto al canónigo le había cambiado el color. Se conoce que pensó: las «forcas de ferri» igual se pueden clavar en las ruedas del camión que en mi tripa. Habló un momento con el conductor y se marcharon todos sin llevarse el retablo. Entonces yo me encaré con los del pueblo y les dije: lo haceis sólo por el dinero, os lo digo, sólo por el dinero, y no tengo miedo de decirlo, por dinero, no os importa el retablo, sólo el dinero, y no me dan ningún miedo las forcas de ferri, no me dan miedo las forcas ... las forcas ... no me dan miedo ... las forcas...

El viejo párroco de Villanova se queda dormido bajo el rosal. La cabeza ladeada sobre el hombro. Las manos cruzadas en el breviario de letras rojas y negras encuadernado en cuero del mismo color que la sotana impecable. Va a cumplir un siglo. Es el último párroco presentado por Bardaxí para su viejo señorío. El sol ya se ha ocultado. El perfume del pesbítero llena el aire templado del ocaso, es más fuerte que el olor de la cuadra, más que el aroma de las rosas blancas. Un murciélago va y viene. Pasan campesinos, que regresan de los prados, con horcas sobre el hombro.

CAPÍTULO VI

«...EN EL CARNERARIO DE LOS FINADOS DE LA CASA...»

Hace unos veinticinco años se realizaron obras en la iglesia parroquial de Puyarruego. El templo es un local algo destartalado. Su construcción no responde a las características de estilo artístico alguno. Tiene una nave alargada, con alta bóveda de medio cañón, y varias capillas laterales. Todo está enlucido, blanqueado y desnudo: las tropelías —más necias que revolucionarias— de nuestra última guerra civil desnudaron el templo de retablos, imágenes, cuadros y documentos. Es una iglesia fría y callada que nada sugiere. Las obras de hace cinco lustros sirvieron para reparar la techumbre —dañada por un rayo— y para cerrar tres capillas: en dos dejaron una puerta de acceso, pero la tercera fue condenada porque era más fácil tapiarla que mejorar la cubierta. Sólo de una capilla quedó abierto su arco a la nave central como siempre lo había estado: la de San Victorián, la vieja capilla de los Bardaxíes, cubierta por una hermosa bóveda estrellada que es la única obra de cantería notable en todo el templo.

Los hombres que trabajaban para renovar el viejo piso de la iglesia, cuando llegaron a la capilla de San Victorián, observaron que una de las grandes losas se movía. Al intentar levantarla vieron cómo aparecía un agujero oscuro. Acabaron de sacar la piedra y comprobaron que se trataba de una sólida puerta para acceder a una escalera. Los escalones descendían a un recinto negro. Avisaron al cura, buscaron luces y vinieron los hombres del pueblo: nadie tenía noticia de la existencia de los escalones, nadie sabía qué se escondía en la oscuridad de aquel recinto subterráneo. Los más decididos encendieron teas y bajaron por las escaleras. Conforme descendían se iban dando cuenta de que estaban en una sala amplia cubierta por una bóveda de medio cañón de piedra sin revocar. Cuando llegaron al final de la escalera alargaron el brazo con la tea para alumbrar el recinto. Lo primero que vieron los llenó de miedo: allí mismo, junto a ellos, reposaba, sentado en un banco de piedra, un esqueleto humano. Los huesos, blancos, destacaban en la oscuridad. Junto al esqueleto había otro esqueleto y luego otro más y otro y otro. Todos estaban sentados, con los huesos de la pelvis y los fémures en el banco y el espinazo caído junto al muro. Cuando acabaron de recorrer el lúgubre asiento volvieron las teas y las miradas al otro lado del recinto: contemplaron el mismo cuadro de sedente osario. Otro banco recorría el muro y en el mismo descansaban, sentados, varios esqueletos. Los hombres de las teas no se detuvieron mucho en la contemplación de la cripta mortuoria. Volvieron sobre sus pasos, se dirigieron a la escalera, subieron y —una vez arriba— todos pudieron comprobar que traían un color como de difuntos. Contaron lo que habían visto a los que esperaban fuera y otros más se atrevieron a bajar. En los días siguientes varios vecinos del pueblo descendieron con teas a la cripta. El párroco informó del hallazgo al obispado y subió algún cura de Barbastro a ver de qué se trataba. Después cerraron la cripta definitivamente: sobre la losa que la cubría echaron una capa de hormigón. Durante muchas semanas se habló del tema en todas las tertulias de la aldea. Los que habían bajado al oscuro recinto contaban una y otra vez lo que habían visto: generalmente al hacerlo trataban de mostrar una expresión de serena normalidad o de impávida dureza, como si lo visto en la cripta fuera algo cotidiano que ni impresionaba ni —mucho menos— asustaba. Las mujeres, mientras escuchaban, hacían mohines de asco o de miedo, arqueaban las cejas, abrían mucho los ojos, apretaban los labios y arrugaban la nariz. Los niños, muy callados, sentían un poco de rabia por no haber podido bajar ellos. Luego, cuando se quedaban solos, especulaban con mil fantasías acerca de los esqueletos. Uno decía que los habían encerrado allí cuando estaban vivos y que los habían atado con cadenas a los bancos para que no pudieran escapar: se lo había oído contar a un tío suyo. Otro decía que no, que los habían puesto allí cuando ya estaban muertos y que eran todos curas. Los mayores no decían todas esas cosas, pero también especulaban a su manera y por más vueltas que le daban no acababan de encontrar una explicación a la siniestra reunión de esqueletos sentados.

En abril de 1739 falleció en su casa de Puyarruego el presbítero juan de Bardaxí, señor de Villanova, tío de Joseph Bardaxí el viejo y tío abuelo de Joseph Bardaxí el joven. Antes de morir, el anciano clérigo dejó bien detalladas las instrucciones con lo que debía hacerse tras su fallecimiento. Nada más entregar su alma al Altísimo comenzaron a cumplirse las órdenes que había dictado. Su sobrino Joseph se reunió en el zaguán de la casa con todos los criados y la mayor parte de los vecinos de la aldea. Se fijó la fecha del funeral para dos días después. Era necesario moverse con mucha rapidez para prepararlo todo. Tenían que asistir veinticinco sacerdotes, tanto regulares como seculares. Se contaba con seis monjes del monasterio de San Victorián y otros seis religiosos del convento de Sancti Spiritus de la villa de Boltaña. Un par de mensajeros partieron raudos para dar aviso al abad y al prior de las casas religiosas. Cuatro horas después de fallecer el señor de Villanova ya conocían la noticia en los dos conventos y los superiores estaban decidiendo a quiénes enviar para los funerales. Los otros trece curas que asistirían habían de venir de las aldeas. Salieron hombres en todas las direcciones para avisar a los párrocos. A los de Labuerda y San Vicente los avisó el mismo mensajero que llevó la noticia al convento de Boltaña. El que fue al monasterio de San Victorián dio la noticia al párroco de Laspuña, que era gran amigo del finado y esperaba el triste desenlace desde enero, cuando el presbítero de Puyarruego enfermó de gravedad. El propio que fue a llamar a los párrocos del valle de Vio tuvo una jornada agotadora: tras hablar con los curas de Buerba, Vio y Ceresuela dio la noticia al párroco de Fanlo cuando ya había estrellas en el cielo. Para avisar a los curas del valle de Puértolas partieron dos hombres que caminaron juntos hasta la cabecera del valle y allí se separaron: uno marchó a Bestué y el otro caminó hasta alcanzar la aldea de Escuaín, escondida entre peñas y precipicios. Otro mensajero caminó hasta la aldea de Morillo de Sampietro, que vigila el valle del río Yesa desde su espolón calizo de rojas paredes. Los que más debieron apresurarse fueron los que partieron hacia Villanova, el pueblo que señoreaba el difunto en el valle de Benasque: a ellos les aguardaban doce horas de marcha hasta llegar a los destinatarios de su mensaje.

Mientras los emisarios avanzaban por las escabrosas sendas de los montes, en la casa del difunto reinaba una actividad febril: algunos criados limpiaban las cuadras y preparaban heno para los caballos y mulas de los que acudirían al día siguiente; las criadas hacían una limpieza general, sacaban de los armarios ropa de cama para los asistentes que pernoctarían en la casa, trajinaban por la cocina con la carne y las legumbres y preparaban grandes cantidades de masa para hacer pan. Seis sastres llegados de otras tantas aldeas próximas cortaban tela de bayeta negra de la que hacían en Barbastro y cosían afanosamente preparando los cinco hábitos talares y las caperuzas para el alcalde y los regidores de Villanova, que acudirían al funeral siguiendo la orden dictada por su señor en el testamento. También tenían que coser cuatro túnicas y otras tantas caperuzas altas para los muchachos pobres que custodiarían las cuatro esquinas del féretro, mientras duraran los oficios fúnebres, con un hacha de cera amarilla encendida en las manos. El trabajo de los sastres no concluiría con el funeral: permanecerían en la casa unos cuantos días más confeccionando ropa de luto —a cargo de los bienes del señor— para toda la servidumbre.

Después de organizar todo, cuando ya los mensajeros cruzaban los montes, los criados y criadas se afanaban en sus tareas y los sastres cosían; mientras algunos parientes y los clérigos más tempranamente llegados velaban el cadáver del presbítero, los herederos abrían el arca del difunto y contaban monedas: querían saber si había suficientes para pagar los primeros gastos funerarios. A los veinticinco curas que estarían presentes en el acto tenían que darles doscientos reales de plata, a razón de ocho por clérigo. También tenían que preparar dinero para los vasallos que vinieran de Villanova y para todos los pobres de la comarca que acudieran al funeral y rezaran por el alma del finado. Para los pobres era difícil calcular cuánto haría falta. La limosna no podía ser muy escasa porque en ella se juzgaba el poderío de la casa del difunto que, como era notable y conocido en toda la comarca, atraería a un ejército de desharrapados ansiosos de comer bien y de ganar unas monedas de cobre a costa del buen nombre de la casa del presbítero muerto. Esto no era todo: el mismo día del funeral tendrían que entregar a los religiosos del convento de la villa de Boltaña ciento cincuenta reales de plata con el encargo de celebrar cien misas en beneficio del alma del difunto, y, en los días siguientes, habrían de gastar muchos más reales en otras misas, novenas, responsos, trentenos y cabos de año.

La mañana del día del funeral conocieron las sendas que conducían a la aldea un inusitado tránsito de viajeros. Hacia el cerro rojizo coronado por el apretado caserío de edificios pardos llegaban gentes de todas las condiciones por todos los caminos. Los mendigos, los ciegos, los tullidos, los jorobados y —en general— todos los que vivían de la caridad pública recorriendo las aldeas con sus romances y canciones, acudían al funeral del presbítero porque se había corrido la voz de que en el testamento había dejado escrito que sus herederos estaban obligados a dar comida y una buena limosna a los pobres que asistieran al funeral y rezaran por el alma del difunto. Los pordioseros caminaban por las estrechas sendas junto a los infanzones y señores de aquellas montañas —emparentados todos con el finado— y cerca, también, de los clérigos que montaban mulas de anchos lomos y patas finas. Los monjes de San Victorián, conscientes del temor y el respeto que el nombre de su monasterio despertaba en los aldeanos, formaban un grupo apretado en el que la tela parda de los hábitos se confundía con el color del lustroso pelo de las cabalgaduras, sin duda alguna los mejores caballos del viejo reino de Sobrarbe. En la aldea —que contaba con poco más de cien habitantes— la llegada de tanta gente constituyó un espectáculo cargado de interés. Como el pueblo es una atalaya sobre el cerro rojo, los vecinos conocían la llegada de los forasteros bastante antes de que alcanzaran las casas. Cuando se acerbaban a los campos que se desparraman por el pie de la colina, o cuando se disponían a cruzar el puente sobre el río Bellos, ya hacía un cuarto de hora que se hablaba de ellos. Una docena de niños, descalzos y cargados de piojos, estaban apostados junto a un pajar desde donde se divisaba un amplio trecho de la senda que conducía al pueblo siguiendo el curso del río y separada de éste por unas huertas. Desde su puesto de vigilancia iban dando a todos los vecinos noticias de los que pronto llegarían: «Ahora vienen muchos flaires», «ahora cruzan o barranco de San Martín siete probes», «ahora puya o retor de Aspuña con a mula roya», «y o de Abuerda con a yegua blanca» etc. etc.

A media mañana las amplias cuadras de la casa del difunto estaban ya repletas de burros, caballos y mulas. Había animales mansos, pero algunos mordían y otros coceaban a quien osara acercárseles, de modo que los criados no se atrevían a pasar a los pesebres para distrubuir el pienso. Las calles se fueron poco a poco llenando de jumentos atados a las anillas y a los hierros clavados por los muros para ese menester. Como las calles son pocas y la cima de la pequeña colina apenas deja espacios libres, las cabalgaduras ocuparon primero las eras y luego los caminos de acceso al pueblo: las ataban a cualquier poste, a los olmos, a los almeces y a las encinas, a las matas de boj y a los barrotes de enebro de las puertecillas de los prados. El ambiente se cargó con el olor del estiércol fresco. Los aldeanos admiraban la prestancia de ciertos caballos y mulas; se fijaban en la riqueza de los aparejos, de las sillas y de las cabezadas; miraban con envidia la robustez del cuello de ciertas caballerías y la anchura de sus lomos.

Poco antes del mediodía dio comienzo el funeral. En la plazuela de delante de la casa del difunto y en la era contigua se apiñaba una multitud abigarrada formada por los más notables y altaneros infanzones y por la más harapienta pobretería de las montañas de Sobrarbe. El cortejo fúnebre se fue ordenando ante la puerta de grandes dovelas de la casa, en un espacio que cerraban por un lado la capilla dedicada a San José y por otro el edificio que tenía un lagar en la planta de la calle, quedando abierto a una era el cuarto lado. Detrás de la cruz fúnebre, que era una primorosa pieza de plata sobredorada, se ordenaron los veinticinco clérigos en dos filas. Todos habían traído los mejores ornamentos de sus conventos y parroquias. Sobre las albas de complicados encajes y puntillas ensortijadas llevaban casullas de seda y terciopelo negro con costosos sobrepuestos de oro. Después salió del abovedado zaguán oscuro el féretro descubierto transportado por cuatro criados y, junto a ellos, los cuatro muchachos pobres de los ropones negros con sus hachones amarillos encendidos. Inmediatamente detrás iba el heredero del difunto, su sobrino Don Enrique Bardaxí, que era quien le llevaba el luto: no sabía el infortunado heredero qué pocos días le faltaban para ocupar el sitio del que iba en el féretro. Detrás del sobrino se colocaron, uno tras otro —siguiendo las instrucciones del testamento del finado— los vasallos llegados de Villlanova: con sus hábitos de bayeta negra y caperuzas del mismo tejido sobre los anchos sombreros, aquellos hombres —agotados tras una marcha de más de doce horas por montes escabrosos— formaban un grupo sombrío que impresionaba a los que miraban. Luego iban los parientes, después los vecinos de la aldea y en último lugar todos los pobres de la comarca. Los doscientos metros que separan la casa de Bardaxí de la iglesia parroquial fueron insuficientes, en sus callejuelas y placitas, para acoger a la multitud de asistentes a la procesión fúnebre, de modo que cuando los curas comenzaron a entrar en la iglesia todavía quedaba gente bajo la bóveda que unía sobre la calle las dos partes de la casa del finado. El templo también resultó chico. No había asientos: media docena de vetustos reclinatorios y un par de bancos grandes constituían todo el mobiliario. Esta escasez de muebles permitió que entraran más personas en la iglesia, pero aun con todo, buena parte de los que asistieron al funeral lo hicieron desde la calle. Allí estaban todos los harapientos de la comarca: una pléyade de ciegos, cojos y tullidos que aguardaban ansiosos las monedas y la comida que recibirían por acudir a la aldea en día tan señalado. Ellos no pudieron ver lo que ocurría dentro. La aglomeración de personas y los ropones oscuros, la luz viva de las cuatro hachas en torno al ataúd abierto, el rostro de cera del difunto, los veinticinco clérigos de negro y oro que desbordaban el presbiterio, las velas del altar, el retablo dorado, el incienso y la solemnidad litúrgica de los cantos graves creaban en el templo un ambiente que oprimía los pechos y encongía las almas.

Algunos dirigían la vista hacia el único trozo de suelo que quedaba libre en la iglesia. Estaba en la capilla de San Victorián y resultaba inquietante por el respeto que imponía: era la losa cuadrada que cubría la entrada de la cripta. Los oficios se alargaron mucho con todas las solemnidades que la iglesia sabía dar a las despedidas últimas, particularmente si el que partía era un clérigo, pero concluyeron las honras que figuraban en todos los manuales litúrgicos que los presbíteros habían estudiado en sus años de seminario y comenzaron los ritos últimos para cumplir la primera voluntad que el difunto había expresado en su testamento tras encomendar su alma a Dios: *«Ordeno, que yo muerto, mi cuerpo se entierre en la capilla del señor San Victorián de la Iglesia parroquial del señor San Pedro de dicho lugar de Puyarruego en el carnerario de los finados de la Casa de mi Hermano Don Francisco de Bardaxí»*. La iglesia ha sido respetuosa con las particulares tradiciones funerarias de cada lugar y las de ciertas casas nobles de la diócesis barbastrense ya parecían raras a algunos en aquellos años. Varios hombres fuertes, ayudados con barrones de hierro, movieron la losa y descubrieron la entrada de la cripta oscura. Los muchachos pobres de los hachones de cera comenzaron entonces a arrepentirse de haber aceptado su papel de aquel día y pensaron que los ropones negros que les habían entregado eran un pobre pago para soportar lo que les aguardaba. Entraron delante dos muchachos con sus luces y temblaron —las llamas y quienes las sostenían— nada más pisar los primeros peldaños; después bajaron al finado y detrás los otros dos muchachos pobres. Mientras sentaban al presbítero muerto en el banco de piedra, los adolescentes de las hachas amarillas miraban de reojo a los esqueletos blancos que reposaban sentados con sus espinazos amparados en los muros: trescientos años de huesos de Pérezes, Villamanas de Blancas y Bardaxíes contemplaban a quien iba a quedarse con ellos para siempre y a quienes lo acompañaban. Estos últimos sólo deseaban salir de allí cuanto antes. Enrique, el heredero del finado, lanzó una mirada furtiva a sus ancestros, miró un momento a su tío y salió apresuradamente de la cripta: antes de un mes volvería para sentarse junto al presbítero. Joseph Bardaxí y Barrau, el hijo de Enrique, era un niño de seis o siete años: tal vez aquel día vio por primera vez los rostros descarnados de sus antepasados.

Cuando cerraron la cripta todos se sintieron aliviados. El aire primaveral de la calle les pareció fresco y delicioso: lo respiraron con renovada fruición mientras regresaban a la casa. Allí reinaba una gran agitación. Para los clérigos habían preparado el comedor en la sala de la primera planta, la que se situaba sobre las dos bóvedas del zaguán. Los parientes comerían en lo que llamaban la «saleta nueva», cuyo piso —de complicados dibujos geométricos formados por cantos menudos— descansaba sobre la bóveda del «cuarto de los estudios». En los dos comedores se habían dispuesto largas mesas cubiertas por manteles blancos de cáñamo. En la casa, entre sillas y sillones apenas se reunían media docena de asientos, de modo que los comensales se acomodaron en bancos largos, robustos y dispares: los había con respaldo de torneados barrotes, con respaldo liso y sin respaldo; y en cuanto a las maderas —aunque predominaba el pino— podían encontrarse en aquellos robustos escaños casi todas las del país. Los cuadros de frutas y aves que decoraban los muros estaban cubiertos con paños negros en señal de luto.

Cuando estuvieron acomodados todos los comensales principales se sirvió la comida, breve en platos si se la comparaba con los banquetes de las fiestas: sólo sacaron judías blancas, carne guisada y almendras, como se hacía siempre en los días de funeral. Mientras comían reinaba el silencio en los dos comedores: a los clérigos y a los infanzones más que el respeto al difunto los hacían callar la desconfianza y la astucia. Los vasallos de Villanova comían en la cocina. Sentados en las amplias cadieras que rodeaban el hogar, sus hábitos se confundían con los asientos, con el suelo, con los muros, con la ancha chimenea, con los hierros de los morillos y con los armarios plateros: todos eran negros. Cerca de los vasallos, que formaban un grupo cerrado y taciturno, estaban los criados de algunos curas e infanzones que habían acompañado a sus señores. Hablaban entre ellos y reían a hurtadillas. Algunos perros se paseaban mirando a los que comían: reclamaban un hueso con la mirada y si lo lograban se retiraban a un rincón para roerlo. Los gatos también caminaban entre las piernas de los comensales para atrapar alguna miga: como estorbaban, recibían puntapiés de las criadas que iban y venían con cazuelas y bandejas humeantes. Aunque la cocina era muy amplia, aquel día parecía chica. El humo y el vapor, las brasas, las llamas, la ceniza y las pavesas, las palabras, las risas, los criados y los espoliques, las criadas y los vasallos, los muchachos pobres —porque también estaban allí los cuatro muchachos pobres vestidos de negro—, los gatos y los perros: todo se juntaba, se mezclaba, se entrecruzaba, se enredaba, se comía, se respiraba, se sudaba, se hablaba, se reía, se bebía, se miraba y se tocaba. Un muchacho pobre, cuando acababa de darle a un perro el hueso limpio de la costilla de carnero que acababa de devorar, se acordó de la cripta y sintió un estremecimiento, pero luego hundió la mano grasienta en la olla, tomó otro trozo de carne y se olvidó.

Los pobres se arremolinaban en las escaleras, en el zaguán y en la placita polvorienta de delante de la casa. Comían con avidez. Todos habían traído sus cucharas de madera de boj para las judías. Cuando las sacaron se formó en torno a cada caldero un círculo de miserables que extendían con rapidez sus brazos, como los radios oscuros de una rueda, hacia el humeante recipiente. Las devoraron en un santiamén. Lo mismo sucedió con la carne y con el pan. Un criado no daba abasto para subir vino desde las cubas de la bodega subterránea: subía los jarros llenos, bajaba con los vacíos, volvía a subir, volvía a bajar, subía de nuevo y siempre escuchaba reclamaciones de pobres que no habían catado el vino. Y eso que los pobres estaban comedidos: no se atrevían a levantar la voz porque todavía no habían recibido las monedas.

En las abovedadas cuadras un hormiguero de jumentos se agitaba. Los burros y las burras, los mulos y las mulas, los caballos y las yeguas: todos estaban inquietos. La cuadra se les hacía extraña, los otros animales eran desconocidos y rivales, había que ganarse el pienso a mordiscos y a coces. Alzaban las orejas, enseñaban los dientes y daban frenéticos tirones de las cadenas que los ataban al madero o a la anilla. Un criado entró en la cuadra y salió enseguida asustado. No era para menos: de las piedras de la bóveda saltaban chispas cuando las herraduras de los alazanes que se peleaban alcanzaban el techo con las coces.

La vida hervía en todas las estancias de la casa. Nunca las cuadras, las salas, el zaguán, la cocina y la bodega habían conocido la presencia de tanta gente, nunca se comió y se bebió tanto, nunca se repartió tanto dinero en una jornada. Así lo había querido el difunto: como si la agitación y el movimiento de los vivos en la que fue su casa, hablando de la magnanimidad del alma caritativa del finado, le abrieran las puertas de la senda incierta que conducía al paraíso. O por lo menos, si no se lograba allanar el camino del cielo, se manifestaba ante los vivos el poderío de la casa del presbítero Juan de Bardaxí, señor de Villanova, que Dios tenga en su gloria.

El reparto del dinero cerró la jornada funeraria: cobre para los pobres y plata para los clérigos. Don Enrique de Bardaxí salió al zaguán con una arqueta pequeña de madera rebosante de monedas de escaso valor. Fue entregándolas a los pobres mientras estos —ahítos— hacían cien reverencias y juraban rezar toda la vida por el alma del difunto. Luego, en la sala, pagó a los sacerdotes. Lo hizo cuando todavía no se habían levantado de la mesa. Después de recibir sus ocho reales de plata, cada presbítero firmó un recibo en presencia de los otros que habían recibido —o iban a recibir— lo mismo. A media tarde marcharon casi todos. Las sendas que parten de la aldea se llenaron de cabalgaduras con infanzones y clérigos felices, de espoliques y criados congestionados con ojos turbios por el vino y de mendigos que se palpaban constantemente el bolsillo escondido entre sus harapos para cerciorarse de que seguía conteniendo las monedas de cobre.

Pocos días después del entierro del presbítero, cuando todavía los niños de Puyarruego andaban con sus espuertillas de mimbre recogiendo por las sendas el estiércol de las caballerías de los asistentes para emplearlo como abono en las parcelas miserables, enfermó gravemente Don Enrique de Bardaxí, el sobrino y heredero que había presidido las honras fúnebres del sacerdote muerto. De la frialdad jurídica de los documentos nada puede extraerse para aclarar la naturaleza de la enfermedad que llevó al duro banco de la cripta a un hombre que apenas contaba cuarenta años de edad. Es probable que se tratara de viruela. En aquellos años esta enfermedad diezmaba las familias por toda Europa: ni los mismos palacios reales lograban escapar de este azote que cuando entraba en una casa siempre se llevaba a varios miembros sin importarle la edad de los que arrastraba a la tierra con el rostro desfigurado.

El día veintitrés de Abril, festividad de San Jorge, Don Enrique de Bardaxí, señor por unos días de Lasaosa y de otros lugares, comprendiendo que le faltaba poco para sentarse en el carnerario de los finados de su casa, mandó llamar al escribano y dictó testamento. En lo de las honras funerarias fue mucho más discreto que su tío: sólo reclamó doce sacerdotes y nada dijo de vasallos enlutados, ni de muchachos con hachas de cera, ni de pobres a los que se pagaría por asistir. Tal vez era un hombre que amaba poco la ostentación. O quizá supuso que nadie querría asistir al funeral por miedo a contraer la enfermedad que con tanta saña diezmaba su casa. Incluso es posible que optara por un entierro menos llamativo que el del presbítero tras comprobar el estado de las arcas del dinero después del anterior funeral.

Todavía vivía el padre del testador, Don Francisco de Bardaxí, ya anciano. Él, su hijo el presbítero Joseph de Bardaxí y la mujer de Enrique, Dña. Antonia Barrau, quedaron al cuidado de cuatro niños, el mayor de los cuales —Joseph Bardaxí y Barrau— tenía sólo siete años. El destino, haciéndolo huérfano, agitó pronto la vida de este niño aldeano. Él no se sentaría jamás junto a su padre en la cripta; y los hijos del pequeño huérfano tampoco: después de recorrer medio mundo reposaron muy lejos del cerro rojo donde se alzaba la casa de sus antepasados. Sólo un hijo de Enrique, Manuel, que fue sacerdote, descansó junto a sus padres en el banco de la cripta oscura. Sus huesos eran los más recientes de los que descubrieron —asombrados— los vecinos de Puyarruego que reparaban la iglesia en 1965: llevaban allí casi ciento cincuenta años.

CAPÍTULO VII

«...VINIERON A VIVIR A LA VILLA DE GRAUS...»

Doña María Ana de Azara y Perera tenía en 1758 dieciocho años. No sabemos si era hermosa. Carácter sí tenía: andando los años lo demostró algunas veces. Vivía en Barbuñales, en la casa donde había nacido. Sus padres eran labradores acomodados: infanzones rurales con algunas tierras, media docena de sirvientes entre criados y pastores, algún ganado, ciertas rentas provenientes de las pensiones de censos establecidos dos siglos atrás, muchos tíos presbíteros y parientes acomodados en las mejores casas de la comarca. Hasta aquí todo igual que cualquier muchacha nacida en una casa infanzona de las montañas. Pero Barbuñales no estaba en las montañas: alzaba su caserío de ladrillo ocre más al sur, en las ondulaciones suaves del somontano, allí donde la tierra se hacía más amable y se dejaba surcar por caminos anchos aptos para rodar los carros. En torno al pueblo florecían los almendros y se extendían —geométricas— las hileras de vides. La tierra era rojiza. Había manchas oscuras de encinas y campos interminables cubiertos por el verde grisáceo de los olivos. Abundaba también el cereal. Se compraban y se vendían cosas: pasaban trajineros y comerciantes, venía el que traía vajillas, y el que ofrecía telas, y el que anunciaba pescado seco y fresco. Conocían las naranjas y el arroz. En dos horas de camino llegaban a Barbastro. A tres horas estaba Huesca. En estas ciudades los vecinos de Barbuñales habían visto trabajar a los orfebres, a los pintores y a los escopeteros. Habían entrado en las catedrales. Habían escuchado la música solemne del órgano y el canto de los canónigos. Habían comprado en tiendas. Conocían el sabor del pan blanco y el tacto de la seda. Las montañas eran para ellos una cosa remota y oscura: las veían a lo lejos, misteriosas, agrestes, blancas de nieve incluso en verano. Lo que llegaba de ellas era primitivo, tosco, inquietante, sin elaborar. Ofrecía todo lo montañés un olor fuerte y un color sin artificio: pastores tostados bajo sus sombreros oscuros que bajaban en otoño con los mastines grandes como terneros de cabezas descomunales y cuellos cubiertos por collares de hierros aguzados, lana sucia y untuosa, maderos gigantescos que —según decían— habían venido hasta Barbastro por el río, pieles de oso y de lobo, bandadas de segadores hambrientos, mantas burdas de colores vivos.

Cerca de Barbuñales había lugares señoreados por nobles de título que vivían en palacios grandes amueblados con esmero. Albergaban en sus ricos caserones cuadros con retratos de antepasados, terciopelos, damascos y rasos. La casa de Azara de Barbuñales estaba bien relacionada con los marqueses, los condes y las dignidades eclesiásticas. En Siétamo, no lejos de Barbuñales, alzaba sus muros de arenisca dorada el palacio de los condes de Aranda, amigos de la casa de Azara. Un tío de María Ana era canónigo en la catedral de Huesca. Cuando iba a visitarlo pasaba por Siétamo. Se detenía en el palacio de los condes. Admiraba los salones. Allí había libros y estampas, telas exóticas y muebles hermosos: todo el lujo tranquilo y claro, confortable y pulcro que promovían los ilustrados del siglo como ambiente donde desarrollar tertulias razonables, conversaciones interesantes y debates acerca de la felicidad del género humano conseguida por medio del desarrollo de la inteligencia y de la riqueza.

María Ana tenía muchos hermanos y ninguna hermana. Todos se preparaban para un futuro brillante: José Nicolás estudiaba en Salamanca y acabaría sus días como embajador del rey de España en París; Félix sería oficial del ejército, explorador en América, naturalista y escritor; Eustaquio era monje y llegó a ser obispo de Barcelona; Lorenzo también seguía la carrera eclesiástica: terminó presidiendo el cabildo de la catedral de Huesca; Francisco Antonio se quedó en la casa: fue —como sus padres— un labrador acomodado. Las mujeres, en aquellos días, sólo podían aspirar a una carrera: la del matrimonio. En 1758 María Ana tenía 18 años. Ya estaba en la edad. Era necesario buscarle un buen partido.

Sus padres decidieron casarla con don Joseph de Bardaxí y Barrau, señor de Villanova, señor de Las Vilas y señor —como escribía en los documentos con tono generalizador y poco seguro— «de otros lugares». Don Joseph vivía en la aldea de Puyarruego: era un montañés de aquellos que habitaban los valles remotos escondidos tras las montañas que se contemplaban, allá en el horizonte, desde Barbuñales.

El camino que condujo a este matrimonio era enredado: pasaba por un testamento extraño, por las celdas del monasterio de San Victorián acurrucado bajo los escarpes calizos de la Peña Montañesa y por un palacio hermoso con sus balcones abriéndose al bullicio de la plaza Mayor de una villa ribagorzana.

El palacio era el de don Cristóbal de Bardaxí, señor de Abenozas, que tenía su residencia en Graus junto a las viviendas suntuosas de los otros infanzones de la villa, señores todos de aldeas perdidas por las escabrosidades de los montes. El testamento era también el del mismo señor de Abenozas. Lo dictó en 1751. Estaba enfermo y no tenía hijos. Su mujer, Mariana Canela, era una catalana estirada y seca, algo histérica quizá, con un hermano canónigo en la catedral de Tortosa. Don Cristóbal también contaba entre sus parientes con media docena de canónigos: pero en ninguno de ellos confió cuando decidió arreglar sus asuntos terrenales. En la antesala del instante definitivo nombró heredero fideicomisario de todos sus bienes a fray Simeón Cabarte, monje profeso del Real Monasterio de San Victorián.

El monje, en la soledad de su cenobio castigado por la naturaleza y regalado con los tributos del medio centenar de aldeas que poseía, meditó mucho acerca de aquella herencia. No era tarea fácil la de buscar heredero para los bienes de don Cristóbal. Al señor de Abenozas le había jugado una mala pasada su propio padre en el testamento. El padre de don Cristóbal hizo con el señorío de Abenozas y con todos sus bienes un mayorazgo y dispuso que sus sucesores serían sólo usufructuarios de los mismos: no los podrían vender ni hipotecar nunca. Además dejó establecido que si su hijo no tenía descendencia los bienes fueran a parar al capítulo de la iglesia colegial de la Puebla de Castro. Pero don Cristóbal no sentía el mismo afecto que su padre por el abad y por los racioneros de la Puebla. Cuando se hizo viejo y comprendió que no iba a tener hijos, comenzó a discurrir cómo impedir que sus bienes acabaran en manos de aquellos clérigos voraces. Al oir a la muerte que llamaba a su puerta y verse sin solución para cambiar las torpes órdenes del testamento de su padre, decidió fiarlo todo al sabio criterio del monje Simeón.

Fray Simeón ofició, con veinticuatro clérigos más, los rituales fúnebres que acompañaron a don Cristóbal a su última morada. Al día siguiente, mientras su mula avanzaba por la estrecha senda que conduce de Graus al monasterio de San Victorián cruzando la desolada sierra de Troncedo, el fraile no miraba el paisaje: caminaba ensimismado, con la mirada puesta en el infinito, repitiendo una y otra vez las fórmulas empleadas por el padre del difunto don Cristóbal en aquel testamento que él debía interpretar de modo que sirviera para impedir —precisamente— lo que el testamento quería conseguir: que los bienes de la casa de Bardaxí de Graus, faltando descendencia, fueran a parar a la iglesia colegial de la Puebla.

Llegó al monasterio al anochecer y, a pesar de encontrarse muy fatigado, no se retiró a su celda: tomó una candela y se dirigió a la biblioteca. Quería consultar libros de derecho. Necesitaba jurisprudencia. Sentencias y costumbres en las que ampararse. Aquella misma noche comenzó a hilar la filigrana que habría de concluir con el nombramiento del Bardaxí de Puyarruego como heredero de la casa de Bardaxí de Graus. Quizá en las primeras semanas de estudio no pensó en Joseph de Bardaxí.

Pero luego, conforme iba progresando en su estrategia, apareció el nombre con toda nitidez. El monje fideicomisario pasaba largas horas en la biblioteca examinando todo lo que los anaqueles guardaban referente a sucesiones. Después, al atardecer, paseaba por los alrededores del monasterio y, sentado bajo los grandes robles, iba hilvanando una argumentación cuyas argucias se extendían desde las leyes romanas de Senatoribus hasta ciertos ruidosos expedientes judiciales recientes sobre casos de manos muertas, pasando por la doctrina del Cardenal de Luca y por la resolución del pleito sobre la sucesión del condado de Fuentes.

El monje Simeón pronto se dio cuenta de que para arrebatar la herencia a los clérigos de la colegial de la Puebla de Castro debía buscar un Bardaxí emparentado —aunque fuera remotamente— con el difunto don Cristóbal. La casa de Bardaxí de Puyarruego, tradicionalmente bien relacionada con los monjes de San Victorián, cumplía ese requisito. El parentesco entre las dos casas era lejano: su origen documentado había que buscarlo en un enlace matrimonial entre las dos ramas ocurrido hacía más de un siglo. Pero servía para construir la argumentación.

Aquel testamento del padre de don Cristóbal, que lo enredaba todo, decía: *«...en el caso que faltaren descendiente o descendientes lexitimos herederos de Don Cristobal de Bardaxi, mi hijo, y en este caso quiero y es mi voluntad que los dichos bienes recaygan y vengan al Capitulo Eclesiastico de los Abad y racioneros de la iglesia Colegial de la Puebla de Castro»*. El monje lo tenía difícil. Pero no se arredró. Entre las consultas en la biblioteca y sus paseos bajo los robles construyó una teoría según la cual la letra del testamento no debía ser tomada en todo su rigor sino que al tratarse de la sucesión de bienes vinculados, la palabra descendientes se debía extender a las personas de la familia que procedían de un mismo tronco que el testador. Para dar crédito a la teoría buscó cien citas eruditas hasta conseguir que el nombramiento de Joseph de Bardaxí como heredero de la casa de Bardaxí de Graus apareciera bien arropado incluso por la jurisprudencia romana.

Con aquella herencia Joseph de Bardaxí dobló su fortuna al

unir en sus manos la casa de Bardaxí de Puyarruego y la de Bardaxí de Graus. Era joven, rico y soltero: he aquí un buen partido.

Eso fue lo que debió pensar fray Eustaquio de Azara. Eustaquio era un monje jovencísimo recién llegado al monasterio de San Victorián. Hizo pronto amistad con fray Simeón y comentó con él muchas veces las vicisitudes de aquella herencia que el monje fideicomisario debía resolver. Conoció a Joseph de Bardaxí cuando éste fue al monasterio para tratar con fray Simeón lo de la herencia de Graus. Desde las amplias ventanas del cenobio lo vio mientras ascendía, montando un buen caballo, por la senda que serpenteaba entre los robles. Luego lo trató. Se informó de la hacienda que poseía en Puyarruego y de cuánto rentaban sus señoríos de Villanova, de Las Vilas y de Lasaosa: quizá en esto los otros monjes, exagerando, lo engañaron un poco. Más tarde evaluó con detenimiento la hacienda de Graus: en verdad sería afortunado quien la consiguiera. El señorío de Abenozas proporcionaba más lustre que rentas, pero las extensas huertas y los campos plantados de moreras, los olivares y las viñas, rendían muy buenas cosechas cada año. Fray Eustaquio tenía una hermana —María Ana— que ya estaba en edad de buscar esposo. ¿No harían —debió de pensar un día— una excelente pareja con don Joseph de Bardaxí? Preparó el terreno en sus conversaciones con fray Simeón y pocas semanas después logró que fuera el mismo monje fideicomisario quien le planteara la conveniencia de casar a María Ana con el joven Bardaxí.

Aguardaron —para proponérselo al interesado— al día en que don Joseph fue al monasterio con intención de ultimar los detalles de su nombramiento como heredero de la casa de Graus.

Aquella jornada resultó memorable para Bardaxí: concertó la adquisición de un gran patrimonio y de una esposa. Selló su futuro. Cuando al anochecer regresaba al viejo caserón de Puyarruego, cabalgando por los inquietantes bosques de encinas y de robles que se extendían por la falda de la Peña Montañesa, el joven infanzón tal vez pensó que el destino juega con los hombres.

Llegó el día de la boda. María Ana estaba inquieta. ¿Cómo sería su esposo?, ¿sería guapo?, ¿y amable?, ¿sería alto? Era el 5 de junio de 1758. En torno a Barbuñales los campos de cereal ya comenzaban a cambiar de color. Don Joseph de Bardaxí no había visto nunca aquellas tierras. El día de su boda no las vio tampoco. No estuvo en Barbuñales. Se casó por poderes. Lo representó su cuñado, fray Eustaquio. El monje que había dirigido toda la estrategia del matrimonio desde el monasterio de la ladera que azotaban los vientos, fue también el encargado de coronar la obra: cuando el oficiante preguntó si aceptaba por esposa a María Ana de Azara, el fraile —envuelto en su hábito pardo— respondió que sí. Su hermana ya tenía esposo. El monje estaba feliz.

La desposada partió al día siguiente hacia la aldea de las montañas. Eustaquio le había hablado de ella. La tranquilizaba. La casa —le decía— es amplia y ventilada. Las aguas son muy buenas. No te tendrás que ocupar de nada. Hay criados. María Ana estaba embargada por la curiosidad y por el miedo. Era ya una mujer casada. No conocía a su esposo. No había visto la casa en la que viviría. Los montes le inspiraban desconfianza. Recelaba de aquellos montañeses de tez oscura que llegaban a Barbuñales con sus hoces y de los que bajaban con los rebaños y con los perros: ¿serían así sus vecinos?

Salió del pueblo sobre una mula, sentada en una silla de madera pintada con colores vivos. El animal estaba hermosamente enjaezado. En la cabezada, sobre el cuero oscuro, brillaban las tachuelas de latón dorado que formaban las letras J y B, las mismas que aparecían en la rica manta encarnada colocada bajo el aparejo. La mula era de la casa de Bardaxí. La había bajado fray Eustaquio. Antes de salir de la aldea un esquilador se esmeró dibujando con la tijera complicados ornatos geométricos en las ancas del animal. Los vecinos de Barbuñales sabían que la chica de la casa de Azara se casaba con un montañés rico. Les hubiera gustado verlo. Hubo murmuraciones el día de la boda ¿por qué no había venido el novio? Se asomaron a las ventanas para ver salir la comitiva. La encabezaba el fraile, que llevaba las riendas de su propio caballo: era uno de los hermosos corceles del monasterio. Luego venía la desposada sobre su vistosa mula. Un espolique tiraba de la rienda del animal. Dos criados más conducían otras dos mulas cargadas con el ajuar de la novia. Las jóvenes casaderas de Barbuñales miraban con envidia las dos arcas repletas de ropa. Algunas habían visto su contenido: valía una fortuna. María Ana se llevaba a la aldea de las montañas *«doce pares de zapatos nuevos, doce pares de medias, doce pares de calcetas, nueve delantales, doce basquiñas de seda y lana, tres casacas de seda, seis jubones de lo mismo, tres mantillas de bayeta y anascoto, tres docenas de camisas de tela y lienzo, doce pares de enaguas de lo mismo, ocho pañuelos de olanda y una cotilla»*. Y, además, las joyas.

Salieron temprano de Barbuñales. Caminaron un par de horas por las tierras onduladas del Somontano. Atravesaron campos y más campos donde el cereal, que ya amarilleaba, crecía entre hileras de olivos, de vides y de almendros. Cuando cruzaban los pueblos los vecinos miraban la comitiva encabezada por el fraile. Por la silla en la que se sentaba María Ana sabían que era una recién casada y por el equipaje la suponían rica. Pero, y el marido ¿dónde estaba?

A medio día se detuvieron a comer cerca de Alquézar, donde comenzaban las montañas. El viejo castillo moro y la colegiata, que coronaban la cresta de peñas rojizas, impresionaron a la recién casada: sabía que tras ellos se extendían los montes interminables donde iba a vivir. Después de comer continuaron la marcha. El camino ascendía por laderas muy pendientes y atravesaba barrancos cuyas aguas se perdían en los profundos tajos labrados en las rocas. Había puentecillos endebles. Ana se desmontaba de la mula para cruzarlos. Los animales caminaban seguros. Estaban acostumbrados a hacerlo por aquellas escabrosidades. Pero la de Barbuñales tenía miedo. Cuando coronaron la sierra contempló una extensión de montañas que se le antojó infinita: las había hasta donde alcanzaba la vista, una tras otra, interminables. Al fondo se veían las más altas, las que todavía estaban cubiertas de nieve. Eustaquio le dijo: «Aquellas más altas son los Treserols. Allí debajo está Puyarruego».

Al atardecer llegaron a Lecina. Era un pueblo que alzaba su

caserío claro en una ladera, cerca de una fuente caudalosa cuyas aguas frías se escondían luego en las entrañas de un desfiladero calizo de paredes altísimas. Harían noche en aquel pueblo. Vivía allí un primo de Joseph Bardaxí. Se alojarían en su casa. María Ana estaba agotada cuando llegó al caserón del primo de su marido. La jornada había sido muy pesada. La fatiga del viaje se sumaba a las emociones de los últimos días. No pudo prestar mucha atención al edificio donde iba a alojarse. Era una construcción antigua de magnífica sillería. Estaba preparada para la defensa. Sobre las amplias dovelas del arco de la puerta sobresalían los canetes del matacán que protegía la entrada. En los muros se abrían —aquí y allá— las hendiduras negras de muchas aspilleras por donde podían asomar los mosquetes su boca mortífera. Pero la casa no resultaba sombría en su exterior severidad: la piedra del país era muy blanca y —cuando envejecía— se tornaba dorada. Los muros parecían alegres al recoger la luz del ocaso. Cuando penetró en el zaguán la desposada quedó algo sobrecogida por la pesadez de las bóvedas y por su oscuridad: fue su primer contacto con las entrañas abovedadas de las casas pirenaicas, siempre cubiertas por el hollín que dejaba aquel humo pegajoso y negrísimo de las teas.

María Ana saludó a los parientes. Luego cenaron y después se acostaron. Durmió en una alcoba diminuta que abría su puerta —bajo un falso arco conopial— a una sala grande. Cuando apagó la candela, en la oscuridad de la alcoba, la desposada se percató de que toda la casa olía a algo que ella nunca había olido en las casas de Barbuñales: era un olor fuerte, de humo, de tea, de establo, de lana, de masa de pan. Era el olor de los montañeses.

Benito Carruesco, el amo de la casa, aún no había cumplido los treinta años. Era primo hermano de su marido. La madre de Benito, ya difunta, había sido hermana del padre de Joseph Bardaxí. Se llamaba Orosia. Pobre Orosia. Murió muy joven. Dejó el mundo cuando su único hijo era todavía muy niño.

El de Orosia había sido un matrimonio como todos los de las buenas casas del país. Lo pactaron los padres de los contrayentes. La casa de Carruesco de Lecina era una casa poderosa. La de Bardaxí de Puyarruego también. Una jornada de marcha separaba las dos casas. Los padres de Orosia y de Andrés Carruesco —el heredero de Lecina— acordaron casar a sus hijos en una reunión que celebraron en una ermita situada en la cumbre de un monte entre los dos pueblos. La aportación de Andrés Carruesco al matrimonio no ofrecía posibilidad de discusión: llevaba —como heredero— el patrimonio de la casa. El debate se centró en torno a la dote de Orosia. Los acuerdos sobre dotes exigían negociaciones arduas: ocurría así en todas las casas, en las poderosas y en las pobres. No se trataba sólo de establecer la cuantía total de lo que debía pagar la casa de la contrayente. Era necesario hablar de los plazos, de la posibilidad de pagar en especie, de lo que ocurriría si la contrayente —Dios no lo quisiera— moría sin hijos, etc. etc.

Orosia Bardaxí se casó con Andrés Carruesco en día 31 de agosto de 1728. El padre de la contrayente se había comprometido a pagar cuatrocientas cincuenta libras jaquesas como dote. El día de la boda entregó cincuenta. El resto las iría pagando cuando pudiera. Los pagos se demoraron mucho. El padre de Orosia debía pagar las dotes de otras hijas. Era difícil reunir tanto dinero. Cada año enviaba quince o veinte libras a la casa de Carruesco de Lecina. Lo hacía en varias tandas. A veces se encontraba con su yerno en las ferias de Aínsa o de Boltaña y le entregaba cinco o seis libras. Dos meses después le enviaba tres libras más por medio de un criado. En ocasiones, si se juntaban en un funeral o en una boda, le entregaba otras cuatro o cinco libras.

Orosia murió en 1734: tenía veinticinco años. Su hijo —Benito— aún no había cumplido los cuatro. Si no hubiera dejado descendencia, el dinero de la dote entregado hasta entonces tendría que haber vuelto a la casa de Puyarruego en los mismos plazos en que fue pagado. Pero al dejar un hijo, la casa de Bardaxí debía pagar la dote completa: cuando murió Orosia sólo habían entregado 108 de las 450 libras. Los años pasaban. Aquella dote parecía eterna. Murió el padre de Orosia y siguió pagando la dote el hermano de la desposada fallecida. Murió también el hermano y heredó la casa Joseph Bardaxí, que continuó pagando la dote de aquella tía Orosia a la que ni siquiera había conocido. Iba entregando el dinero como su abuelo y como su padre: cuando podía. Tres libras en una feria, siete al mes siguiente, diez un año después enviadas por mano del mismo criado que trajo una carta de Lecina. Las misas también se cobraban: todas las que dijeron los clérigos de la casa de Bardaxí por el alma de la pobre Orosia se descontaron de la dote.

Cuando Joseph de Bardaxí se casó hacía treinta años que se había casado su tía Orosia y llevaba ya veinticuatro fallecida: pero todavía faltaban cien libras para acabar de pagar la dote.

María Ana no sabía nada de todo aquello. El esposo —al que aún no conocía— era señor de cuatro aldeas y descendía de la más rancia nobleza de las montañas: sin embargo necesitaba el dinero de la dote de su mujer para pagar lo que debía de otras dotes. Así eran las cosas en aquellas montañas ásperas. La casa en la que pasó María Ana de Azara la primera noche tras la boda era magnífica. Su cantería era perfecta, sus bóvedas amplias, impresionaba el severo aspecto de sus defensas, disponía de oscuras bodegas y de graneros bien abastecidos, en sus pilas de piedra descansaba todo un estanque de aceite verdiamarillo, los corrales rebosaban de ovejas y de corderos, las colmenas de miel y el palomar de palomos de hinchados pechos: pero apenas tocaban otras monedas que las llegadas, por aquel curso discontínuo e irregular como los torrentes de los montes resecos, desde Puyarruego.

Al día siguiente se levantaron temprano. Desayunaron en la cocina. Era una estancia amplia. Ocupando todo el techo se abría la enorme base del tronco de cono que formaba la chimenea. El humo se extendía por todo. Todo había tomado el color y el olor del humo. Los muros eran negros. Los muebles, negros. Las puertas, negras. El suelo —de grandes losas irregulares y desajustadas— negro también. Los perros y los gatos deambulaban entre las patas de los bancos adosados a los muros, se acercaban al fuego y lamían las abarcas del pastor que comía sopas sentado junto al hogar.

María Ana lo miraba todo: ya estaba en las montañas, así eran las cosas en las montañas. Eustaquio adivinaba los pensamientos de su hermana y trataba de animarla:

—En tu casa han blanqueado la cocina. Allí acostumbran a comer en una sala muy soleada.

Pero ella apenas lo escuchaba. Estaba un poco aturdida. Confusa. Sólo tenía diez y ocho años. Se había casado. No conocía a su marido. No sabía cómo era la casa en la que iba a vivir. Se encontraba muy impresionada por los montes, por los caminos, por los ríos.

Salieron del lugar cuando soltaban el ganado. Las callejuelas se llenaban de cabras y de ovejas que marchaban al monte. Los pastores gritaban y los perros ladraban. El pueblo se inundaba de voces y de balidos, de gritos incomprensibles y del estruendo de los cencerros menudos. Olía a estiércol, a orines, a machos cabríos babeantes y —como siempre— a humo. El cielo estaba clarísimo. El sol resultaba abrasador. El primo Benito los acompañó hasta el río. Allí les dijo adiós, se quedó parado un rato junto al agua hasta que los vio alejarse por la sendita que subía, entre los robles, a la sierra.

Los caminantes cruzaron aquella sierra y luego otra. Más tarde un páramo donde no corría ni una brizna de aire para abanicar los trigos que aún estaban verdes. Cantaban las cigarras. Vieron olivos y vides junto a las aldeas. Antes de que el sol alcanzara el cénit habían atravesado cuatro: todas iguales, todas pardas, calcinadas todas por aquella luz vivísima que lo abrasaba todo. Comieron junto a un arroyo y continuaron la marcha. A media tarde llegaron a un lugar llamado Guaso cuyas casas se desparramaban por una ladera cubierta de olivos. Entraron a visitar a unos parientes de la casa de Bardaxí. El caserón donde vivían era parecido al de Lecina pero algo más oscuro. La misma severidad monócroma en los muros de mampuestos pardos. Las mismas aspilleras amenazadoras. Las mismas bóvedas negras en el zaguán. Desde el balcón de la sala donde se sentaron un ratito contemplaron valles grandes y chicos, montes oscuros y peñas altísimas —una tras otra— hasta donde alzanzaba la vista. Eustaquio quiso enseñar a la hermana dónde estaba su monasterio:

—Allá, debajo de aquella peña larga, sí esa, esa de allá tan alta, casi en medio, pero no en medio del todo, un poco a la derecha, allí, sí, allí, ¿ves esa otra peña más pequeña? pues debajo de esa, ¿ves una mancha más verde? son los prados del monasterio. En medio de los prados se ve la iglesia, mira la torre, y junto a la torre los otros edificios.

María Ana vio la mancha verde de los prados pero el monasterio no lo distinguió. Su hermano vivía allí ¿cómo podía Eustaquio vivir entre aquellos riscos? ¿Su casa también estaría en un sitio parecido? Pronto lo sabría. Antes de intentar enseñarle dónde estaba el monasterio Eustaquio le había dicho que ya sólo faltaban tres horas para llegar a Puyarruego.

Dejaron Guaso y continuaron la marcha. Cruzaron un río pequeño y luego otro muy caudaloso. Pasaron al pie de la villa de Aínsa sin detenerse y luego caminaron un par de horas por la orilla de un río grande. Le dijeron a María Ana que era el Cinca. Venía crecido por el deshielo. Después abandonaron el valle del Cinca y se internaron por el de otro río más pequeño. Ya faltaba muy poco. Eustaquio comentó que aquellas aguas ya regaban tierras de la casa de Bardaxí. El sol se ocultaba. Ya se veía la aldea.

Cuando Eustaquio decía «mira, allí está», desde la aldea del cerro ya habían visto a los caminantes. Hacía varias horas que Joseph de Bardaxí oteaba el valle. Al tomar la comitiva la senda que seguía el curso del río Bellos, Bardaxí salió al encuentro de su esposa: ardía en deseos de conocerla. Caminaba deprisa hacia el río. Le acompañaba un criado viejo que decía cosas. Joseph no lo escuchaba. Se encontraron junto al río. María Ana lo acababa de vadear sobre la mula, que conocía bien aquellas sendas. Desmontó en la glera. Allí estaban, frente a frente, en la rambla de rodados cantos claros, junto al agua. «He aquí mi esposo. Esta noche, todas las noches, dormiré junto a este hombre», pensó María Ana. Y lo miró de arriba abajo. Temerosa, confundida. Joseph iba bien vestido, elegante incluso. Tenía la nariz aguileña y el rostro delgado. No era alto y lo parecía menos en aquel lugar: el bosque próximo donde crecían encinas gigantescas, el río embravecido, las peñas, los montes ... Todo contribuía para hacer a los hombres más menudos. Joseph no cuidó la escenografía: quizá debiera haber acudido al encuentro de su esposa montando un buen caballo.

Continuó la marcha. María Ana no volvió a montar la mula. Caminaba junto a su esposo. Hablaban del viaje. Ella se esforzaba para explicarlo todo, pero estaba poco atenta a la conversación. Miraba y remiraba al marido, como deseando apoderarse en un momento de su imagen: sí, era él, aquel era su esposo, acababa de conocerlo y ya era su esposo.

Después de atravesar el bosque de las grandes encinas oscuras la senda iniciaba el ascenso al cerro que coronaba la aldea. El camino tenía un pavimento irregular formado por gruesos cantos rodados. Del mismo material eran los muros que cerraban la vereda por los lados. Los cascos herrados de los caballos y de las mulas resonaban en las piedras. De pronto comenzó a oírse —alegre, vibrante y solemne— el repique de las campanas que anunciaban a todos la llegada de la esposa del patrón de la iglesia parroquial. Aquel sonido hizo callar a los caminantes. María Ana estaba sofocada pero no lo notaba. Respiraba con la boca abierta. El pecho subía y bajaba rítmicamente por efecto del jadeo. La senda ganaba altura en la ladera. Ya se distinguían casi las campanas. En medio del apretado caserío que coronaba el cerro destacaba la mole de un gran caserón con aspecto de fortaleza. «Aquella es la casa», dijo Joseph. Antes de oírlo María Ana ya lo sabía.

Mientras vivió recordó la de Azara su llegada a la aldea. Cuando tenía ochenta años aún contaba a los nietos las impresiones de aquella tarde memorable. Nuncia había notado con tanta nitidez el sonido de las campanas. Cuando pasó bajo la torre del campanario casi podía percibir el temblor de la campana grande al ser golpeada por el badajo para producir un sonido grave que llenaba el valle y los golpes nerviosos del hierro en el bronce de la pequeña arrancándole un repiqueteo agudo. A los dos lados de la callejuela había aldeanos de tez oscura que la miraban. Vestían la ropa más remendada y desgarrada que había visto en su vida. Los sombreros pardos casi les tapaban los ojos. Los niños iban descalzos y medio desnudos. El atardecer era apacible, cálido, luminoso hasta en las puertas del ocaso. La atmósfera estaba detenida: respiraba tranquila en la hora postrera del día.

La casa de Bardaxí estaba en el centro de la aldea. Miraba a las dos vertientes del cerro, a los valles de los ríos que abrazaban la colina. Formaba la planta una U con una placita en el medio. La calle atravesaba la casa bajo una bóveda. Las ventanas, de cuidada cantería, eran chicas. Por todas partes se abrían en los muros aquellas grietas inquietantes preparadas para asomar las bocas de los mosquetes. El edificio principal era el del medio. Su puerta se abría bajo un arco formado por grandes dovelas. Allí la esperaban los de la casa: el párroco, paniaguado de Bardaxí, de manos grandes y manteo descolorido; las dos hermanas de su marido, mozas apocadas que nunca habían salido de la aldea; Manuel, el hermano de Joseph, un niño destinado ya a ser presbítero y rector de Puyarruego; tres criadas, dos adolescentes todavía y una vieja; dos pastores, en todo iguales a los que María Ana veía cuando bajaban a Barbuñales con sus rebaños; y dos criados ancianos de largos cabellos grises. A María Ana le sorprendió que su marido, con apenas veinticinco años, fuera el jefe de aquella casa. Ya lo había pensado cuando le hablaron de él, antes de casarse. Producía intranquilidad la juventud del amo de la casa. Allí no había padres, ni abuelos, ni tíos. Las cosas no solían ser así. Ella iba a ser la dueña, no la «joven», como llamaban a la esposa del heredero, sino la dueña. Y sólo tenía 18 años.

Descargaron las arcas de las mulas. Los aldeanos se habían concentrado en la placita. No se aproximaban mucho. Lo miraban todo sin hablar. María Ana se sabía en centro de las miradas. Entró en la casa. Aún olía a cal. Apenas hacía dos días que había acabado de blanquearla un piquero. Le había costado dos semanas. La dejó resplandeciente. El zaguán estaba cubierto por dos bóvedas. Había un arco que las separaba. Eran como las dos naves de una iglesia pequeña. Luego se abría una puerta grande con un marco ajedrezado. La puerta y el marco eran nuevos: los acababa de labrar un carpintero y luego los habían pintado a toda prisa. Por aquí y por allá se veía la mano apresurada de los artesanos. Don Joseph de Bardaxí había ordenado remozarlo todo para su esposa. En la sala de la primera planta un balcón grande había sustituido al matacán que defendía la entrada de la casa. Los piqueros habían trabajado mucho abriendo ventanas nuevas y sustituyendo las losas del pavimento en algunas alcobas. Todo estaba limpio. Varias chicas de la aldea se habían pasado quince días ayudando a las criadas a dar lustre a suelos y muebles. María Ana lo notó.

A pesar de todo la casa no era cómoda. Tenía muchas salas grandes sin muebles, varios desvanes enormes donde se acumulaban los productos agrícolas, las gallinas y las palomas. Las alcobas eran minúsculas y daban —siempre— a salas vacías de las que sólo estaban separadas por una cortina. A María Ana no le gustó su alcoba. Apenas cabía la cama.

El primer día cenaron en una sala que tenía los muros adornados con cuadros de *«flores, frutas y aves a la morisca»*. Sacaron los cubiertos de plata. Del mismo material eran los vasos y los candelabros.

Los criados y los pastores cenaban en la cocina. Casi no les parecía la cocina de siempre: nunca la habían visto con las paredes blancas. Allí no había candelabros ni velas. Junto al fuego, del mismo tronco atravesado en la chimenea del que pendía la cadena —de eslabones grandes como collares de perro— en la que se colgaba la olla caía otra cadena menos gruesa para sostener un platillo de metal renegrido donde ardían las teas que alumbraban la estancia. Las criadas, si tenían que ir a buscar algo a la despensa o a la bodega, y los criados o los pastores, cuando iban a echar un vistazo a las cuadras y a los corrales antes de acostarse, tomaban una tea del tedero para alumbrarse. Las teas hacían una llama anaranjada muy viva, desprendían un olor fuerte y soltaban un humo espeso, negrísimo y pegajoso que se colaba por todo y se adhería a los muros. Era imposible mantener las paredes mucho tiempo blancas. Poco después de llegar María Ana la cal que cubría los muros comenzó a tomar un color tostado. A los pocos meses la cocina era —de nuevo— una estancia completamente negra. Del mismo color eran los pasillos, las paredes de la escalera y las bóvedas del zaguán.

La capilla formaba una de las alas del caserón. Era un templito dedicado a San José. Lo había mandado construir el primer Bardaxí llegado a Puyarruego hacía un siglo. Lo consagraron en 1669. Cuando se lo mostraron a María Ana estaba un poco descuidado. Desde que murió aquel presbítero que se llamaba como su marido nadie le había prestado mucha atención. María Ana se propuso adecentarlo. Limpió el retablito de San José y la antiquísima imagen de la Virgen del Rosario que presidía el altar. Lavó y planchó las seis viejas albas con primorosos encajes que se guardaban en un arca bajo el cuadro de Santa Teresa. En las tres más hermosas una mano delicada había bordado: «soy de Joseph de Bardaxí». Sin duda alguna aquel fue el último clérigo que se ocupó con amor de la vieja capilla.

Al párroco que conoció María Ana la capilla le traía sin cuidado. Allí no había fundado beneficio ni capellanía alguna. Aquello no rentaba nada. La joven quiso que dijera misa en la capilla de la casa. Antes había renovado los manteles del altar y mandó pintar la bóveda y los muros con unos dibujos geométricos de colores vivos. El párroco dijo allí alguna misa a regañadientes, pero un día preguntó quién le iba a pagar aquellas misas que no eran ni de la parroquia ni de la capilla de San Victorián. Como nadie le respondió no volvió a pisar la capilla de San José.

Tampoco pisaba nunca aquel párroco el «cuarto de los estudios». Era una habitación espaciosa cubierta por una bóveda rebajada. Allí no entraban los criados con las teas. Los muros y el techo conservaban la blancura de la cal. Tenía una ventana que miraba hacia el sur. El sol entraba todo el día. En los muros se abrían varios nichos, con arquitos rebajados, donde se amontonaban los viejos libros —clericales casi todos— y las criaturas antiguas. También de este cuarto fue el difunto presbítero Joseph de Bardaxí el último en ocuparse. Él amaba aquella estancia. Pasaba en ella muchas horas estudiando y ordenando los papeles viejos. Guardaba allí el cuaderno con las cuentas de los vasallos de Villanova y aquel «Libro lucero de la casa de Bardaxí» en el que se había propuesto escribir la historia de sus antepasados. A María Ana le gustó el cuarto de los estudios. Pasaba allí muchos ratos. Ojeó los libros y los documentos antiguos. Vio lo que había escrito el tío de su marido y quiso hacer algo parecido.

El marido de María Ana no amaba los libros. Se tuvo que hacer cargo de la casa demasiado pronto. Siendo muy joven se vio obligado a ocuparse de cosas que a otros jóvenes no preocupaban porque tenían quien se las hiciera: por ejemplo, pactar las condiciones de su matrimonio. Bardaxí las pactó él. No tenía padres, tíos, ni abuelos. Lo acordó todo en el monasterio de San Victorián con fray Eustaquio. Quizá no discutieron apenas. Tal vez Bardaxí aceptó enseguida las condiciones propuestas por el monje, que actuaba como representante de sus padres. Normalmente estos pactos resultaban laboriosos y exigían varias reuniones. Cuando, finalmente, se había llegado a un acuerdo completo en todos los puntos, los padres de los contrayentes redactaban los acuerdos y los firmaban. Estos pactos, aunque estaban en un documento privado, se respetaban siempre y, tras la boda, se trasladaban a las capitulaciones matrimoniales que testificaba el notario.

Los pactos del matrimonio de Bardaxí los firmaron él y fray Eustaquio. Ya hacía casi dos meses que se había celebrado el matrimonio cuando consideraron llegado el momento de firmar los capítulos ante el notario. María Ana y su esposo bajaron a Barbuñales. Hicieron el camino por las mismas sendas que la esposa había recorrido cuando subió a la montaña. Durmieron también en Lecina. Bardaxí habló un momento a solas con su primo y le aseguró que pronto, muy pronto, iba a cancelar aquella deuda interminable de la dote de su madre. Mientras lo decía, el de Puyarruego quizá pensaba en el dinero que sus suegros iban a entregarle.

Los conoció al día siguiente. Don Alejandro de Azara y doña María Perera eran educados, sociables, serios en los tratos. No se discutió nada. Todo estaba en los pactos firmados en el monasterio. Vino a Barbuñales un notario de Pertusa y redactó las capitulaciones. Era el último día de julio. En los campos de la casa de Azara segaban las cuadrillas de segadores montañeses que bajaban, como bandas de pájaros hambrientos, cada año. Otras veces se hacían chanzas y burlas a costa de las costumbres toscas y de la lengua de los escuálidos montañeses. Aquel año nadie habló de ellos. En la penumbra del salón, que las cortinas y los muros gruesos de ladrillo aislaban del calor sofocante, se reunieron en torno a una mesa los padres de María Ana y los desposados, el tío canónigo de Huesca, un par de presbíteros más y el notario.

El escribano leyó las capitulaciones y luego las firmaron los interesados y los testigos. Eran como todas las que se firmaban en el Alto Aragón. Y se firmaban muchas. Más todavía en la montaña que en el llano. Aquellos montañeses tostados, iletrados y toscos mostraban una gran afición a dejar constancia escrita de todo lo referente a la transmisión de la casa. Se procuraba que nada quedara en manos del azar, del ingenio o de la fortuna: todo se ataba en los documentos, todo se quería prever, para todo se buscaba solución.

En el arca donde se guardaban los papeles, cada vivienda de las montañas conservaba todas las capitulaciones matrimoniales de los amos de la casa desde los primeros años del siglo XVI. Una tras otra, generación tras generación, se repetían en las capitulaciones las mismas cláusulas. Allí estaban anotadas las aportaciones a la sociedad conyugal de cada uno de los contrayentes, allí —bien detalladas— las piezas de los ajuares y la cuantía de las dotes junto a los plazos de entrega y el destino de aquellos bienes si se daba el caso de morir el contrayente que los aportó. Allí, también, la previsión de todo lo que podía ocurrir cuando falleciera uno de los desposados. Sobre la herencia, las capitulaciones señalaban siempre que recaería en un hijo o hija del matrimonio: el heredero sería aquel que los dos padres o uno de ellos, si hubiera muerto el otro, designaran. Si los padres morían sin nombrar heredero, el nombramiento quedaba en manos de un consejo de familia formado por los dos parientes más cercanos a cada uno de los cónyuges difuntos, dejando el poder de decidir —si hubiera empate— a un quinto miembro del consejo, que solía ser el cura de la parroquia. Joseph de Bardaxí y María Ana de Azara recurrieron para este menester —otra vez— al viejo monasterio: si se presenta el caso decidirá *«el Prior o Abad del Real Monasterio de San Victorián que son y por tiempo serán»*.

La dote acordada fue cuantiosa: don Alejandro de Azara debía entregar *«dos mil doscientos cinquenta pesos de a ocho reales de plata cada peso, y cada real de diez y seis quartos»*. Los plazos, sin alcanzar aquella casi eternidad de la dote de la pobre Orosia, tampoco eran cortos: el de Azara se obligaba a pagar lo prometido en trece años.

Firmaron las capitulaciones el último día de julio. Al siguiente, muy temprano, emprendieron el camino de regreso a las montañas. María Ana se despidió de la casa de sus padres con más tristeza que cuando la dejó el día de su boda: entonces la ansiedad, el deseo y la curiosidad daban alas a la esperanza.

Puyarruego era una aldea de doce casas, la mayoría muy pequeñas. Los vecinos, como tenían poca tierra, sacaban su sustento de los bosques. Formaban un par de cuadrillas que pasaban buena parte del año en los montes cortando los árboles que, en primavera, conducían por el río hacia Tortosa. Cultivaban huertecillos, como pañuelos, junto a los dos ríos que abrazaban el cerro sobre el que se levantaba la aldea. Recolectaban judías, nabos, cebollas y cáñamo. En los campos de las laderas criaban cereal y algunas vides. Tenían rebaños pequeños de cabras escuálidas que recorrían las gleras de los ríos y los montes próximos devorando cualquier brizna de hierba o los brotes nuevos de los arbustos. Pero aquellos aldeanos, criados entre escaseces y agotados por los trabajos de los bosques y de los ríos, eran todos nobles: un rey, en tiempos remotos, los hizo infanzones.

Fue en el año 1360. El rey Pedro IV de Aragón firmó el día

28 de abril, en Zaragoza, un privilegio reconociendo la infanzonía de todos los vecinos de Puyarruego y de otros tres lugares de la misma comarca: Sin, Muro de Bellos y Coscojuela de Sobrarbe. A partir de aquella fecha los habitantes de las cuatro aldeas *«como Infanzones e Hijos-dalgo, jamás hicieron servicio Real alguno, ni hubo allí oficiales algunos de S.M., como son Bayle o Merino, sí solamente Jurados elegidos por las Universidades de los mismos lugares, haciendo execuciones, exigiendo y llevando penas en ellos...».*

Los cuatro lugares estaban bastante alejados unos de otros, pero aquel privilegio que los unía en la condición infanzona los hermanó. Formaban una hermandad real. Cuando cualquiera de ellos tenía pleitos con los lugares vecinos contaba siempre con la ayuda de los otros tres. Si se recurría a las sentencias arbitrales, tanto en las disputas privadas como en las comunales, se buscaba siempre la comparecencia como árbitros de algunos vecinos de las aldeas que formaban aquella hermandad de remoto origen.

Para que la fraternidad no cayera en el olvido se reunían periódicamente los representantes de los tres pueblos siguiendo una vieja normativa acordada entre ellos: *«Fue acordado entre los sobre dichos hombres de dichos lugares a que dende adelante perpetuamente de seis a seis años por el día y fiesta de Sant Lucas del mes de octubre cada uno de los sobredichos lugares haya de imbiar y imbie dos sindicos o mas los quales vengan y lleguen con poderes bastantes al lugar de Puyarruego y alli ver y mirar las cosas concernientes y que converneran en beneficio de dicho pribilegio utilidat y probecho de los sobredichos lugares. Item es combenido entre los sobredichos concejos que siempre que se offreciere haber de hazer los ayuntamientos ordinarios arriba dichos de seis a seis años, la probision para aquellos necessaria haya de ser hecha y probeyda assaber es que los del lugar de Cosculluela hayan de probeher el vino necessario y los de Muro de Vellos y Puyarruego el pan y los del lugar de Sin la carne».*

Casi siempre estas reuniones de los síndicos de los lugares hermanados por la infanzonía tuvieron lugar en la casa de Bardaxí. Se juntaban en el zaguán, bajo las pesadas bóvedas. Allí, sentados en dos bancos de madera, consumían una oveja que había hervido en el caldero durante cuatro horas, bebían jarros y más jarros del vino —flojo y ácido— que habían traído los de Coscojuela y hablaban de mil temas. Conforme avanzaba el día crecía la locuacidad. Al oscurecer, cuando ya no quedaba pan, ni carne, ni vino recordaban el motivo de la reunión. Entonces, mientras los otros eructaban o daban una cabezada, alguno de los reunidos sacaba el pergamino del viejo privilegio del rey Pedro y después de leerlo en voz alta preguntaba a los demás si renovaban los acuerdos de hermandad. Tras asentir todos con movimientos de cabeza la reunión se disolvía. Los asistentes tomaban sus mulas y emprendían el camino de regreso a sus lugares. A los de Sin les aguardaban seis horas de marcha por caminos espantosos. A los de Coscojuela tres. A los de Muro sólo una.

Cuando María Ana de Azara vio a los síndicos en el zaguán de su casa se acordó de los montañeses que bajaban por Barbuñales: eran iguales, poco importaba si se trataba de segadores o de infanzones. Sin embargo aquellos aldeanos que tomaban del caldero, con las manos, grandes trozos de carne y los engullían con voracidad, estaban muy orgullosos de su nobleza y de la limpieza de la sangre de sus ascendientes. No querían mezclarse con gente de procedencia dudosa. Para evitarlo, en una de aquellas animadas jornadas, tomaron el siguiente acuerdo: *«Es combenido entre los sobredichos concejos que dende adelante en ninguno de los sobre dichos lugares pueda ser acogido ni se acoja persona alguna en vezino de alguno de los sobredichos lugares sin que primero sea hecho examen de su descendencia y si fuere de buena decendencia sea admitido a su voluntad si admitirlo querra y no siendo de buen linage y bien nacido no pueda ser admitido sin consentimiento de los sobredichos lugares preserbando a cada uno su sucesion y drecho antigo»*.

Así pues, en el escalafón nobiliario los de la casa de Bardaxí de Puyarruego no estaban ningún peldaño por encima de los otros aldeanos del lugar: todos eran infanzones. A los de Bardaxí el poder les llegaba por otros caminos. Tenían un caserón fortificado que abultaba como otras cuatro o cinco casas juntas de la aldea. La capilla de San José, adosada a la casa, la empleaban poco, pero daba mucho tono, al igual que la capilla de San Victorián que tenían en la iglesia parroquial. Los beneficios fundados en esta capilla y el patronato de la iglesia, además de dar lustre ofrecían pingües ganancias: puestas las capellanías y la parroquia en manos de un presbítero de la casa de Bardaxí rendían buenos emolumentos cada año. El señorío de Villanova también rentaba bastante. Menos beneficios ofrecía el de Las Vilas y todavía menos el de Lasaosa. Sin embargo, las verdaderas riquezas de la casa las habían atesorado, dos siglos antes de que María Ana de Azara llegara a ella, aquellos presbíteros inquisidores y prestamistas que construyeron los muros amenazadores y las bóvedas varias décadas antes de que el deslenguado hereje Felipe Bardaxí trabajara como espía del rey de España.

En dos arcas grandes de madera de nogal, herradas y cerradas con dos llaves cada una, se guardaba la plata. Había vajillas y cubiertos, jarras, joyas, crucifijos, relicarios, palmatorias, saleros, candelabros y muchas otras cosas.

En un cofre, completamente forrado con planchas de hierro, que se cerraba mediante una cerradura muy compleja, estaba lo más valioso. Había allí una pesada cadena de oro, muchos anillos, pendientes y collares con cientos de perlas y docenas de piedras preciosas.

Algunas de aquellas joyas provenían de los ajuares de las mujeres que a lo largo de los siglos habían llegado a la casa para desposarse con los herederos. Pero la mayoría eran muy viejas: cuando María Ana las contempló hacía más de dos siglos que dormían en las arcas del viejo caserón. Las consiguieron aquellos Pérezes prestamistas de finales del siglo XVI y, aún antes que ellos, dos Joan Garcés —padre e hijo— que en los primeros años del mismo siglo levantaron la fortificada casa y —seguramente— construyeron también la iglesia parroquial. Una hija del último Garcés casó con el primero de los Pérez que gobernaron en la casa. De ella y de sus antepasados se sabe poco. Eran gente dura, astuta. Escribían documentos cortos y precisos con una caligrafía menuda. Ellos lograron del Papa que, mediante bula dada en Roma en junio de 1556, les concediera el patronato de la iglesia parroquial de Puyarruego. Aquellos oscuros Garceses y los Pérezes inquisidores llenaron las arcas de los tesoros de Bardaxí. Ellos fueron, también, los que se apropiaron de las tierras.

Al pie de la colina que coronaba el caserío dominado por la casa de Bardaxí se extendían algunos campos llanos y ciertas huertas. Eran buenas tierras donde crecían el cereal, las vides y las hortalizas. En las vegas feraces del centro de Aragón aquellos campos no hubieran llamado la atención, pero en medio de los montes, allí donde no se hallaba más tierra llana que las estrechas fajas sostenidas por muros ciclópeos en las laderas, los campos que rodeaban Puyarruego parecían una bendición. Casi todos eran de la casa de Bardaxí. Casi todos los habían conseguido los prestamistas y los inquisidores del siglo XVI.

La casa de Bardaxí se asemejaba a uno de aquellos antiguos fundos romanos. Era como el corazón que movía la sangre para dar vida a toda la hacienda. En las tres cuadras abovedadas reposaban los bueyes, las mulas y los asnos. Cerca de ellos, los aperos, los yugos, los arados, las azadas. El ganado rumiaba, tranquilo, durante la noche en el corral próximo. Sobre las cabras y las ovejas dormían, en sus palos, las gallinas. Los conejos vivían en las madrigueras construídas con un tronco hueco. El cereal se amontonaba en tres grandes trojes y el aceite en otras tantas pilas de piedra. El vino descansaba en la bodega oscura y el hielo dormía entre camas de paja en el vientre negro y orondo del pozo de nieve que se abría bajo las losas del corredor de la planta baja.

Bardaxí era labrador. Antes que infanzón y antes que señor era labrador. De sus señoríos llegaban los tributos y las noticias de los vasallos periódicamente. Pero la tierra estaba siempre ante él: miraba por las ventanas del caserón que coronaba el cerro y veía a uno de sus criados labrando con las mulas y a otro que uncía los bueyes. Prestaba un poco de atención y reconocía el sonido de las esquilas de su rebaño, que estaba pastando en la ladera, al otro lado del río. Desde la casa podía seguir también el desarrollo del cereal en sus campos y ver si por la acequia bajaba agua abundante para regar la hermosa huerta cerrada que tenía junto al río, cerca del molino. Seguía el curso de las estaciones y vivía —como todos los labradores— pendiente de la lluvia, del sol, de los hielos. Segaba y trillaba. Vendimiaba, pisaba las uvas y encubaba el vino. Recogía la hierba. Labraba. Sembraba. Entrecavaba. Regaba. Estaba pendiente del ganado en los días de parizón, cuando la nieve cubría los campos. Esquilaba. Ordeñaba. Tenía criados y pastores. Algunos vecinos de la aldea trabajaban para él, cuando la siega o la vendimia pedían más brazos, a cambio de un jarro de vino, de un almud de trigo o de que les prestara los bueyes para labrar un huertecillo.

Los jornaleros comían en la casa de Bardaxí. Los criados y los pastores vivían en ella. Allí hacían el vino. Allí preparaban la masa y cocían el pan. La casa no actuaba sólo como el corazón de la hacienda: era también el cerebro, el estómago, la boca, las manos y los músculos. Y en aquel cuerpo complejo, en aquel organismo vivo que comía, trabajaba, producía y se relacionaba, Joseph de Bardaxí era el alma.

Quizá, a pesar de todo, María Ana de Azara fue feliz en Puyarruego. Ella tenía diez y ocho años, su marido apenas sobrepasaba los veinte. No estaban sometidos a nadie. No vivían con ellos aquellos amos viejos que solían amargar la juventud de los herederos llevando las riendas hasta que se iban a la tumba, cuando ya el hijo que había heredado la casa tenía hijos de veinte años. María Ana y Joseph fueron más libres. Incluso para quererse. Tal vez por eso tardaron tanto en marchar a Graus: allí estaba doña Mariana Canela.

Cuando se casaron ya sabían que tenían que vivir en Graus. Aquello formaba parte de los fundamentos de la herencia. Fray Simeón, en los argumentos que tejió cuando discurría en el monasterio acerca del destino de la casa de Bardaxí de Graus, dejó claro que la herencia recaía en el Bardaxí de Puyarruego para que la casa de Graus tuviera continuidad con descendencia del mismo linaje.

Joseph de Bardaxí, antes de marchar a Graus, ya tenía sucesor. El día nueve de Octubre del año 1760 María Ana dio a luz un niño al que llamaron Dionisio. Fue el último Bardaxí nacido en la casa de Puyarruego. Todavía tardaron más de un año en marchar.

El niño nació en aquellos días de otoño que los montañeses dedicaban a la vendimia. Su padre dirigió las tareas de recolección de las uvas pensando que quizá nunca más volvería a vendimiar en las viñas de su casa. Con los mismos melancólicos pensamientos miraba a sus criados mientras labraban los campos en los días soleados de San Martín. Ya tenía un diente Dionisio cuando su padre, al trillar, en los primeros días abrasadores de agosto, pensaba que no volvería a ver más a los bueyes girando sobre la mies seca en aquella era. Habían pensado marchar a Graus cuando concluyera la recolección del cereal, a finales de agosto. Pero decidieron retrasar un poco la partida: Joseph dijo que quería vendimiar y encubar el vino. La vendimia de 1761 fue triste para Bardaxí: entonces ya estaba seguro de que nunca más cortaría uvas en Puyarruego.

Marcharon en noviembre. Sólo se llevaron la plata y el oro. Iba dentro de las arcas, en dos mulas. María Ana, con el niño en brazos, montaba la misma mula en la que subió de Barbuñales cuando se casó. Bardaxí iba en un caballo negro. Nunca más hubo caballos así en la aldea. Salieron al amanecer. Los acompañaban Fray Eustaquio y dos criados. Bardaxí ocultaba una pistola bajo la casaca. Los criados llevaban escopetas. Todos los vecinos de la aldea los vieron partir. En la puerta de la casa, bajo las grandes dovelas, quedaron llorosas las dos hermanas de Joseph. Manuel, el hermano presbítero, los acompañó hasta el río.

El viaje fue largo y silencioso. Agotador. María Ana se cansó mucho. Cuando llevaban sólo dos horas de camino ya no podía más. Tenía los brazos entumecidos, pero no quería dejar el niño. Por fin, cuando temió que se le cayera, accedió a dejárselo un rato al criado más viejo, luego lo cogió el otro y más tarde lo tomó su padre. A medio día todos estaban cansados. Comieron junto a una fuente y continuaron la marcha. La tarde resultó triste y pesada. Aquel camino parecía interminable. Ya hacía dos horas que era de noche cuando llegaron a Graus. La villa estaba callada y oscura. Caminaron hasta la Plaza Mayor y se detuvieron ante su casa. Era un edificio soberbio que ocupaba todo un lado del gran cuadrilátero de la plaza. Cuando oyeron el ruido de las cabalgaduras salieron los de la casa con luces. María Ana sintió algo parecido a lo que notó cuando, recién casada, llegó a Puyarruego. Su marido sentía lo mismo al entrar en la casa de Bardaxí de Graus: eran los amos y no la habían visto nunca.

Doña Mariana Canela también sentía algo raro, una desazón extraña. Le parecía que era un poco culpable de todo aquello por no haber dado hijos a su difunto marido. Cuando Fray Simeón propuso lo de nombrar heredero al Bardaxí de Puyarruego ella lo aceptó sin decir nada. Pero sufría. No sabía cómo resultaría aquello. ¿Se entenderían? ¿Seguriría ella siendo la dueña hasta que muriera? Se propuso serlo. Bien estaba que al Bardaxí aldeano le dejaran la casa para mantener el apellido. Bien estaba que se hiciera cargo de la herencia. Pero ella era la usufructuaria de los bienes de la casa de Bardaxí de Graus y, mientras viviera, en aquella casa se haría su voluntad. Todavía vivió diez años más. María Ana y Joseph sufrieron bastante. La vieja tortosina no perdía oportunidad de recordarles quién era la dueña. Sólo ella daba órdenes a los criados de la casa. Era algo beata. Dirigía rezos interminables a los que hacía asistir a todos. Cerraba las alacenas con llave y llevaba las llaves en un bolsillo. Daba órdenes caprichosas. Siempre hacía servir el vino aguado y escatimaba el aceite como si escaseara. Cuando murió la viuda, María Ana respiró tranquila. Pero nunca pudo olvidar aquellos diez años. El recuerdo de la vieja quedó unido para siempre a las estancias del altivo caserón: María Ana no pudo jamás sentir afecto por aquella casa. Cuarenta años después aún notaba aversión hacia todo lo que había tocado la vieja. Siendo ya muy anciana, en las puertas de la muerte, la de Azara aún soñaba con abandonar la casa de Bardaxí de Graus para marchar a vivir a cualquier otro sitio. No podía soportar el recuerdo de la vieja y el de sus niños muertos. Había sufrido mucho en la casa más hermosa de la plaza de Graus.

María Ana decidió destetar a Dionisio cuando tenía un año y medio. Ni para tomar aquella decisión fue libre. La vieja Canela hacía días que insistía en que la leche de la madre no alimentaba al niño: por eso se criaba delgado. Poco después la de Azara quedó embarazada. Bernarda de Bardaxí nació a comienzos de 1763. Era una niña hermosa. Su madre estaba contenta: quería una niña. Le duró poco la alegría. Bernarda murió cuando sólo tenía una semana. Al año siguiente nació María Francisca de Bardaxí y en 1766 Eusebio de Bardaxí. Dos años y medio después María Ana dio a luz otro niño al que llamaron Anselmo y en Junio 1771, cuando llevaba trece años casada y acababa de cumplir treinta y uno, tuvo un niño al que pusieron de nombre Manuel. Era el sexto hijo. Un año después nació María Simona y todavía no habían pasado dos años más cuando nació María Teresa. Pobre María Teresa. Vino al mundo en tiempos tristes: el día en que vio la luz hacía dos meses que habían enterrado a su hermanito Manuel. Ella tampoco habría de vivir mucho, al igual que su hermano Rafael, nacido en mayo de 1776.

En octubre de 1777 María Ana estaba —como siempre— embarazada. Le faltaban pocos días para dar a luz. Había viruela en Graus. María Ana temblaba. Pensaba en sus siete hijos vivos y en los dos difuntos. Tenía miedo. La viruela entró en la casa de Bardaxí de Graus al comenzar el mes de octubre. El día cinco murió María Teresa: le faltaban diez días para cumplir tres años. El día veintitrés murió Rafael: aquel mismo día cumplía quince meses. Su madre cayó en cama afectada por el dolor. A los veinte días de morir Rafael nació Martina y catorce meses después Vicente.

María Ana iba a cumplir cuarenta años. Pensó que ya no tendría más hijos. Pero aún llegó Joaquina, que nació en 1783. Luego, ya no hubo más. Doce veces parió la de Azara: seis niños y seis niñas. Cuatro hijos murieron en la infancia: dos niños y dos niñas.

A veces, María Ana, cuando se encontraba amamantando a uno de sus niños y se daba cuenta de que en cuanto lo destetara se quedaría, de nuevo, embarazada, pensaba que el destino de las mujeres era triste. En los papeles del archivo de la casa de su marido había leído los folios donde los antepasados llevaban un registro de los hijos que tenían. Todos los folios eran parecidos. Todas las mujeres de la casa habían vivido existencias como la suya: siempre embarazadas, siempre criando niños, siempre llorando hijos muertos. Se casaban a los veinte años y luego, hasta los cuarenta, tenían un hijo cada dos años.

Cuando amamantaba a Joaquina pensaba en sus hermanos. Los varones de la casa de Azara se labraban porvenires brillantes: José Nicolás acababa de ser nombrado embajador del Rey de España en Roma, Félix llevaba tres años al servicio del rey en América y Eustaquio ya era obispo. Los hijos mayores de María Ana, de la mano de sus tíos, también habían emprendido carreras prometedoras: Dionisio ya era doctor en derecho canónico y Eusebio, que estudiaba leyes, marcharía pronto al Colegio Español de Bolonia. Mientras tanto ella, sentada tras los vidrios de los balcones que daban a la Plaza Mayor, seguía amamantando niños.

Tampoco Joseph de Bardaxí estaba contento con su destino. El día que aceptó la herencia de Graus y pactó el matrimonio con María Ana consiguió acrecentar su fortuna y emparentar con una familia que tenía buenas relaciones en la corte. Aquel día abrió la puerta que sacaba a su linaje de la aldea y lo ponía en el camino del poder. Pero luego se dio cuenta de que en aquel camino él no pintaba nada. Sus hijos siguieron carreras brillantes en lugares lejanos que Joseph ni sabía que existían hasta que los pisaron Dionisio, Eusebio y Anselmo. Eran los hermanos de su mujer quienes daban las órdenes y dirigían los pasos de los muchachos. Las hijas se casaron en pueblos de los que él nunca había oído hablar, con personajes influyentes en la política que eran amigos o hijos de los amigos de sus cuñados.

En Graus su casa era la mejor de la villa. Poseía una capilla en el convento de los Dominicos y otra en la iglesia de San Miguel. Pero no se sentía seguro: creía que los otros infanzones que vivían en la plaza lo consideraban un advenedizo. Aquella vieja

Mariana Canela le había amargado la juventud recordándoselo constantemente sin decirlo nunca.

Los montes de Graus le eran desconocidos. Cuando se fue de la aldea, tanto como el abandono de la casa de sus antepasados sintió dejar dos perros con los que recorría los montes de Puyarruego para cazar. En la villa ribagorzana salió también algunos días —sobre todo al principio— con la escopeta. Pero no conocía el monte. Allí cazaban de otro modo. Le pareció que los vecinos lo miraban con cierta sorna y terminó por abandonar la escopeta en el desván.

Con la pesca ni lo intentó. En el río de la aldea sabía qué red emplear en cada momento. Conocía los pozos, los remansos. Sabía dónde estaban las truchas. En Graus los señores no pescaban. Ponían en su mesa las truchas que pescaban sus criados o las que compraban a los hombres más pobres de la villa, dedicados a la pesca para sobrevivir. Bardaxí los veía caminar por la Plaza Mayor anunciando su mercancía y al pasar cerca de ellos, cuando veía en la cesta —entre hojas de col— los lomos lustrosos de las truchas y percibía su aroma, añoraba las tardes de pesca en el río Bellos: tal vez en aquellos momentos hubiera cambiado gustoso la vecindad de los ilustrados infanzones de la plaza por la compañía del viejo criado de la aldea que le había enseñado, en la niñez, a lanzar el «esparvero» y a plantar el «bulturín».

Con la tierra tampoco tuvo suerte. El patrimonio de la casa de Bardaxí de Graus era excelente. Se componía de huertas grandes y bien regadas, de viñas extensas y de buenos olivares. Contaba también con varias plantaciones de moreras cuyas hojas se destinaban a la alimentación de legiones de voraces gusanos de seda. Los gusanos proporcionaban buenos ingresos. Se acababa de instalar en la villa una fábrica de hilaturas que compraba los capullos a buen precio. Pero Bardaxí no entendía todo aquello. Él estaba acostumbrado a trabajar de otro modo, a cultivar otras cosas.

Los viejos criados de la casa de Graus pronto se dieron cuenta de las vacilaciones del nuevo amo: las dudas del señor y la seguridad que ellos tenían en su oficio los hicieron altaneros.

Cuando su esposa estaba criando a su última hija, Bardaxí vivía sumido en una confusión total de valores. Para él, que era ante todo labrador, la tierra había representado siempre la fuente suprema de riqueza. Sin embargo sus cuñados parecían verlo todo de otro modo y estaban consiguiendo que sus hijos lo vieran igual: los muchachos despreciaban la agricultura y se preparaban para ganar empleos que rentaban mucho más. No sólo no se peleaban por heredar el patrimonio sino que querían huir de él. Joseph de Bardaxí llegó a temer que ningún hijo quisiera ser labrador. Abrumado por este temor se negó a que el menor —Vicente— siguiera los pasos de sus hermanos y lo preparó para que cuando fuera mayor se hiciera cargo del patrimonio.

Pero Vicente no amaba la agricultura. Le tocaron vivir tiempos muy duros: fueron aquellas primeras cuatro décadas del siglo XIX español que, entre guerras, represiones y constituciones, pusieron del revés todo lo que estaba derecho y derribaron lo que llevaba siglos en pie. Se perdieron los señoríos, se volvieron altaneros los antiguos vasallos hasta disputarle al que fue su señor cada palmo de sus propiedades y los jornaleros olvidaron la sumisión de antaño.

Vicente tenía un pariente juicioso y trabajador que vivía en un pueblo cercano. Aquel hombre visitaba con frecuencia la casa de Bardaxí de Graus y —sin decirlo— sufría viendo su decadencia. Por eso, cuando el amo de la casa le pidió consejo acerca de cómo explotar el patrimonio, el pariente prudente se tomó unos días para pensarlo y luego respondió por escrito: *«El punto más difícil de decidir en la actualidad en la casa de Bardaxí es si conviene o no la administración de la labor en casa. Ambas cosas tienen sus inconvenientes no pequeños. No habiendo Amo en casa que sea muy aficionado a la labor, que esté continuamente y a todas horas en el monte y en casa con los criados y jornaleros, en este caso debe arrendarse, a pesar de que conozco —y sé prácticamente— lo mucho que pierde la hacienda estando arrendada por cada año, porque lo he visto prácticamente, y en este país más que en ningún otro, porque todas las fincas están pendientes y las contínuas aguas se llevan la flor de la tierra y los arrendadores no cuidan de distribuir las aguas. Y también, como todo es plantío, si el arrendador tiene bueyes todo lo matan: cepas, árboles frutales, morales, etc. Pero por punto de economía soy de dictamen deben arrendarse las viñas y los campos, menos el de Capata, que éste debe cultivarse en casa porque se saca un tercio o más de utilidad como se ve sucede en la actualidad, y los morales estarán más bien cuidados. Para la demás hacienda lo mejor sería ver si se encuentra un arrendador forastero que tuviera un par de mulicas, aunque para comprarlas fuera menester adelantarle un par de onzas que poco a poco las fueran pagando, en lo que se ganaría mucho, por conservar los morales en los campos, que con la labor de bueyes es sumamente difícil. Entonces no teniendo el arrendador llevaría a ella todo el estiércol que hiciese. En este caso los pactos del arriendo deben ser a medias todo el fruto, que deberá llevar el arrendador a casa del señor».*

Pero el pariente consejero no se engaña: sabe que lo esencial para que un patrimonio agrícola funcione es que lo controle alguien que lo entienda y lo ame. En la casa de Bardaxí había un criado viejo y raro, adusto, de genio vivo y ademanes bruscos. Aquel hombre había servido en la casa desde niño y conocía como nadie los campos y las labores. Gracias a él la hacienda de Bardaxí seguía siendo rentable. El pariente, que veía cómo funcionaba todo, se había dado cuenta del papel de aquel sirviente: *«Se ha de procurar reterner en casa por criado, a costa de algún sacrificio si es menester, a Mariano Villanoba por muchos motivos: porque es hombre de bien, porque es fiel, porque tiene mucho amor a la casa, está muy bien impuesto en el manejo de ella y para criado la mira con bastante interés y en la actualidad es absolutamente preciso y necesario por lo que es preciso aguantarle alguna ridiculez si la tiene y rarezas que con el tiempo le han de venir por la edad y por la sordera como sucede a todos».*

Don Vicente de Bardaxí y Azara escuchó este último consejo porque le convenía. El viejo criado gobernaba la hacienda. Él decidía cuándo se labraba y cuándo se sembraba, contrataba a los jornaleros, vendía el trigo, el vino y el aceite, compraba aperos y recorría —incansable— las fincas. Don Vicente, en la penumbra del gabinete de su hermosa casa, no estaba contento con su destino. Se acordaba de sus hermanos. Eusebio ... todo el mundo hablaba de Eusebio: había recorrido Europa ocupando cargos diplomáticos, había llegado a presidir el gobierno de la nación ... y sin embargo —quién lo diría— siempre estaba sin dinero, siempre pedía ayuda a la casa de Bardaxí de Graus. Aquel pobre criado de carácter difícil no lo sabía: pero el dinero que él cobraba a los montañeses que acudían a la casa para comprar vino o aceite, servía para sacar de apuros a un político que ocupaba los más altos cargos del estado.

Don Vicente pensaba que había sido más afortunado Dionisio, el cardenal. Lástima que no hubiera tenido una vida larga. Pero en Roma conoció cosas que desde Graus no podían ni imaginarse.

CAPÍTULO VIII

«...EL HIJITO DE LA SEÑORA DE CASA DE DON CRISTÓBAL...»

El carnaval era muy alegre en Roma. Duraba ocho días repletos de máscaras y de fiestas, de óperas y de comedias. Monseñor Dionisio Bardaxí, auditor de la Rota disfrutó mucho en los días de mediados de febrero de 1792: era su primer carnaval romano. Todo lo que veía despertaba su curiosidad. Todo lo encontraba distinguido y vistoso. El Corso le recordó las calles de las ciudades españolas cuando se engalanaban el día de Corpus Christi para la procesión. Las casas y palacios del Corso romano también mostraban damascos y tapices en las ventanas y en los balcones. Todo el lujo, el color, la riqueza y la alegría de la dulce vida romana se concentraban en aquella calle para celebrar, en los días de carnaval, el juego de bárbaros.

Al auditor de la Rota, que contemplaba los preparativos del juego desde el balcón de un palacio ricamente engalanado, comenzó por sorprenderle la llegada de la bandera. Era una riquísima enseña bordada en oro y plata. El Conde Orcini —Maestro de Cámara del embajador de España, tío de Bardaxí— iba explicando al de la Rota los detalles de la fiesta: las ricas banderas, una para cada día del carnaval, eran un tributo que pagaba a la ciudad la comunidad hebrea que moraba en ella. Salvador Borrell, el criado del auditor, lo escuchaba todo y luego, cuando escribía a España contando cómo transcurrían las alegres jornadas del carnaval, al hablar del tributo de los judíos decía asombrado: *«de esta maldita raza hai 11 mil habitantes dentro de la Ciudad»*. La bandera donada por la raza que Borrell llamaba maldita se colocaba en un extremo de la larga calle. En el extremo contrario se preparaban ocho jinetes sobre caballos muy bravos, sin freno y con tormentos. Los caballos estaban magníficamente adornados y los jinetes lucían galas muy vistosas. No menos llamativos eran los vestidos de los que contemplaban el espectáculo: en los balcones y en las ventanas se agolpaba lo más selecto de la sociedad romana. Eran prelados, príncipes de la iglesia y de los otros, nobleza doméstica, monseñores y embajadores, todos con sus lacayos y con sus damas. Cuando estaban dispuestos los corceles y la bandera, a una señal, se soltaban los ocho caballos que, heridos por el tormento, partían al galope, feroces como aquellos caballos de Atila que salen en los grabados antiguos: quizá por eso se llamaba juego de bárbaros. Borrell, el criado del auditor, los vio pasar bajo su balcón y pensó que nunca había visto nada tan veloz: *«el Corso es de largo un cuarto de hora, los caballos lo pasan en 4 ó 5 minutos y el ver pasar los bravos es lo mismo que ver pasar una exhalación o un relámpago»*. El primero que llegaba a la bandera se hacía con ella como premio. El público de la calle, formado por *«una infinidad de almas las más con máscara y disfraz»*, aclamaba al vencedor. El juego se repetía los ocho días del carnaval, siempre con el mismo público bullicioso y alegre, elegante, colorista, enmascarado.

Al atardecer las multitudes se repartían por los teatros donde se representaban todo tipo de comedias y de óperas. Cuando concluían los espectáculos lo más selecto de la sociedad romana acudía —ya era medianoche— a una gran fiesta, a la mayor de las funciones: el Festín. Se bailaba, se jugaba y se bebía. El criado del de la Rota acudía al Festín con su señor. El Festín de 1792 lo llenó de ansiedad unos días. Era la primera vez que iba a asistir a una de aquellas fiestas famosas: ¡había oído hablar tanto de ellas! Escribió a España nervioso, impaciente: *«allá (en el Festín) dicen se baila se juega y otras mil cosas, cuando lo habremos visto podremos dar más exacta relación»*. Una vez concluída la carta el criado aún seguía pensando en la fiesta. Tuvo que añadir en postdata: *«En el Festín no se puede entrar sin máscara y sin disfraz»*.

Borrell disfrutó mucho junto a su amo. Estaba encantado de servir al joven Bardaxí que, con treinta años recién cumplidos, ya era auditor de la Rota. Vivían en el hermoso palacio del Marqués Núñez, cerca de la Plaza de España, en una de las mejores zonas de Roma. En el enorme palacio, el auditor y su séquito sólo tenían alquiladas una parte de la planta primera y otra de la segunda. Era una vivienda lujosa y bien amueblada, cubierta toda de damascos y de raso, como correspondía a la elevada posición del joven clérigo. Costaba mucho mantener la dignidiad y la pompa que el cargo exigía. Tenía monseñor tres carrozas grandes y dos carrocines de dos asientos. De entre las carrozas, la de gala, que era la mejor, costaba tanto como ganaba un buen abogado romano en cuatro años. Las guarniciones de los dos caballos que el de la Rota solía usar ya valían tanto como ganaba al año un abogado. Y, por lo visto, el auditor había conseguido una verdadera ganga: su asesor en estos temas decía que lo había comprado todo muy barato.

En los días de carnaval de 1792 Dionisio Bardaxí tenía cuatro caballos. Dos se los había regalado su antecesor, Monseñor Despuig, y otros dos los compró él. Borrell estaba entusiasmado con los caballos de su amo: *«Los cuatro son hermosos caballos, pero los dos jóvenes son bellísimos y si no tienen desgracia dentro de un año serán los más hermosos que correrán por las calles de Roma»*. Pero cuatro caballos eran pocos: necesitaba por lo menos otros dos. Hasta que los encontrara podía usar un par de los de su tío. En las cuadras del embajador de España había excelentes corceles, tan buenos —por lo menos— como los que Borrell alababa.

Azara, el embajador —hermano de la madre del auditor de la Rota—, disponía de un residencia magnífica: *«Cómo tiene el Palacio es imposible el poderlo decir por menudo, basta que sepa V.S. que es Palacio Real y que lo tiene como tal»*. El servicio de tan distinguida mansión se componía de casi treinta personas. El sobrino no contaba con tantos criados. Estaban a su servicio cinco lacayos, dos cocheros, un mozo de caballeriza, un camarero y una mujer para cuidar de la ropa, además del fiel criado Borrell, que había venido de España con el joven auditor. El salario de los criados domésticos le costaba a Bardaxí unos setenta duros cada mes. Para el estudio tenía otros tres criados: eran abogados de talento que estudiaban a fondo los casos sobre los que su amo debía emitir voto en el tribunal de la Rota. Conocido y examinado el expediente de una causa, dos de los abogados transmitían secretamente al auditor su juidio sobre el caso. Después Bardaxí consultaba al tercero de los abogados —el ayudante de estudio— que era el principal y emitía su dictamen públicamente. Con el parecer de todos y con las razones que exponían, el auditor iba formando su propio juicio para votar en la Rota lo que juzgara oportuno en cada caso. Los dos abogados «secretos» de su estudio no cobraban nada: eran jóvenes de buenas familias romanas que con su trabajo se ejercitaban en el dominio de la compleja administración vaticana. El ayudante de estudio cobraba quince duros al mes.

Monseñor Dionisio Bardaxí de Azara podía considerarse un hombre afortunado. Era joven y estaba en Roma con un empleo excelente. Habitaba un palacio hermoso. Tenía una docena de criados, cinco coches y unos caballos bellísimos. Para navegar por las procelosas aguas romanas contaba con la sabia ayuda de su tío el embajador, que servía al rey de España en la ciudad desde hacía veinte años. ¡Ah, Roma era bella en aquellos días del carnaval de 1792!

Dionisio Francisco Joseph Mariano de Bardaxí y Azara había nacido el nueve de octubre de 1760 en la aldea de Puyarruego. El nombre primero se lo proporcionó el santoral porque el día que vio la luz celebra la iglesia la festividad de los santos Dionisio y Anastasia. Los otros tres los tomó de la familia: Francisco se llamaba un bisabuelo por línea paterna, su padre se llamaba Joseph y Mariana era el nombre de la tía viuda de Graus.

Nació en el caserón de la colina entre los ríos que habían hecho construir dos siglos antes aquellos Garcés y aquellos Pérez inquisidores antepasados suyos, en una alcoba de la planta noble cuyo suelo de guijarros pequeños —ordenados para formar dibujos geométricos— descansaba sobre una bóveda. Su madre sólo tenía veinte años. Su padre pocos más. Debían marchar a Graus, para vivir en la casa que habían heredado, pero no parecían mostrar mucha prisa por abandonar la aldea.

Dos días después de nacer lo bautizaron. Tenían en la casa una capilla dedicada a San José, construida hacía un siglo, pero no lo bautizaron en ella. Lo llevaron a la iglesia parroquial. Allí, en la capilla de San Victorián, que era de la casa de Bardaxí, sobre la cripta donde reposaban diez generaciones de huesos de antepasados, recibió el niño el agua bautismal de manos del párroco que su padre —como patrón de la iglesia— había puesto. Lo levantó de la pila fray Eustaquio de Azara —hermano de la madre— que era monje y prior mayor del monasterio de San Victorián. La iglesia era oscura. Las casas de la aldea eran oscuras. Las calles oscuras y sucias. Aquel once de octubre se juntaron en el lugarejo olvidado dos futuras dignidades eclesiásticas: fray Eustaquio acabó sus días como obispo de Barcelona y el niñito que levantó de la pila estaba llamado a ser príncipe de la iglesia. En las viejas casas de los infanzones de las montañas solían guardar una joya extraña que reunía en sus distintos elementos toda la magia ancestral de las creencias primitivas para proteger a los niños. Constaba de la figura de una sirena de plata, como un mensaje remoto de aquellas ninfas de ambivalentes poderes misteriosos que maltrataban a los hombres pero cuidaban y protegían a los niños en sus cuevas pobladas de fuentes y estanques subterráneos. Junto a la sirena estaban el león —el rey de los animales, la fuerza—, el hisopo para el agua bendita y la campanilla con la que ahuyentar los malos espíritus que llenaban los aires. Destacando sobre los otros elementos —primitiva, oscura, con sus pelos recios y brillantes, con sus uñas duras de azabache— estaba la pata de tejón engarzada en plata. En conjunto era un adorno pesado. El que colgaba del cuello de Dionisio cuando lo llevaron a bautizar pesaba medio kilo: *«un adorno para chicos como es Sirena de plata, Leon, Hisopo, Campanilla y mano de tajugo, pesa una libra y cinco onzas».* Ésta fue la primera plata que Dionisio Bardaxí llevó colgada al cuello. La sirenita y la pata de tejón de la aldea le trajeron suerte: acabaron transformándose en riquísima cruz pectoral.

Muchos años después, cuando Dionisio —Cardenal de Bardaxí de Azara— hizo testamento en Roma, se acordó de la oscura aldea donde había nacido y dejó *«cien doblones a la Iglesia parroquial de Puyarruebo donde yo fui bautizado y otros ciento al Ayuntamiento para que los emplee en beneficio del pueblo».*

De la aldea, el purpurado romano no guardaba imágenes: la abandonó cuando aún no había cumplido los dos años y —probablemente— nunca la volvió a pisar. La toma de posesión de aquella herencia no podía aguardar más y Dionisio marchó con sus padres a habitar la gran casa que cerraba por el este la plaza mayor de la villa de Graus. Aquella fue la casa de su infancia. Cuando en Roma, ya viejo, evocaba los años de la niñez se veía en la casa de Graus. El pariente que se la donó en herencia se llamaba Cristóbal Bardaxí y la mansión era conocida en Graus como «la casa de Don Cristóbal».

Los cardenales eran todos viejos. El cardenal Bardaxí cada vez que escribía a sus parientes tenía que dar cuenta de la muerte de varios principes de la iglesia y mientras iba detallando tantos funerales cardenalicios se daba cuenta de que todos los que llevaban capelo estaban ya algo achacosos y como en disposición de pasar pronto a mejor vida. Entonces escribía: *«yo procuraré que entre ellos no vaya el hijito de la señora de Casa de Don Cristóbal y si me tocase la suerte no habrá mas sino encojerse de hombros como decía D. Quijote y tener paciencia».* Desde que Dionisio era el niñito de la casa de Don Cristóbal habían pasado muchos años y muchas cosas. Habían sido tiempos agitados.

Stendhal amaba a Napoleón. Vivió recordando siempre aquellos años gloriosos. Sólo en las hazañas y en los tiempos del Emperador encontraba grandeza. Escribió una biografía de Napoleón y trazó el retrato de sus más famosos generales. De Massena decía que era un ignorante, pero admiraba su desbordante energía, redoblada siempre frente a las mayores adversidades. Es difícil escribir palabras más efectuosas sobre un ladrón: *«De familia muy pobre, tenía la desgracia de ser aficionado a robar, y en Roma su ejército se vio obligado a expulsarle; pero su valor y su genio eran tales, que, pese a este horrible defecto, del que eran víctimas los soldados, éstos no podían por menos de quererle. Siempre tenía con él alguna querida: generalmente era la mujer más bonita del país donde mandaba, y siempre procuraba hacer hallar la muerte al ayuda de campo que le gustaba a su amante».*

Massena llegó a Roma en febrero de 1798, en aquellas mismas fechas que media docena de años antes habían deparado a monseñor Bardaxí las delicias de su primer carnaval romano. El mes de febrero de 1798 no vio a los alegres patricios de Roma contemplando —disfrazados— el juego de bárbaros en el Corso engalanado. Los soldados de la Francia revolucionaria habían ocupado la ciudad. Los príncipes y los condes no sólo carecían de disfraz: muchos no tenían ni casa ni ropa. Los franceses lo habían arrasado todo. Lo de los bárbaros ya no era un juego.

Massena hizo honor a su famosa rapacidad: llevó a cabo un saqueo inmisericorde. Muebles, alhajas, cuadros, ropas y todo lo que tenía algún valor les fue arrebatado a los romanos por los generales y jefes franceses que acompañaban a Massena. El honor francés quedó arruinado ante los ciudadanos de Roma. Los soldados se sublevaron contra el general saqueador. *«Le plus infame voleur de l'univers»:* así lo calificaron cuando fueron a presentar sus quejas al general Berthier. José Nicolás de Azara, el viejo y atribulado embajador español, no lo tenía en mejor concepto: *«Massena pasa por el mayor terrorista de Francia».*

El embajador de España, como ya tenía referencias del general francés, decidió no arriesgarse a pasar por las mismas tribulaciones que los ciudadanos romanos: reunió sus joyas y su dinero y lo puso todo en manos de Dionisio Bardaxí, su sobrino, que abandonó la Ciudad Santa antes de que se produjera el saqueo. El tío quedó en Roma, consternado, asombrado. En su larga carrera diplomática había visto muchas cosas pero el comportamiento de los franceses en la ciudad pontificia las superaba a todas.

En aquellas aciagas jornadas escribía cartas a su otro sobrino Bardaxí, Eusebio, el hermano de Dionisio, que desempeñaba un puesto diplomático en Florencia. Son epístolas tristes escritas por un anciano inteligente y pesimista, sabio, culto, impotente ante tanta destrucción. Le cuenta al sobrino que no puede ni imaginar lo que sucede en Roma. El papado ya no existe mas que en el nombre. El estado está disuelto y Roma destruída sin esperanza de que pueda volverse a levantar algún día. Todos los romanos están tan aturdidos que su estado mueve a compasión. El viejo embajador daría la mitad de su sangre por no ver lo que ve y cambiaría gustoso su importante ministerio por el oscuro consulado de Argel. Los revolucionarios se han adueñado de la ciudad y la han llenado de árboles de la libertad. En su osadía han llegado a plantar uno ante la misma casa del embajador. La despedida de su carta de 19 de febrero de 1798 es bien expresiva: *«Actualmente están más de veinte mil personas con tambores, hachas y banderas gritando como energúmenos debajo de mis ventanas, mira que música para escribir. Adios».*

El Papa, el viejo Pío VI que había anunciado su voluntad de no abandonar jamás Roma, debe dejar la ciudad prisionero de los franceses que lo trasladan a Siena. Es un anciano enfermo y solo. Los cardenales se han dispersado. El embajador de España se irá pronto. Ha pasado la mitad de su vida en Roma, pero la ciudad que ve ya no es la suya: *«ni Alarico hizo lo que estos cafres».* Y lo decía el que llamaban —y era— amigo de los franceses. Quiere irse. Quiere olvidarse de todo y esconderse en la casa de sus antepasados, en los montes de Aragón, con sus libros y con cuatro amigos. Sólo le duele dejar en la ciudad a la mujer que tanto ha amado. Es tristísimo —le escribe al sobrino— dejar *«esta pobre princesa abandonada como queda en manos de estos locos».*

Azara fue nombrado embajador en París: el puesto más compremetido para un embajador en aquellos días. Desde allí siguió escribiendo cartas a su sobrino Bardaxí. Tiene que resolver asuntos gravísimos de estado, pero el recuerdo de la princesa abandonada acosa al viejo diplomático: *«es una espina que me atormenta».*

Mientras esto sucedía en Roma, en las montañas de España, don Joseph Bardaxí —padre del auditor de la Rota y cuñado del embajador— se enfrentaba a problemas de otra trascendencia: sus vasallos de Villanova se mostraban levantiscos en el tema de las patatas. Don Ignacio de Asso ya se había enterado de que en Villanova cultivaban patatas. Esto es asombroso y dice mucho en favor del ilustrado escritor aragonés. Publicó su «Historia de la Economía Política de Aragón» en 1798, cuando los soldados de Napoleón eran dueños de Italia y los romanos vivían atribulados por la feroz rapiña de los franceses. Don Ignacio escribe en su libro que se acaba de introducir un cultivo nuevo en Aragón: la patata. Cita a Villanova como pueblo pionero y dice que por aquella parte del valle de Benasque las llaman «triunfas». Tenía razón Asso. Las primeras patatas habían llegado a Villanova, procedentes del valle de Arán, hacía unos quince años. Los campesinos vasallos de Bardaxí comenzaron a sembrarlas y, viendo que producían bastante, su cultivo se extendió. Pero la introducción de un nuevo producto agrícola generaba problemas que los ilustrados miembros de la Real Sociedad Aragonesa de Amigos del País o los sabios exploradores y botánicos que traían nuevas semillas de América no podían sospechar: ¿se debía pagar décima y primicia de las patatas?

El párroco de Villanova —nombrado por Bardaxí— paseaba por las sendas de los alrededores del pueblo y husmeaba por los campos y por los huertos. Aquello formaba parte de sus tareas como capellán y como guardián de los intereses de su señor. Cuando los campesinos cosechaban él también cosechaba porque una parte de los frutos que arrancaban a la tierra iba a parar a su granero. Tal vez no había nadie en el pueblo que evaluara con tanta precisión como él la producción de cada parcela de trigo o de judías. Sólo dos productos le interesaban poco: los ajos y las cebollas, de los que no se pagaba décima ni primicia. Un día, en uno de aquellos paseos repletos de cálculos mentales sobre almudes y fanegas de cereales y de legumbres, vio en un huerto hileras de matas de una planta nueva y desconocida. Nada preguntó al dueño del campo, pero no olvidó aquellas matas lustrosas. Siguió su evolución para conocer el fruto que daban. El verano avanzaba y aquella planta parecía no producir nada. De repente, un día, observó cómo la tierra, inflamada al pie de las matas, terminaba por romperse y dejaba asomar una especie de manzanas terrosas y oscuras. Entonces redobló su vigilancia para capturar al campesino cuando recogiera la cosecha. No tardó en llegar el día. Las matas se murieron. Bajo las ramitas y las hojas secas la tierra se abría mostrando las redondeces de mil frutos. Eran los primeros días de otoño. Cuando el campesino comenzó a recoger las patatas llegó el párroco a exigir su parte. El campesino respondió que no, que de las «trunfas» no se pagaba diezmo ni primicia. Eran como los ajos y las cebollas. Estaba muy claro. El reverendo mosén podía verlo: crecían bajo tierra y por lo tanto no pagaban. Aquel día oyó por vez primera el nombre del nuevo cultivo: «trunfas». Le dijo al campesino que las «trunfas» no eran ni ajos ni cebollas y que por lo tanto debía entregarle la parte que le correspondía. El labrador se negó y el cura —airado— marchó a escribir al obispo y al señor. El prelado esperó un tiempo por ver en qué paraba aquello de las «trunfas». Tal vez no pasara de ser un experimento caprichoso. Pero no lo fue. Poco a poco el cultivo se fue extendiendo. Llegaron al obispado los informes de otros párrocos de las montañas con la misma cantinela: los campesinos no querían pagar décima ni primicia de las patatas porque eran como los ajos y las cebollas. El obispo expidió un decreto en el que ordenaba pagar. Algunos pagaron, pero la mayoría no lo hicieron.

El párroco de Villanova estaba desesperado con sus feligreses y pedía ayuda al señor: *«este año no lo han podido ocultar, se me han negado absolutamente con la única razon de que teniendo posesion de no pagar zebollas, ni ajos, tampoco quieren pagar de trunfas, porque se crian debajo de la tierra. En algunas parroquias que se ha introducido, y lo han pedido los curas, pagan: pero este es un pueblo desaforado».*

Don Joseph Bardaxí no le hizo mucho caso al párroco. Bastantes problemas tenía él con sus vasallos como para ocuparse de aquellas malditas «trunfas». Cada año estaban más levantiscos.

Cada año costaba más cobrar las quistias, los usages y los jornales. En eso tenía razón el cura: eran gentes desaforadas. Y cada día más. De Francia llegaban noticias tremendas que animaban a los más revoltosos. Allí ya no había señores ni vasallos. Ya no había quistias, ni décimas. No había ¡ni Dios!

Lo de los vasallos iba mal. Muy mal. Pero otras cosas iban bien. La economía de la casa se había levantado gracias al dinero que desde Roma enviaba aquel bendito hijo que era auditor de la Rota y Monseñor. Porque esto del dinero tenía sus cosas raras. Él —don Joseph Bardaxí— había heredado las pensiones de dos docenas de censos. Era dinero antiguo, remoto casi. Lo habían prestado sus antepasados hacía doscientos años a los concejos de varias aldeas perdidas por las montañas. Pero hacía años que no lograba cobrar las rentas. Los aldeanos se negaban a pagar. Ni la justicia, ni los requerimientos, ni las amenazas conseguían nada. Y él necesitaba dinero. Desde que abandonaron la aldea para trasladarse a Graus, los gastos habían crecido mucho. En la villa se llevaba otro tipo de vida. Se cuidaban más los vestidos. Y las vajillas. Y los muebles. Había que estar a tono con los vecinos de la ampulosa plaza. Le costó decidirse, pero al fin lo hizo: pidió dinero prestado al Cabildo de Roda. Fueron dos mil pesos en censo. Por otro lado, la herencia que recibió en Graus no estaba libre de cargas: tenía que pagar al capítulo de la villa de Graus las elevadas pensiones anuales de dos censos. Por primera vez en su vida don Joseph se encontró al otro lado de la barrera: en el lado de los que tenían que pagar intereses cada año. La situación era atroz. Él no lograba cobrar las pensiones de los antiguos censos que le pertenecían, pero se veía obligado a pagar otras pensiones de las que no podía escapar. Cada año pasaba mil ansiedades para pagar los intereses de lo que debía. Cuando por fin lograba reunir el dinero, lo entregaba y comenzaba a pensar en los pagos del año siguiente.

De esta apurada situación vino a sacarle la ayuda de su hijo, el auditor de la Rota, que envió desde Roma dinero para luir o redimir los tres censos. Cuando se vieron libres de aquellas cargas todos respiraron tranquilos en el caserón de Graus. Doña María Ana la madre del auditor romano, no quería que alguno de sus sucesores volviera a pasar por el mismo trance y dejó un aviso nacido de sus angustias: *«Se abisa a los sucesores de los bienes de Don Josef de Bardaxí, que aun quando se hallen en el mayor aogo no tomen censo ninguno, en especial a cuerpo o universidad, por los males que se les seguiran y disgustos que tendran que sufrir irremediablemente con hipotecar sus bienes a carga tan pesada y molesta en vez de util, benefica y provechosa. La experiencia me lo enseño y por eso te abiso asi. Vale».*

Aquéllos fueron unos años de vivos contrastes sociales. Allí mismo, en la plaza de Graus, estaban los contrastes. El palacio de Bardaxí —la Casa de Don Cristóbal— era grande, señorial, severo. Tenía cierto aire de palacio romano con sus balcones amplios coronados por frontones clásicos. Mirando desde los balcones, a la derecha, se veía una casa también hermosa pero más pequeña. Destacaban en ella las figuras coloreadas que adornaban el alero curvado. Era una casa coqueta. Respiraba el lujo tranquilo de la Ilustración. Pertenecía a los Heredias. Los Heredias eran herederos del señorío de Lapenilla, la aldea que había pertenecido a Rodrigo de Mur, aquel tarambana que marchó a París con la intención de matar a Antonio Pérez. Andando el tiempo una Heredia se casaría con un hermano de Dionisio Bardaxí, el de la Rota. A finales del siglo XVIII, cuando los vasallos de Bardaxí comenzaban a cultivar patatas, en casa de los Heredia, vivía el sabio don Ignacio. Era un ilustrado. Un hombre de su tiempo, dirían algunos. Había estado en París. Había sido comisario de guerra. Había servido muchos años al conde de Aranda como secretario. Tenía una biblioteca magnífica con cientos de obras clásicas y modernas en latín, en español y en francés. Disponía de un permiso de la Inquisición *«para que pueda tener y leer libros prohibidos por el Santo Oficio, excepto los de Pedro Suave, Nicolás Maquiavelo, y los que ex profeso traten contra Nuestra Sagrada Religión y de obscenidades, teniendolos con la debida custodia para que no los pueda leer otra persona»*. Don Ignacio de Heredia amaba el progreso. Quería redimir a todos por la cultura. Deseaba que se mejorara la agricultura con nuevas máquinas y nuevos cultivos, con abonos y con semillas selectas que incrementaran la producción. Guardaba en su biblioteca muchas de aquellas memorias manuscritas, tan abundantes entre los ilustrados de su siglo, que trataban de temas como los nuevos modelos de arado, la conveniencia de arar con bueyes o con mulas, o la rentabilidad de las distintas variedades de trigo. Él mismo era autor de varias memorias de este tipo.

Don Ignacio peleaba para que la agricultura se modernizara. Amaba el estudio y la experimentación. Era un racionalista. En la casa vecina el amo recibía cartas de su capellán en Villanova clamando contra los campesinos «desaforados» que no querían pagar por el nuevo cultivo. Todos lo tenían difícil. Los campesinos eran tercos. Captaban que algo estaba cambiando. Notaban que los tiempos de la sumisión callada estaban llegando a su fin. Pero todo era lento. Muy lento. La patata había tardado casi trescientos años en llegar desde América hasta las montañas de Aragón.

Joseph Bardaxí cuando recibió la carta del cura hablando de las «trunfas» ignoraba que provinieran de América. Él tenía un cuñado en América. Se llamaba Félix de Azara. Era hermano de su mujer. Pobre Félix. Tan listo y tan solo. Tan racionalista, tan estudioso, tan bueno. Y no lo apreciaban nada los virreyes y los gobernadores. Lo maltrataban. Le ponían zancadillas. Y luego le plagiaban los trabajos. Estaba en el virreinato de La Plata. Allí también celebraban el carnaval, como en Roma. Bueno, era distinto. Menos distinguido, pero igual de divertido. Cada año, en febrero o en marzo, el virrey sacaba un bando prohibiendo que en los días de carnaval arrojaran huevos, harina o agua a la gente. Algunas veces prohibía también los petardos y los fuegos artificiales. Pero nadie debía hacerle caso: por eso repetía el bando uno y otro año. Las multitudes de Buenos Aires —aquellas gentes contra cuya ociosidad clamaban los virreyes en sus informes— salían a las calles, se disfrazaban, cantaban y tiraban a los transeúntes todas las cosas que la autoridad prohibía. Buenos Aires contaba ya con sesenta mil habitantes. En los años que nos ocupan era una ciudad de calles sucias, polvorientas o encharcadas según la estación. Los sucesivos virreyes se habían ocupado de adecentar algunas avenidas. Cuando Azara llegó se disponían a empedrar las calles principales. Las lanchas que navegaban por el río estaban obligadas a traer piedra de la isla de Martín García. Luego, desde el puerto —con calma— las carretillas repartían la piedra por las calles. Primero se pavimentó la Plaza Mayor, luego la calle de las Torres. Más tarde se empedraron las cuadras que iban desde la Plaza Mayor hasta el Hospital de los Padres Belemitas, siguiendo el camino que acostumbraban a recorrer los señores virreyes cuando hacían su entrada pública oficial en la capital del virreinato.

Félix de Azara estuvo poco en la capital. Parece que no congenió mucho con los virreyes. Aquellos funcionarios cuyos informes reflejan sólo actuaciones sabias y prudentes guiadas por el único deseo de servir al rey y a sus súbditos, eran —en realidad— bastante mezquinos, altaneros y envidiosos.

Félix llegó a América en 1781, cuando contaba treinta y cinco años de edad. Era militar. Lo mandaron al virreinato de La Plata como ingeniero geógrafo para fijar con exactitud los límites fronterizos entre los territorios españoles del Paraguay y los portugueses del Brasil. Allí debía reunirse con los comisarios que Portugal había destacado para la misma misión. Los portugueses no tenían prisa. Veinte años los esperó Azara. Era inquieto y no estuvo ocisoso. Levantó mapas, exploró regiones poco conocidas. Estudió el país y a sus gentes. Escribió. Se interesó por las aves, por los peces, por los mamíferos. Obervó a los indios.

Es seductora la figura de Félix de Azara. Muy seductora. Solo, en regiones infinitas y desconocidas, sin libros, sin amigos, siente una enorme fascinación por su hermano mayor José Nicolás, el sabio, el triunfador. Apenas se habían visto durante unas horas. Cuando Félix —quince años menor que su hermano— nació, José Nicolás ya había abandonado la casa paterna para seguir sus estudios. Luego, Félix dejó también la casa de Barbuñales, donde había nacido en 1746, para completar su formación: primero en la Universidad de Huesca, luego en la Academia Militar de Barcelona. Allí fue donde se encontraron, casi por casualidad. Sólo unas horas. José Nicolás iba camino de Roma y al pasar por la capital catalana pudo abrazar a su hermano. Tenía diez y nueve años uno, y treinta y cuatro el otro. No se habían visto nunca. Y pasaron treinta y cinco años más hasta que se encontraron de nuevo. Allá en las desoladas planicies del Chaco o navegando por las aguas tranquilas del Tebicuray, Félix se acordaba de su hermano. Cuando —de año en año— se acercaba a Asunción o a otra ciudad, recogía noticias que hablaban de la firme carrera de José Nicolás. Era un diplomático cuya inteligencia y habilidad todos reconocían. Era también un hombre de letras, un sabio, un coleccionista de obras de arte exquisitas. Bodoni, el más famoso impresor del siglo, era su protegido. Mengs, el pintor por el que todos los reyes querían ser retratados, tenía en José Nicolás a su mejor amigo. La colección de antiguos bustos romanos y exquisitos camafeos del diplomático estaba entre los mejores de su época. Era una autoridad en temas de arqueología. Escribía con agudeza, hablaba con ingenio. Lucía mucho en los salones. Era amado por mujeres bellas y distinguidas.

Y mientras tanto Félix vivía al alire libre. Trataba sólo con una docena de soldados y con los indios. De vez en cuando se encontraba con algún gaucho taciturno, callado, pegado siempre al lomo de su caballo; o con los contrabandistas de cueros, aquellos gauderios o changadores que vivían sin ley y se mataban sin darle importancia. El hermano del diplomático se fijaba en todo. Todo le interesaba. Luego escribió libros bellísimos y los dedicó a su hermano:

«Querido Nicolás: Apenas hubimos nacido, cuando nuestros padres nos separaron. Durante el curso de nuestra vida no nos hemos visto más que durante el corto espacio de dos días, en Barcelona, donde yo te encontré como por azar. Tú has vivido en el gran mundo, y por tus dignidades y por tus talentos, por tus obras y por tus virtudes, te has hecho célebre en España y en toda Europa; pero yo, sin haber jamás llegado a ningún empleo notable, sin haber tenido ocasión de darme a conocer ni de ti ni de otros, he pasado los veinte mejores años de mi vida en los confines de la Tierra, olvidado de mis amigos, sin libros, sin ningún escrito razonable, continuamente ocupado en viajar por desiertos o en inmensos y espantosos bosques, casi sin ninguna

sociedad más que la de las aves del aire y los animales salvajes. He escrito su historia. Te la envío y te la dedico a fin de que ella pueda darme a conocer a ti y darte una idea de mis trabajos».

Con su hermana María Ana había tenido Félix una relación más intensa. Ella era cinco o seis años mayor. Vivieron juntos en el caserón familiar de Barbuñales hasta que Félix marchó a estudiar a Huesca y María Ana se casó con aquel Bardaxí de la aldea remota. Luego, Félix, desde América, supo de los progresos que los hijos de la hermana hacían en sus carreras. Cuando el siglo —entre convulsiones— acababa y el solitario explorador, cansado de soledad, anhelaba el regreso a Europa, sus sobrinos estaban en el ojo del huracán que agitaba al mundo.

Pío VI tal fue vez un poco pusilánime. Sí, débil, acomodaticio. Tuvo un pontificado largo, más fácil al principio, trágico al final. Cuando los franceses se lo llevaron de Roma era sólo un pobre viejo. Su figura recuerda a la de los ancianos, incapaces de valerse por sí mismos, sobre los que disputan los parientes para decidir qué hacer con ellos. Pío VI estorbaba a todos en todas partes. Los franceses querían cargarlo a los españoles. ¿No sois tan católicos? —parecían decir— pues tomad al Papa, ahí lo tenéis. El rey de España no deseaba que el Papa viniera. La presencia del pobre anciano desterrado hubiera avivado los sentimientos antifranceses del pueblo español. Podría haber revueltas. Pero los franceses seguían insistiendo: querían enviar a Pío VI a España. Azara estaba alarmado: *«Veo a estas gentes tan resueltas, que en el caso de que no aceptemos el partido que proponen, piensan coger al Papa por la fuerza y ponerlo en una mala barca que nos le deje en la primera playa de España»*. Por fin, ante la firmeza de los deseos franceses, el rey de España aceptó acoger al Pontífice en Mallorca. Pero entonces, los que habían arrancado de Roma al viejo Pío VI, mudaron de parecer y no lo embarcaron a las Baleares. Azara tuvo mucho que ver con el destino del Papa. A finales de julio de 1798 escribía a su sobrino Bardaxí:

«Veo el estado del Papa y lo compadezco. Has hecho muy bien tu papel con Reinard, y deseo que surta todo el efecto, y que dejen morir en paz ese pobre viejo, que aunque el mismo se ha precipitado en el abismo, no merecía tan mal trato. Son sus romanos los que lo persiguen pues aquí ya casi se habían olvidado del apuro, y vosotros creiais que yo no lo había podido conseguir».

El pobre Pío VI murió prisionero de los franceses en la ciudadela de Valence en 1799. La elección de un nuevo Papa se presentaba cargada de problemas. El cónclave se reunió en Venecia con una abrumadora mayoría de cardenales italianos y con la presión de todas las potencias europeas que deseaban un nuevo Papa adicto a sus tesis.

Don Joseph Bardaxí, por aquellas fechas, parecía seguir el mismo camino que el Papa y el siglo: se agotaba. Estaba muy enfermo. Tenía las piernas inflamadas. Sufría de grandes dolores de cabeza. Sintió un dolor fortísimo en el pecho. Perdió la vista durante algunos días y *«tuvo la cabeza mas o menos alterada»*. Su mujer anotó los síntomas con todo detalle en una carta y la despachó a su hermano el embajador para que consultara en París a un médico. El doctor hizo llegar al viejo caserón de Graus una receta larga y detallada. Aconsejaba que se abriera *«una fuente»* en la pierna del enfermo para *«establecer una salida por la cual el humor acrimonioso podrá evacuarse»*. También aconsejó la aplicación de sanguijuelas alrededor del ano, bebidas refrigerantes, purgas; sucos de borrajas con diente de león, perifollo y berros; pedilubios de agua tibia, lavativa, infusiones de hiedra y leche de burra. Todo fue inútil. Don Joseph Bardaxí y Barrau, señor de Lasaosa, Villanova, Las Vilas del Turbón y Abenozas murió al comenzar el nuevo siglo.

Mientras Pío VI y don Joseph Bardaxí veían pasar los que habían de ser sus últimos meses, el rey Carlos IV sacó un decreto con el que trataba de poner un poco de orden en el tema del nombramiento de los oficios en los lugares cuyo señorío no pertenecía al rey. El decreto obligaba a los señores a presentar los documentos en los que basaban su dominio señorial sobre los lugares que les pertenecían. A la vista de la documentación y con pruebas testimoniales de que el dominio se ejercía, el rey les autorizaría a seguir nombrando alcaldes en sus lugares.

En casa de Bardaxí fue de nuevo Dionisio quien tuvo que resolver —con su dinero— la situación. Muerto su padre, el auditor de la Rota, que como primogénito y —además— bien situado tenía cierta preeminencia en la familia, se embarcó en los trámites para que le fueran reconocidos sus derechos sobre los viejos señoríos familiares. Disponía de un buen archivo donde se guardaban todos los documentos de la casa. Había allí miles de escrituras. Abultadísimos legajos de censos, docenas de testamentos, muchas capitulaciones matrimoniales, inventarios, tomas de posesión, listas de tributos señoriales...: todo menos lo que necesitaba. No aparecieron los documentos más útiles. Los títulos primordiales de posesión no estaban en el archivo. El futuro cardenal sólo pudo presentar numerosas escrituras de tomas de posesión y de actos de homenaje que demostraban cómo sus antepasados fueron señores de Villanova, Las Vilas del Turbón y Abenozas, pero no logró hallar el documento donde constara de qué modo habían conseguido cada señorío. Pero aquella contingencia ya estaba prevista en el decreto real y podía solucionarse con dinero. El de la Rota parecía tenerlo.

Le costó 1.500 reales. Pagó mil en razón de la tercera parte de valimiento de los señoríos y los otros quinientos para suplir la falta de presentación del título primordial de posesión. Tras pagar, le fue reconocido su derecho a nombrar alcaldes en Villanova, Las Vilas del Turbón y Abenozas. Eran los últimos días de abril de 1808. En España estaban ocurriendo cosas terribles y pronto iban a suceder otras más terribles todavía.

Mientras duró aquella guerra atroz, que enfrentó a unos españoles contra otros y contra los franceses, monseñor Bardaxí estuvo en Francia, junto al Papa que Napoleón retenía en Fontainebleau. Acabada la contienda, el Pontífice recompensó a Dionisio haciéndolo cardenal. En Roma la vida de los príncipes de la iglesia era apacible. El cardenal Bardaxí pudo saborear de nuevo la dulzura de los palacios y la alegría de las fiestas como cuando llegó a la ciudad, siendo joven, para hacerse cargo de su puesto de auditor de la Rota. Pero cuando alcanzó el capelo ya veía las cosas de otro modo: había vivido mucho y contemplaba el mundo con calma. Tenía buen humor. Se acordaba mucho de España y escribía a sus parientes con frecuencia.

En carta a unos familiares que habían acudido a los Baños de Benasque en busca de salud dice: *«Me lisonjeo que habrán salido de esos baños bien libres de achaques, si es que el hombre puede verse libre de ellos a partir de sesenta años. Esas aguas, serán prodigiosas cuanto se quiera, pero la estación donde están es horrida: me atengo a las buenas corderas, excelentes truchas, buen carnero, etc. esto es lo que contribuye a la salud más que las aguas»*.

En la misma epístola, más adelante, cuenta que ha pedido cierto favorcillo a un pariente militar, y, al no recibir respuesta a su carta, el cardenal amenaza jocoso: *«el me responderá y si no le encajaré alguna otra (carta) acompañada de alguna excomunión contra la cual no servirá ni el sable ni la valentía del General ni servirá aquello de humiliato capita vestra»*.

Bardaxí ama las reuniones sociales y las fiestas, pero es prudente: la edad ya no permite excesos. Tratando, en carta a un primo suyo, de los festejos organizados en Roma para celebrar la visita del rey de Nápoles y de su esposa dice: *«El Gobierno, la Ciudad y los particulares dan varias fiestas a S.S.M.M. y todos gozamos de ellas en cuanto lo permite la humana fragilidad»*. A veces, no resulta fácil distinguir los límites de su ironía. Hablando de la reina madre de Nápoles, que va a quedarse una temporada en Roma, dice: *«La Reyna Madre se queda aquí con su fiel*

Acate el cual está aliquebrado, ha tenido varias pequeñas tercianillas este verano y hace varios días que está con calentura nada indiferente: al principio creían todos que era por sacar el caballo y no presentarse. Ayer 27 estaba algo mejor, y no dudo que nuestras oraciones, tan fervorosas como puede vuesa merced imaginar, lo sacarán a puerto. Y si así no fuere nos conformaremos fácilmente».

Leyendo las cartas de Dionisio acude enseguida a la memoria el epistolario de su tío José Nicolás. El viejo embajador fue en todo el maestro del sobrino cardenal.

Mientras Dionisio disfruta de la apacible vida cardenalicia, en España, su madre, que casi tiene ochenta años, sigue mostrando la misma aversión de siempre a residir en la casa de Graus. María Ana quiere irse de aquella casa. El hijo cardenal no aprueba sus planes: *«hace muchos años que tiene en su cabeza la manía de abandonar la casa de Bardaxí, y no la mudará aunque la prediquen Frailes Descalzos».*

La pobre María Ana no sabe qué camino tomar para dejar la casa de Bardaxí. Tras mucho discurrir ha pensado en pedirle a su hijo Vicente, el heredero, que le entregue la mitad del patrimonio para venderlo y poder irse a vivir a otro sitio. Dionisio no ve claro aquel asunto: *«dice que va a ver lo que Vicente le quiere dar, este por librarse de pendencias ofrecerá lo que después no podrá cumplir, de una casa pobre se harán dos pobrísimas, no es lo peor eso, sí el que madre ha de acabar infelizmente sus días. En Graus le tendrían siempre todas las atenciones posibles, en Barbastro o Zaragoza la obsequian cuando está de paso, luego que se fije nadie le hará caso ¿quién pierde su tiempo con una señora de su edad, que no puede dar comedias, refrescos, ni menos valer a nadie? Su merced está cerca de los 80, vendrán luego mil achaques, se hallará postrada en una cama y no verá alma viviente, sino al cura párroco y al médico, y se morirá antes con antes de ipondría cuando no sea de rabia, se lo he dicho así no porque espere que se persuada si no porque lo he creido deber mio. Irá al hospital, pero yo ¿qué he de hacer con quienes hacen todo lo que se les antoja sin reflexionar a lo que son los tiempos, la edad y las cir-*

cunstancias? He tomado el partido que me ha parecido más prudente y que se apañen».

A Dionisio, desde su palacio romano, no le era difícil ser prudente y sensato. Su madre murió en Graus. Nunca pudo dejar aquella casa. Antes de entrar en la agonía pensó que había tenido una vida larga y nunca había hecho lo que quería hacer.

CAPÍTULO IX

«EUSEBIO DE MI ALMA, OJALÁ NO SE VERIFIQUEN MIS TEMORES...»

Al comenzar el año 1814 en la corte imperial de San Petersburgo reinaba la euforia. A Napoleón le iban muy mal las cosas y los rusos se atribuían —con razón— la gloria de haber destruido al «monstruo devorador» aniquilando el gran ejército que el emperador francés llevó a Rusia. El zar Alejandro I era feliz. Pasó tiempos difíciles, sobre todo en 1805, cuando Napoleón lo derrotó. El joven zar quedó sobrecogido de temor ante el francés. El miedo le duró varios años. Junto a este sentimiento iban creciendo en su alma el odio al conquistador de Europa y el convencimiento de estar destinado por Dios a librar al mundo de la rapacidad del emperador de los franceses. Lo consiguió en el otoño y en el invierno de 1812. Rusia devoró al ejército de Napoleón. Resonó el Te Deum en todas las iglesias de la Santa Rusia. Dios había dirigido los pasos de los rusos para doblegar al malvado. Alejandro había sido fiel a su divino destino. En el invierno de 1813-1814, por las amplias avenidas heladas de San Petersburgo se palpaba el latido del orgullo de los triunfadores rusos. Se celebraban fiestas fastuosas. Se engalanaban con frecuencia los palacios mediante juegos de luces que alegraban las tempranas noches invernales de la ciudad helada. La residencia del embajador de España solía llamar la atención por la vistosidad de su iluminación. La emperatriz madre y la gran duquesa Ana acudieron alguna vez a contemplar las luces de la casa del ministro español. Se hablaba tanto de ellas que el Arquitecto Mayor de la ciudad fundada por el gran zar Pedro recibió orden de copiar el diseño.

Una tarde de finales de enero doña Ramona de Parada, esposa del embajador de España, se disponía a acudir a una reunión diplomática. Estaba muy hermosa doña Ramona. Tenía 26 años. Había nacido en la ciudad conquense de Huete, allá por los límites montuosos de La Mancha. Lucía bien los vestidos de gala. Era alta, morena de pelo y blanca de piel. Tuvo que permanecer más de un año separada de su marido. Ella se quedó en España mientras él partía para Rusia. Fueron meses cargados de ansiedad y de tristeza. Por fin logró embarcar con sus dos hijos para reunirse en San Petersburgo con el embajador. Llegaba cargada de anhelo por estar junto al marido, por conocer la corte rusa, por moverse en los celebrados palacios de la maravillosa ciudad del Neva. Para la recepción de finales de enero de 1814 Ramona preparó sus mejores galas. Desechó aquellos vestidos de líneas rectas, escasa tela y escotes cuadrados que la corte imperial francesa había impuesto como moda de inspiración clásica en toda Europa. Eligió un traje de seda verde de amplios vuelos ajustado en la cintura. Su figura —a buen seguro— no pasaría inadvertida en la recepción.

Sólo encontraba un defecto a la hermosa ciudad en la que su marido representaba a la Regencia de España: el clima. El invierno anterior lo había pasado en Cádiz. Allí el frío lo tenía sólo en el corazón, porque le pesaba la lejanía del hombre que amaba, pero las temperaturas eran dulces. En cambio, en San Petersburgo, mientras su alma disfrutaba de las delicias del encuentro, su cuerpo no dejaba de temblar. En los meses de invierno no se podía caminar por las calles heladas. Había que moverse siempre en coche. Temía aquellos traslados desde su casa a otras casas, a los palacios, a las embajadas. Le asustaba el hielo. Antes de dejar su residencia se abrigaba bien y estaba un ratito junto a la chimenea, como si deseara acumular entre sus ropas un poco del calor de las llamas para sufrir menos en el carruaje, camino de otra casa donde, al llegar, se acogía de nuevo unos instantes al amor del fuego reconfortante.

El día de la recepción, antes de partir, mientras los caballos que tiraban del carruaje esperaban nerviosos a la puerta de su casa lanzando por las narices nubes de vapor que se perdían en la noche helada, doña Ramona —engalanada— se acercó a la chimenea. Quería llevarse el fuego con ella para temblar menos en el trayecto hasta la embajada. La seda del hermoso vestido verde tuvo la culpa. Prendió en las llamas. Ardía como la yesca. La bella embajadora manchega chillaba envuelta en fuego. Acudieron en su auxilio. Hubo algarabía entre los lacayos, prisas, carreras, agua, mantas mojadas. Todo resultó inútil.

Dos horas después, en la recepción, los embajadores europeos y los cortesanos rusos, mientras bailaban, comentaban la desdicha de don Eusebio Bardaxí: el pobre ministro español, después de esperar a su esposa durante un año, cuando por fin la tenía a su lado, la estaba viendo —en aquellos mismos momentos— agonizar entre los horribles sufrimientos de las quemaduras. No faltó un libertino que atribuyó la desgracia a aquel nefasto concepto español del pudor. En un corro de damas asombradas y caballeros elegantes lo afirmó con rotundidad: si la bella española se hubiera desprendido de su vestido cuando comenzó el fuego las consecuencias no habrían sido graves.

Doña Ramona de Parada murió dos días después. Su cadáver se embalsamó y —dentro de una caja de cobre— se depositó en una cripta de la Iglesia Católica de Malta en espera del día en que pudiera ser trasladado a España.

Don Eusebio Bardaxí era bastante más mayor que su esposa. Cuando ella murió el embajador tenía 48 años. Había nacido en Graus poco después de que sus padres abandonaran la aldea para residir en el caserón de la plaza de la villa ribagorzana. Es curiosa la vida de este hombre. Estuvo en todas partes en los momentos cruciales. Sin embargo, haciendo un balance de su agitada existencia, ofrece la impresión de no haberse sabido asir con firmeza a cada uno de los momentos históricos que protagonizó. Es como el balance de la jornada de un pescador que a lo largo del día ha notado cómo a su anzuelo se aproximaban grandes piezas, algunas incluso mordían el cebo, hubo varias que hasta se engancharon en el aguzado acero. Entonces el pescador levantó la caña y cuando el pez ya asomaba la cabeza por encima de la superficie del agua, dio un coletazo, hizo un movimiento brusco y desapareció. Finalmente, al anochecer, el pescador regresa a su casa. Ha tenido en su anzuelo los peces más hermosos del río, pero vuelve al hogar con la cesta vacía.

Muchos años después de su embajada en San Petersburgo, siendo ya anciano y después de haber ocupado varios ministerios, alcanzó la cumbre de su carrera política: fue —durante cuatro meses— presidente del gobierno de España. Descorazona el comentario que de su más elevado empleo público hace la Larousse: *«Fue el suyo un gobierno-puente, que toleró unas elecciones embrolladas y llenas de violencias, de las que salieron netamente beneficiados sus enemigos políticos, los moderados, y que cayó sin pena ni gloria en 16 de diciembre de 1837».*

Quizá hay momentos breves que justifican toda una vida. A veces un solo discurso puede cumplir ese papel. Rusia. Dos de mayo de 1813. Sitio imperial de Czarko-Celo, en las proximidades de San Petersburgo. El palacio del zar alza la claridad geométrica de sus muros neoclásicos entre el bosque oscuro y la pradera brillante, sirviendo de fondo a un escenario magnífico. En la llanura cubierta por la hierba nueva que brota en la incipiente primavera rusa se alzan varios pabellones de telas multicolores para brindar sombra a un público muy distinguido. Los jefes de palacio del zar ocupan uno junto al ministro de la guerra acompañado de su estado mayor. Los generales rusos impresionan con su altivez. En otro pabellón están los miembros del cuerpo diplomático acreditados en la corte zarista. Forman un grupo más distinguido y vistoso que los militares, menos homogéneo. En el pabellón contiguo se encuentran los notables de la ciudad del Neva, la nobleza palaciega y feliz de San Petersburgo. En el centro de la pradera, con uniformes rusos, hay mil doscientos soldados españoles en perfecta formación militar. Todos los miran. Frente a ellos, en un estrado, se encuentra —solo— don Eusebio Bardaxí. Reina un silencio profundo. El embajador español modula la voz, se dirige a los soldados y comienza su discurso:

«Para dar mayor solemnidad al juramento que vais a prestar a la Constitución y a nuestro legítimo Rey Fernando VII, he escogido el día de hoy, que es el aniversario del memorable dos de mayo, día que nos recuerda la perfidia del infame Napoleón Bonaparte, y que está señalado con la sangre de los primeros mártires de la libertad y de la independencia española, y que formará época en los fastos de nuestra nación, y que las Cortes Generales y Extraordinarias decretaron se celebrara solemnemente en toda la extensión de la monarquía».

Las palabras caen como granadas en el corazón de los soldados españoles. Todas tienen para ellos un significado. Todas evocan imágenes confusas, dramáticas: la patria lejana, el rey, Napoleón, su perfidia, su infamia, la sangre, el martirio, la libertad ... Aquellos hombres habían servido como soldados en el ejército de Napoleón. Dejaron España alistados en las filas del corso. Entraron en Rusia formando parte de aquella «Grande Armée» con la que el Emperador francés llegó hasta Moscú. Temblaron con la inmensidad de Rusia. La victoria les estaba resultando demasiado fácil. Eran inquietantes los caminos desiertos, el silencio de la llanura y el humo que salía de los pueblos, abrasados y abandonados siempre antes de que ellos llegaran. Y luego Moscú, los palacios ardiendo, las llamas en las calles deshabitadas, la ausencia del enemigo. Más tarde la terrible retirada. El hielo. Los lobos. Los cosacos que atacaban y desaparecían. El hambre. La blancura inmensa de las llanuras nevadas. Ellos lo habían visto todo, lo habían pasado todo. Fueron desertando. Huían de lo que se moría, de lo que se descomponía. Divisiones que se deshacían. Artillería abandonada. Hombres congelados. Caballos muertos. Algunos escapaban solos, otros formaban grupos. No hablaban de las tierras lejanas de la patria, de Andalucía, de Zaragoza, de Asturias. Les dolía el recuerdo de los montes de su tierra donde se combatía contra aquel al que ellos habían servido. Muchos murieron de hambre y de frío. Algunos fueron asesinados. Unos pocos, después de vagabundear escondidos y atemorizados por campos y aldeas hostiles, acabaron en San Petersburgo. Eran aquellos mil doscientos que escuchaban a Bardaxí.

El embajador los miró desde su estrado. La atmósfera estaba cargada de una energía poderosa. Los ojos echaban fuego. Las palabras resonaban en el aire claro de Rusia y al chocar contra los muros imponentes del palacio, el eco las devolvía ampliadas:

«Vosotros que arrastrados por la violencia habíais sido forzados a servir bajo las sacrílegas banderas del monstruo más horrendo que ha producido la naturaleza y que habiéndoos sustraído de tan infame servidumbre os halláis reunidos a las orillas del Neva, mediante tan generosa protección que os ha dispensado el Grande Alejandro Emperador de todas las Rusias, libertador de la Europa y vuestro especial benefactor: vosotros, digo, que muy en breve iréis a combatir de nuevo a las márgenes del Ebro, por la defensa de la Religión Santa que profesamos, por el Rey y por la Patria, os debéis tener por muy dichosos de prestar el juramento que en nombre de la Regencia de los españoles y como representante de nuestro augusto soberano Fernando VII, os voy a exigir».

Nadie en el público que escuchaba el discurso desde los pabellones entendía una palabra de lo que Bardaxí decía, pero la escena, los rostros de los soldados que habían pasado todas las tribulaciones, la energía del embajador, la lengua extraña —la misma en la que hablaban los que combatían con bravura en las montañas de la Iberia lejana al enemigo francés— resonando en la Rusia que respiraba aliviada tras los sufrimientos de la batalla, impresionaban a todos. Bardaxí seguía su discurso, cada vez más enérgico, cada vez más decidido:

«La Constitución política de la Monarquía Española decretada por las Cortes Generales y Extraordinarias de la Nación nos asegura la libertad civil, que es el mayor bien a que pueden aspirar los hombres de este mundo, y no habrá ninguno entre nosotros que no participe de los inmensos beneficios que encierra en sí esta libertad bien entendida, es decir, con arreglo a la

ley y fundada en la virtud. Demos pues gracias a Dios todopoderoso que nos ha concedido tan gracioso Código, démoslas a las Cortes que lo han decretado, y hagamos cuanto esté en nuestra parte para afianzar nuestra Constitución sobre los cimientos sólidos, seguros de que con ello asegura nuestra felicidad y que, como es de esperar y conseguimos rescatar a nuestro amado Rey Fernando VII, de la exclavitud en que está gimiendo, seremos el pueblo más feliz que habrá sobre la tierra».

La soflama de Bardaxí estaba henchida de patriotismo, de amor a la libertad, de respeto a la constitución que acababa de elaborarse en Cádiz y de esperanzas en el rey que Napoleón aún tenía secuestrado en Francia. El futuro se encargaría de trocar aquellas ilusiones en desalientos cuando el rey felón del que tanto esperaba aplastara la constitución amada, asesinara a muchos de los que la redactaron y a Bardaxí —que allá en las tierras lejanas de Rusia hablaba de él con devoción— lo condenara al olvido varios años. Pero el embajador no podía imaginar aquellas burlas trágicas del destino. Quería contagiar —y lo lograba— a los soldados que pronto partirían hacia España el entusiasmo y la fe que sentía:

«Compatriotas, muchos habemos hecho con resistir por espacio de cinco años al orgulloso corso, que presumía subyugarnos, pero mucho más queda todavía por hacer para consolidar la grande obra que emprendimos. Valor, firmeza de ánimo y perseverancia son las calidades que nos distinguen y que han de conducirnos al triunfo. Id, corred y acabad de arrojar a los enemigos que infestan todavía una parte de nuestro patrio suelo; renovad la gloria que muchos de vosotros habéis adquirido en la gloriosa batalla de Bailén, en la defensa para siempre memorable de la inmortal Zaragoza, Gerona y en los demás encuentros que todos habéis tenido con el enemigo, y en reconocimiento de los muchos beneficios que habéis recibido de Su Majestad el Emperador de todas las Rusias, felizmente reinante en este vasto imperio, sabed que nuestro regimiento tendrá el nombre de Imperial Alejandro. Estoy seguro de que sabréis sostener su gloria y que en todas ocasiones os haréis responsables y temibles al enemigo».

Antes de concluir su arenga, Bardaxí calló un momento, miró fijamente a los soldados que lo escuchaban, alzó luego la voz y acabó con una consigna que era a la vez consejo para los soldados, amenaza para los franceses que aún quedaban en España y halago al valor mostrado por los rusos frente a Napoleón:

«¡Hacedles conocer que venís de Rusia y veréis cómo tiemblan!».

El acto patriótico y castrense del Sitio Imperial de Czarko-Zelo constituyó un éxito. La vibrante arenga de Bardaxí impresionó a los soldados, que poco después partieron hacia España para combatir. Los notables invitados, tras la ceremonia, fueron agasajados con un banquete. Bajo los toldos de tela instalados en la pradera, con el día luminoso y la dulzura de la primavera recién llegada, rodeado de nobles rusos y generales orgullosos de sus campañas, acompañado por sus colegas diplomáticos que representaban a las potencias que combatían contra Napoleón, don Eusebio Bardaxí vivió, frente al palacio del zar, una de las jornadas más felices de su vida. Cuando a los postres del banquete —que costó 3.500 rublos— el hijo de José Bardaxí y Mari Ana de Azara levantó la copa para brindar por la derrota completa del «orgulloso corso», sólo veía felicidad, libertad y dicha en su horizonte personal y en el de su patria.

A miles de kilómetros de allí, en Cádiz, donde las Cortes Españolas habían dado a luz la constitución en la que tanto confiaba Bardaxí, su esposa, doña Ramona de Parada, también estaba feliz: por fin parecía que se acercaba la fecha de su partida hacia Rusia. Pronto se reuniría con el esposo venerado. Pero en Ramona la felicidad nunca era completa. Se angustiaba con presentimientos oscuros, premoniciones de desgracias terribles para su familia. Miraba a su niñita Fernanda, la que les nació cuatro años antes en las tierras de Hungría, cuando Eusebio representaba ante el emperador de Austria a los que combatían para expulsar de España a los franceses; miraba a Ramón, su hijo, que acababa de cumplir dos años, lo veía vestido con el trajecito de rayas que su padre le había enviado desde San Petersburgo y cuando le oía decir que su papá estaba en «Tutia», se le encogía el corazón. Presentía algo. Veía un futuro de desamparo y soledad para sus hijos. No sabía por donde vendría el golpe fatal, pero sabía que llegaría. Escribía a su esposo cartas hermosas, angustiadas, delicadas, apasionadas, trágicas. El retrato del alma de la bella Ramona está en sus cartas: *«Eusebio mío de mi alma, parece que hasta el tiempo se ha conjurado contra mí...» «ya decía yo que mi mala suerte había principiado desde el momento que me separé de tí, ojalá no se verifiquen mis temores, y que esta familia sea la más desgraciada del mundo, tus niños están tan monos, cada día más...». «...muchas cosas preveo, Dios quiera que no vengan...».*

Los detalles de esos temores de los que tan sólo se revela la profundidad global de su negrura, son inescrutables, pero en el caso de Ramona pueden irse rastreando en su correspondencia. Temía quedarse sola. Le preocupaba la salud de su marido: *«estoy con la mayor inquietud hasta saber si llegaste bien y sin novedad en tu delicada salud, cuídate por Dios y piensa en tu mujer y chicos...» «...estando tú bueno todo lo demás es menos...».* Le preocupaba la pobreza. Ramona y Eusebio no eran ricos. Habían recorrido varios países en cumplimiento de tareas diplomáticas. Sabían lo que costaban las cosas. Eran conscientes de su pobreza: *«Te encargo mucho el arreglo en vivir y económico, mira que tú por un lado y yo por otro gastamos mucho...» «...si se puede ahorrar algo será muy bueno para la pobre Fernandilla, que no tiene otra cosa y para darles educación a los dos, que para eso se necesita mucho...».*

Ramona sentía pasión por su marido. Nada más llegar a San Petersburgo Eusebio le envió un retrato que se había hecho pintar. Así le narraba ella lo que había hecho cuando lo recibió: *«darle un millón de besos y dárselos continuamente, no podía hacer otra cosa, que si hubiera podido la hubiera hecho, esto es nada para el original, que cuando lo coja no le dejaré tan fácilmente...».* También en ocasiones se muestra alegre y bromista: *«Cadalso me ha ofrecido traerme una carta para tí, viene a verme todos los días qué lástima que no esté como cuando tenía 30 años, tal vez entonces cuando yo llegase a Petersburgo no tendrías tu cabeza tan descargada como la tienes ahora, esto es en venganza de lo que me dices tú si no llego pronto, pobrecillo ya verás lo que te pasará entonces».*

Y por encima de todo —obsesiva, omnipresente— la imagen de los niños: *«Yo estoy buena con mis niños ... Ramoncito me vuelve loca ... esta mañana le gritaba el niño (al retrato de su padre) llamándolo papá, le han dado mil besos, estas dos criaturas me consuelan pero a veces me hacen llorar de las cosas que dicen de tí, si te veré yo con ellos algún día, muy remoto veo este momento...».*

El momento esperado llegó en octubre de 1813, un año después de haberse separado. Un barco inglés trasladó a Ramona y a sus dos hijos de Cádiz a Londres. Desde allí partieron para Gotemburgo, donde tomaron un coche que los llevó a Estocolmo. Resultaron cinco días de viaje deliciosos. Los bosques y los lagos suecos parecían dulces y amenos en los primeros días de otoño. La esperanza los hacía más bellos todavía. En la capital sueca se detuvieron tres días para descansar. Fueron muy agasajados por el embajador ruso: eran los preludios de las cercanas delicias de Petersburgo. Por fin, las alcanzó.

La ciudad del Neva deslumbró a Ramona. Las largas avenidas, los canales tranquilos, la geometría luminosa de los palacios, ella con Eusebio y los niños ... Había sido una tonta al dudar: *«si te veré yo con ellos algún día...».* Sólo tres meses duró la dicha.

Mientras el cuerpo sin vida de Ramona reposaba en la oscuridad de la cripta de la iglesia católica de Petersburgo, Bardaxí no conocía el sosiego. Odiaba aquella ciudad. Sólo pensaba en abandonarla. No soportaba la casa, que le traía constantemente el recuerdo de los días —dichosos y breves— que había pasado allí con Ramona. Además, estaba en la miseria, no podía pedir más dinero prestado, no le quedaba nada que vender: *«Mis apuros pecuniarios aumentan cada día en términos que ya no hallo medio para ir adelante, y estoy apuradísimo por mis acreedores a quienes no sé qué responder...» «...ha sido preciso vender lo último que me quedaba de mi pobrísimo ajuar, porque todo lo he apurado y no hay quien me preste un cuarto, añadido esto al abatimiento de mi espíritu, aseguro a V.E. de buena fe, que me encuentro en la situación más deplorable que me he visto en la vida».*

Pero en medio de su abatimiento aún tuvo Eusebio que sacar fuerzas de la flaqueza para resolver un último asunto. Resultaba espinoso. Se trataba de concertar el matrimonio de aquel adefesio de rey deseado —Fernando VII— con la gran duquesa Ana, hermana del zar de todas las Rusias. Recibió el difícil encargo pocos días después de morir su esposa. La emperatriz madre, por medio del canciller Romanzoff, había enviado a Bardaxí una carta de pésame en la que mostraba su dolor por el triste suceso. El embajador español pidió audiencia a la emperatriz para agradecerle el pésame que le había testimoniado y aprovechó la ocasión para insinuarle el proyecto matrimonial que le habían encargado negociar. A la emperatriz no pareció disgustarle la idea de ver a su hija Ana como reina de España. Encargó a Bardaxí que tratara el tema con el mariscal Soltikoff, que había sido ayo del zar. Soltikoff mostró mucho interés en el proyecto. Toda la familia imperial veía la boda con agrado. Escribió el embajador: *«Es un hecho positivo que la especie ha gustado infinito al Emperador, a la madre y a la interesada...»*. Eusebio pasó muchos apuros con aquel asunto. Como la idea del matrimonio había partido de la Regencia y Fernando VII, cuando volvió a España tras su cautividad, puso tanto empeño en destruir todo lo que los españoles habían hecho en su ausencia para favorecerlo, creyó el embajador que el proyectado matrimonio ya no interesaba. Mientras tanto en la corte rusa el proyecto seguía adelante. Cuando Bardaxí supo que iba a ser invitado a comer con la familia imperial para tratar del asunto, sintió escalofríos. Se apresuró a escribir a España pidiendo que lo alejaran de Petersburgo con cualquier pretexto honrado: todo antes de pasar por el bochorno de tener que romper una propuesta que él mismo había planteado a la Emperatriz. La respuesta de España fue sorprendente: el rey se mostraba encantado con la idea de que la princesa rusa fuera su esposa y le ordenaba seguir adelante con las negociaciones dejando claro que la gran duquesa Ana debía abjurar de su religión y abrazar la fe católica. Esta última exigencia fue la que —finalmente— se adujo como escollo que impedía pasar adelante en los planes matrimoniales. En España los cortesanos estaban ya acostumbrados a esta clase de proyectos frustrados. Bardaxí sabía algo de esos proyectos.

En 1808, en las terribles fechas que marcaron los comienzos de la guerra de los españoles por su independencia, Eusebio Bardaxí se vio envuelto en uno de aquellos enredosos proyectos político-nupciales. Entonces la candidata estaba en el otro lado: se hablaba de casar al rey con Lolotte, hija de Luciano Bonaparte y sobrina —por tanto— de Napoleón. Fernando VII, recién estrenado el trono tras la abdicación de su padre, deseaba congraciarse con el emperador francés y pensó que casándose con una sobrina del corso lo lograría. Bardaxí, que entonces era el oficial mayor más antiguo de la Primera Secretaría de Estado, fue el encargado de firmar la carta donde se daban al conde de Fernán Núñez las instrucciones pertinentes para negociar la boda en la que se cifraban las mayores esperanzas de paz e integridad para España. La boda no se realizó, pero cuando el rey fue llevado —vergonzosas jornadas aquellas— a Bayona, aún se confiaba en el matrimonio de Fernando VII con Lolotte. Bardaxí acompañó al rey a Bayona. Aún tuvo aquel viaje a Bayona otras similitudes con las jornadas de Petersburgo además de los proyectos matrimoniales para el rey de España: la miseria de Bardaxí. Si mientras negociaba en Rusia el enlace de las dos familias que reinaban sobre los mayores imperios territoriales del mundo, don Eusebio se encontraba en la pobreza y acosado por los acreedores, seis años antes, en Bayona, cuando se pretendía enlazar al rey de España con la familia del dominador de Europa, su situación económica no era mejor. Encontrándose en la mayor de las miserias tuvo que pedir dinero prestado para poder regresar a Madrid. Todo aquello de Bayona fue triste. Bardaxí marchó allí acompañando al rey, que aún tenía alguna esperanza de conservar su trono y preservar la integridad de España frente a la voracidad napoleónica. Regresó, con mil penurias, dejando en Francia —atemorizado, secuestrado— a un pobre hombre que había entregado su reino a los franceses.

La carrera diplomática daba mucho lustre a los ricos o a los ingeniosos. Bardaxí no era rico. Ingenioso, probablemente, tampoco. Tenía, eso sí, oficio, escuela, años de aprendizaje: pero no bastaba.

José Nicolás de Azara, el famoso embajador en Roma y en París, hermano de la madre de Eusebio, tampoco había sido rico. Pero derrochaba ingenio, sutileza y brillo intelectual. Amaba el arte clásico. Era amigo y protector de artistas notables. Brillaba en las tertulias. Escribía con elegancia. Él se dio cuenta de que todo aquello tampoco bastaba. Entonces se refugió un poco en la ironía, en un cinismo moderado, en el amor, en el coleccionismo, en la erudición, en la amistad, en la conversación. Estaba amargado por ver cómo medraban más en sus carreras otros que reunían menos merecimientos. Pero en medio de todos Azara brillaba con luz propia por su ingenio desbordante.

Casi medio siglo después de la embajada de Bardaxí en Rusia marchó a Petersburgo, como embajador de España, el duque de Osuna. Probablemente don Mariano Téllez Girón y Beaufort, el duque embajador, no era muy ingenioso. Pero era riquísimo. Le importaban poco los apuros económicos de la corona que representaba y no le afectaban los retrasos en la percepción de sus haberes. Daba fiestas fastuosas y alguna vez hasta se permitió —tras la fiesta— arrojar al río Neva las copas de oro en las que habían bebido sus invitados. Era derrochador. La vieja casa ducal de Osuna se lo podía permitir. Sus «estados» rentaban bastante. Y si no resultaban suficientes había mucho patrimonio para hipotecar.

Bardaxí no podía hipotecar nada porque nada poseía. Si se comparan con los derroches de las grandes casas nobiliarias de España, las estrecheces de Bardaxí resultan aún más patéticas. Esas cartas de la hermosa Ramona, escritas desde Cádiz cuando quedó allí con los niños mientras Eusebio representaba a la Regencia ante el Zar, tienen el agridulce aroma de la realidad profunda en la que todo se mezcla: el dispendio, la pobreza, las cortes espléndidas, las estrecheces diarias, el brillo y las sombras. Escribía la atribulada joven al marido embajador: «*...esto está mucho más caro que cuando estuvimos aquí, la libra de carne está a 15 rs., el carbón a 12 y todo lo demás por este estilo, el pan carísimo y un huevo 2 rs., hasta el pescado no se puede comer, vivimos con la mayor economía, lo menos un puchero y una bagatela después, y esto por los niños, que si no no lo habría...*».

El mayorazgo de la casa de Parada, en Huete, no daba para mucho. Era uno de esos miles de mayorazgos fundados por los montes y las llanuras de España, en tiempos más o menos remotos, para dar lustre y garantía de continuidad a la casa de un hacendado labriego. Los bienes vinculados otorgaban al propietario la categoría de rico labrador en el pueblo y en sus contornos, pero no alcanzaban a producir lo suficiente para permitir una vida holgada en la corte española y —menos todavía— en las europeas. El trigo que penosamente segaban en Huete los jornaleros de la casa de Parada parecía mucho a los vecinos. En San Petersburgo no era nada.

Don Eusebio Bardaxí en los momentos de mayor penuria recurría a su casa, a la casa de los Bardaxí, a su hermano Vicente, que era el heredero del patrimonio familiar porque sus hermanos mayores andaban ocupando elevados puestos en la política y en la iglesia. Para lo del dinero parece que ofrecía mejor porvenir la iglesia. Dionisio y Eusebio lo demostraron. Mientras Dionisio, desde sus cargos de auditor de la Rota primero y cardenal después, acudía con dinero para socorrer su casa, Eusebio —embajador en muchas cortes, presidente del consejo de ministros y senador— debía pedir dinero a su hermano Vicente con cierta frecuencia. Aquellos temores, aquellos presentimientos oscuros de doña Ramona cuando escribía desde Cádiz a su marido, se cumplieron todos. Sus niños quedaron pronto huérfanos y pobres para siempre. Cuando en 1844 murió don Eusebio, tras haber ocupado las magistraturas más altas del estado, dejó a sus hijos muchas deudas. No fue la menor la de Graus. Los hijos de Eusebio pasaron años y años pagando a los primos de la casa de Bardaxí, en la villa ribagorzana, el dinero que la casa había prestado al ilustre embajador hijo de don Joseph y doña María Ana.

Los documentos notariales en los que Cristóbal Bardaxí reclama a sus primos de Huete el dinero que la casa de Graus había prestado a su padre parecen traer —en su frialdad intimidatoria— un eco lúgubre de los temores de doña Ramona Parada cuando, lejos del marido, cuidaba a sus niños en Cádiz.

¡Ah, el siglo XIX en España! ¡Qué convulsiones! ¡Qué extertores! ¡Qué confusión! ¡Cuánta sangre!

Aquel dos de mayo de 1813, mientras Bardaxí arengaba en Rusia a la tropa de españoles desertores del ejército francés y la hermosa Ramona se consumía en Cádiz entre las estrecheces económicas y los anhelos de viajar para encontrarse con su esposo, las tropas francesas obtenían en Lützen una sonada victoria sobre sus enemigos prusianos. Los ecos de los triunfos napoleónicos se iban extendiendo por todo el imperio como las ondas de un seísmo que —en poco tiempo— alcanzaban hasta los últimos rincones de la Europa sometida al francés. Las guarniciones que el corso tenía repartidas por las ciudades y las villas de España hacían sonar los cañones, en salvas triunfales, cuando conocían las victorias del emperador. En las iglesias dominadas por sus seguidores se cantaba el Te Deum. Y, mientras sonaban los cañonazos y los cánticos de júbilo, muchos españoles rumiaban el desquite y la venganza. Soñaban con la hora de la derrota definitiva del francés, que ya se sentía próxima.

En el Alto Aragón los franceses, por aquellos días, dominaban sólo algunas plazas fuertes, pero la mayor parte del territorio escapaba a su control. Parecían lejanos los tiempos en que el invasor lo señoreaba todo. En Graus las iglesias y las hermosas casas de la plaza habían sido saqueadas por los franceses. Habían quemado papeles y muebles. Habían robado lo que hallaron de valor. Pero en mayo de 1813 se habían ido ya. Conservaban todavía los castillos de Benasque y de Monzón. Había en estas fortalezas dos guarniciones pequeñas. La noticia de la victoria de Lützen les llegó el último día de mayo. Dispararon las salvas de rigor. Pero los cañonazos ya no retumbaban entre las montañas lanzando a los cuatro vientos el orgullo de los vecedores: sonaban apagados, lánguidos, como los ecos de un ceremonial obligado y carente de entusiasmo. En la plaza de Graus la victoria de Lützen se conoció antes que en las guarniciones francesas. Los arrieros, los contrabandistas, los que constantemente cruzaban la frontera en las dos direcciones trajeron la noticia. Vicente Heredia, el vecino de los Bardaxí que acabaría casando a una hija en la casas de éstos, se lo contaba a su hermana Manuela en una carta fechada en Graus el 29 de mayo:

«Si fuesen ciertas las noticias que traen los montañeses como transmitidas de Francia, no sería buenos los principios de la abertura de la campaña del norte. Hablan de una batalla perdida por los prusianos unidos con los rusos ... pero son noticias de arrieros que acostumbran ser fallidas».

La duda le duró a Heredia sólo dos días. El día 31 escribía —también desde Graus y también a su hermana Manuela—: *«La victoria que se dice obtenida por Buenaparte sobre Prusianos y rusos unidos se ha anunciado en Monzón y en Benasque con salvas de artillería. Dicen que también las han hecho en Lérida; pero no se saben las circunstancias ni donde se dio la batalla».*

En la correspondencia enviada por Heredia a su hermana se palpa toda la incertidumbre y la confusión de aquellos días. En Graus se formó un batallón, con hombres de la comarca, para pelear contra los franceses. Eran 1300 soldados a los que costó mucho dotar de armas y de uniformes. Mientras se iban consiguiendo los pertrechos, se procuraba instruir algo a los reclutas en las cosas de la guerra. Formaban una tropa bullanguera y camorrista, alegre, viva, desenfadada. Mina era el jefe indiscutible de las fuerzas antifrancesas en la región. Sus correrías son seguidas minuciosamente por Heredia en las cartas: *«está en Cinco Villas»*, *«va hacia Ansó»*, *«entró en Navarra»*, *«salió de Navarra»*, etc. Mina despertaba en el de Graus sentimientos ambivalentes: alababa su talento militar en los montes, pero no lo tenía por buen estratega para tomar plazas; reconocía su autoridad, pero decía que se hacía sumamente odioso para la gente del país por las cargas tributarias que había impuesto.

La de 1813 resultó una cosecha excepcionalmente buena en Graus y su comarca. El trigo y el vino fueron abundantes. Pero no por eso bajaron los precios. Las fuertes cargas impuestas a los labradores para socorrer los gastos de la guerra arrancaban de sus manos gran parte de lo que recogían. La feria de septiembre estuvo concurridísima: *«La Feria fue la mayor que se ha visto jamás, tanto de abundancia de cavallerías como de compradores, que había de todas partes de España. Todo fue mui caro; pero lo que espantó a todos fue los precios que pedían de los cerdos, y la cosa fue que tuvieron que dar quanto pedían porque todo el terreno está sin ellos»*.

La guerra tocaba a su fin. La confusión era monumental. Los precios se disparaban. Había —a la vez— buenas cosechas y escasez. Entre los que luchaban contra los franceses cundían —paralelas al entusiasmo ante el definitivo triunfo cercano— las rencillas y las disputas. Se hacía necesario ir organizando —poco a poco— la vida del país. Hubo elecciones para nombrar a los representantes del pueblo español en las Cortes. Heredia fue elegido diputado. Marchó a Madrid cargado de entusiasmo. Comprendía que estaba viviendo momentos decisivos. El día 14 de diciembre escribía a su hermana Manuela desde la capital: *«Hasta ahora estamos ociosos; pero está señalado ya el día 15 para abrirse la primera Sesión del Congreso. La Regencia sale de Cádiz el 19 de este y debe llegar a esta Corte la víspera de Reyes. Los Diputados que estaban alla, secretarios y tribunales van viniendo y ya han llegado muchos. Todo indica que las primeras sesiones de las Cortes seran mui interesantes y de ellas dependerá el bien o el mal de la Nación; porque se van a sentar los puntos cardinales. Dios quiera que todo salga como desean los buenos y necesita la Monarquía»*.

Por aquellas fechas, en San Petersburgo, Bardaxí, el que había sido vecino y luego contrapariente de los Heredias, también estaba feliz: las cosas de Napoleón iban mal, las de España bien.

Y tenía a su mujer y a sus hijos junto a él ¿qué más podía pedir?

Todas las esperanzas de Bardaxí y de Heredia se frustraron. Volvió a España el Rey Deseado y anuló la obra de las Cortes que habían preservado lealmente los intereses de la monarquía. Heredia regresó a Graus. No sabemos detalles de su viaje de vuelta. Seguramente estuvo presidido por el abatimiento. El de Bardaxí sí lo conocemos. Salió de San Petersburgo el primer día de octubre de 1814. Dejó avanzar demasiado la estación. Era un día espantoso de nieve y de viento. Iban con él sus dos niños, dos criados, dos doncellas y el agregado de la legación. Viajaban en dos coches. Aquel viaje era una locura. Sólo la desesperación de don Eusebio y sus deseos de abandonar la ciudad del Neva podían justificar la decisión de atravesar Europa con aquel tiempo. Los primeros días fueron los peores. Había mucha nieve. El tercer día de viaje se rompió el coche de los criados. Fue necesario buscar otro. El camino hasta Riga se convirtió en un calvario. Luego se dulcificó un poco. Tras 21 días de viaje alcanzaron Berlín. El día 25 de noviembre, casi dos meses después de haber partido, llegaron a Barcelona. Allí Eusebio se encontró con su hermano Dionisio, el auditor de la Rota. Hacía 16 años que no se veían ¡y qué años! Se habían visto por última vez en aquellas jornadas de la primavera de 1798, cuando los romanos temblaban ante los franceses y la estrella de Napoleón ascendía en el firmamento camino del cénit. Napoleón Bonaparte: éste fue el hombre que marcó la vida de los dos hermanos y la de todos los pueblos de Europa.

Dionisio había permanecido junto al Papa, retenido por el Emperador en Fontainebleau. Eusebio había ocupado distintos puestos en la política. Primero, en España y en Bayona, cerca del rey. Luego, en diversas embajadas. Defendiendo siempre los intereses de la monarquía. El Papa fue más agradecido que el rey. Dionisio vio su fidelidad recompensada con el capelo cardenalicio. Eusebio pasó dos años de cesantía y ostracismo.

Desde Barcelona los dos hermanos viajaron a Graus. Es fácil imaginar de qué hablaron. Por sus conversaciones desfilarían todos los acontecimientos de los últimos años en los que ellos habían participado. Los nombres de Rusia, Berlín, París, Cádiz, Madrid, Viena, Lisboa, Roma y Londres se oirían en el interior del coche que los llevaba a la casa de la plaza de Graus en la que se criaron. También saldría América. Hablarían de los viajes y de los libros de su tío Félix. Y de Anselmo. Pobre Anselmo. Era su hermano menor. Nació dos años después que Eusebio. Ellos fueron los que estuvieron más unidos en la infancia. Como tenían casi la misma edad jugaron juntos. Con Dionisio no. Dionisio era más mayor. Apadrinó a sus hermanos cuando los bautizaron. Eusebio y Anselmo se criaron juntos. Luego los separaron. Eusebio marchó a Zaragoza para estudiar leyes. Anselmo se hizo marino. Murió joven. Fue en Cádiz, al empezar el siglo. Acababa de regresar de América en una fragata. Tal vez llegó ya enfermo. Eusebio y Dionisio conocieron la muerte de su hermano estando muy lejos el uno del otro. Y tuvieron que pasar una docena más de años para que pudieran juntarse y hablar de Anselmo. Su padre, Joseph, también había muerto lejos de los hijos ilustres. Y el tío José Nicolás. Dionisio se había ocupado en París, tras la muerte del tío embajador, de su magnífica biblioteca. El cadáver embalsamado de José Nicolás de Azara lo trajeron en un coche desde París para darle sepultura en Barbuñales.

—¿Y lo de Ramona? ¿cómo fue lo de Ramona?, preguntaría Dionisio. Eusebio hablaría del frío de San Petersburgo, del fuego, de las llamas en el vestido, de las quemaduras. Y concluiría, también con detalle de viajes fúnebres, contando cómo debía —todavía— encontrarse navegando camino de España el cajón de cobre con el cuerpo de la desafortunada Ramona. Embarcó en San Petersburgo en la fragata «Daoiz y Velarde» a finales de septiembre de 1914. Hasta agosto de 1815 no llegó a Alicante. La llevaron a Huete para darle sepultura.

Hablarían también de la casa de Graus y de la de Puyarruego, de los lugares que señoreaba la casa de Bardaxí, de Villanova, de Las Vilas, de Abenozas. ¡Qué avatares! Primero todo aquel papeleo para que les fuera reconocido el derecho de nombrar alcaldes en sus pueblos, luego las Cortes de Cádiz deciden abolir los señoríos, más tarde el rey instaura de nuevo el régimen señorial. Eusebio y Dionisio habían visto muchas cosas. Y, hablando hablando llegaron a Graus. Probablemente la plaza Mayor les pareció muy chica.

Permanecieron en Graus varias semanas. Doña María Ana de Azara conoció a sus nietos, que venían de Rusia huérfanos. Se celebraron reuniones con los Heredias y con los otros notables de la villa. Visitaron a los parientes de Benasque, de Barbastro, de Fonz y —cómo no— de Barbuñales. Allí vivía su tío Félix. Él también había visto muchas cosas. ¿Qué le pasó a Félix cuando regresó de América? ¿Por qué se encerró en Barbuñales, renunció a cualquier cargo y abandonó su carrera?

Tras volver a España, cargado con los pliegos donde había escrito las observaciones realizadas en los viajes por las inmensas soledades de América del Sur sólo guiados por la curiosidad, Félix de Azara rechazó el cargo que cualquiera —en su lugar— hubiera ambicionado: cuando Godoy le propuso ser virrey de México dijo que no. Nunca sabremos por qué renunció a su carrera cuando se le abrían las puertas de los puestos más elevados. Quizá había meditado demasiado y era —de verdad— un sabio. Había estado veinte años solo. Pensando, viendo, comparando, escribiendo. Recorrió selvas y desiertos, ríos, mares, lugares olvidados, ciudades ... Trató con los virreyes y con los embajadores, con los pastores, con los indios, con aquellos torvos gauderios solitarios, con los soldados y —más tarde— en París, cerca del hermano embajador, con los científicos, con los escritores y con los sabios de la Francia que encabezaba el panorama científico europeo. Luego, se retiró a Barbuñales. Había visto mucho. Había meditado sobre lo que veía. Era un sabio.

Eusebio era demasiado joven para retirarse. Además no tenía fortuna ni rentas para vivir. Quizá, también, carecía de la sabiduría y del amor a la reflexión que permiten vivir lejos de la corte, conociéndola y sin añorarla, a quienes ocuparon puestos destacados en ella. Mientras Félix rechazaba empleos excelentes, su sobrino escribía constantemente memorias e instancias reclamando un puesto de poder para el que se creía preparado y del que se consideraba merecedor.

Se lo dieron al fin. Fue embajador en Turín y luego en otras capitales. Más tarde ocupó la primera Secretaría de Estado en aquellos tres años que fueron de régimen liberal contra la voluntad del rey. Después sufrió las iras del monarca, que descargó todo el rencor acumulado durante los tres años, tanto sobre los liberales más radicales como sobre los pusilánimes. Bardaxí tuvo que sufrir de nuevo la cesantía y volvió a escribir aquellas súplicas que un hombre de temple y orgullo rara vez escribe. Se dirige al Secretario de Estado Conde de Ofalia, es decir, a un hombre que ocupaba el mismo cargo que él ocupó, diciéndole:

«No he molestado hasta ahora la atención de V.E. porque debiendo hacerlo por un motivo puramente personal, me ha parecido no deber violentarle de sus muchas y breves atenciones. Pero ha llegado ya el caso de no poderlo dilatar más tiempo en razón a la necesidad en que me encuentro de recurrir a su mediación para obtener de la bondad del Rey Nuestro Señor, que se digne señalarme algún sueldo para vivir. Veinte y nueve años de servicio activo en la carrera diplomática desde el primer escalón hasta el último, y varias comisiones de importancia que han merecido la aprobación del Augusto Padre de S.M., de S.M. mismo y de cuantos Jefes he tenido si no me dan algún derecho para pedir con qué acabar mis días decorosamente, pueden a lo menos inclinar al mismo Rey Nuestro Señor a que se compadezca de mi situación verdaderamente lastimosa, respecto a que no poseo ningunos bienes de fortuna, ni tengo con qué vivir. No me remuerde la conciencia de haber faltado en estos últimos tiempos al respeto y veneración que siempre he tenido a S.M. y a su augusta dinastía, y si algo hubiese podido ofender su alto carácter, protesto solemnemente habría sido contra mi decidida voluntad y adhesión a Su Real Persona. V.E. que conoce mis sentimientos podrá ser intérprete de ellos y mediador al mismo tiempo para con S.M., a cuyos Reales pies le ruego se sirva ponerme a inclinar su Real ánimo a que usando de su generosidad característica tenga a bien concederme la gracia que solicito, a cuyo favor quedaré eternamente agradecido».

Tras más de tres años de súplicas y de humillaciones, Bardaxí cree que va a ser perdonado. El rey felón recibe informes diciendo que Eusebio estaba libre de culpa, «purificado»: *«la Junta cree deber declarar que la conducta del Sr. D. Eusebio Bardaxí ha sido buena durante la época del abolido sistema de la Constitución, que no ha desmentido sus principios y juzga que es acreedor a la purificación» ... «debe declarar buena la conducta de Bardaxí durante la fatal época constitucional, y que no ha desmentido sus principios de adhesión a la sagrada pesona de S.M.»*.

Pero no resultaba fácil hacerse perdonar por Fernando VII. Las cartas de Bardaxí y los informes favorables no obtienen respuesta. Eusebio vive en Huete, en la casa que fue de su mujer, entre mil penurias económicas, acosado —como siempre— por los acreedores. El patrimonio renta poco. Él no es labrador. No sabe ocuparse de la tierra. Deja el aceite y el vino en manos de sus criados. Acumula deudas. Pasan los años. Cada mañana, al levantarse, no vuelve los ojos a los campos de cereal ni a las viñas: nada espera de la tierra. Los vuelve a la Corte. Sólo de allí puede llegar para él la luz, sólo en el perdón del rey confía. Y una semana tras otra redacta cartas patéticas. Cuando se cansa de enviar misivas sin respuesta suplica a otros que intercedan por él. Algunos lo hacen describiendo un Bardaxí abatido: *«Mas ahora, Señor, con 64 años de edad, sin bienes ni medios para subsistir, apurados los de sus hijos, y con deudas que no puede satisfacer, turba sobre todo incesantemente su tranquilidad el verse sin un testimonio que ponga a cubierto de arbitrarias interpretaciones el honor que tan a duras penas se ha granjeado en cerca de 40 años que cuenta su carrera...»*. Le piden al rey que se apiade y que lo purifique: *«esto mejoraría notablemente su angustiosa situación, y pasaría contento los días que le quedan de su vida en el rincón en que se halla»*.

Por fin el rey, en 1830 —dicen que su matrimonio con María Cristina lo tornó algo más clemente— accedió a «purificarlo». Pero Bardaxí no era como su tío Félix: él no estaba dispuesto a seguir la venturosa «senda por donde han ido los pocos sabios que en el mundo han sido». No quería pasar el resto *«de su vida en el rincón en que se hallaba».* Suspiraba por la Corte. Volvió a Madrid en 1833 con ocasión de las fiestas de la jura solemne como Princesa de Asturias de la Infanta Isabel: ¡Ah, que dulces eran los salones de la corte, las intrigas entre copas de jerez, los palcos en el teatro, la proximidad del rey! ¡Cómo vivificaba el contacto con los asuntos de Estado, el aire de los despachos, la inquietud de quien aspiraba a un cargo y elaboraba estrategias contra sus oponentes! Bardaxí los conocía a todos: los infantes, los ayudas de cámara, los secretarios ... Aquel era su ambiente. En Madrid respiraba mejor. Se movía como pez en el agua.

Muerto el rey, Bardaxí comenzó a aparecer en todas las listas que se barajaban con los nombres de los candidatos a ocupar los más altos puestos del Estado. Entró a formar parte del Consejo Real haciéndose cargo de la Sección de Estado, que era la más importante. La reina lo nombró prócer en 1834. Eusebio sintió crecer su cuerpo menudo de anciano cuando se cubrió con el uniforme de prócer: *«manto ducal de terciopelo azul turquí con mangas anchas forrado de armiño ... túnica de glacé o tisú de oro ... medias de seda blanca y zapatos de terciopelo azul ... espada pendiente de un cinturón...»*, etc. etc. Luego pasó una etapa como Ministro de Estado sin que —sorprendentemente— presidiera el Consejo de Ministros. Cuando Espartero decidió dedicarse sólo a la guerra y abandonó la presidencia le llegó el turno a Bardaxí. Fue nombrado Presidente del Consejo de Estado en octubre de 1837. Había alcanzado la cumbre de su carrera. Duró dos meses en el cargo.

Un político de su tiempo, recordando aquellos meses, escribió años después:

«Era Bardaxí, a la sazón un buen señor, a quien los muchos años, pues pasaba de setenta, daban una gran respetabilidad, pero no la experiencia que es sazonado fruto de tan madura edad, ni la energía que nunca tuvo cuando mozo. Bien conservado de espíritu y de cuerpo, con suficiente vigor mental y físico para desempeñar con decoro y sin fatiga alguna embajada, pero en aquellos momentos necesitábase al frente del gobierno un hombre de mayores arrestos que el anciano Bardaxí».

En verdad hacía falta un hombre de arrestos para gobernar

el país: España, entre ríos de sangre vertida en una guerra civil, se estaba transformando muy deprisa.

El cura de Viacamp era de aquellos párrocos que amaban la tradición, los fueros y la sacrosanta religión: por eso defendía los derechos del pretendiente don Carlos frente a la infanta Isabel. Como otros curas carlistas guardaba el fusil en la sacristía y —entre misa y misa— dirigía una cuadrilla de gente armada que atacaba a los liberales por las montañas de Ribagorza. Aunque era bravo no osaba atacar las villas o los pueblos grandes: se conformaba con acosar a los pequeños destacamentos y con amedrentar a los más significados liberales.

Seguramente la idea de tomar Graus fue suya, pero como contaba con poca gente dejó el asalto en manos de una facción carlista, venida de Cataluña, al mando de Blas Royo. Eran los últimos días de febrero del año 1837. A Graus llegaron las noticias de la proximidad de las tropas carlistas algunas horas antes de que los partidarios de Don Carlos cruzaran el puente sobre el río Ésera que daba acceso a la villa por la carretera de Cataluña. Para entonces las familias tenidas por liberales ya habían huido. Hubo gente que se refugió en los montes, otras se fueron a las casas de sus parientes en los pueblos cercanos.

Los carlistas catalanes tomaron Graus sin que nadie les opusiera resistencia alguna. Actuaron como los soldados de Massena en Roma: registraron las casas de los notables de la villa y robaron cuanto pudieron. La casa de Bardaxí la encontraron sin amos: Vicente Bardaxí y su esposa habían huido antes de que llegaran. La astucia y la previsión valieron de poco para evitar el saqueo. Vicente había escondido la plata, el oro y los documentos en un armario secreto construido en el interior de un muro del desván. Los carlistas lo hallaron. Se llevaron lo que consideraban de valor y rompieron los documentos. Permanecieron en la casa los días veintisiete y veintiocho de febrero y uno y dos de marzo. Luego se fueron. Cuando regresó Vicente Bardaxí halló su casa expoliada: *«en las habitaciones del piso principal que dan sobre la Plaza Mayor hemos visto abiertas, violentadas, descerrajadas y vacías todas las cómodas, alacenas y armarios que había en ellas, así como desguarnecidas y sin ropas todas sus camas, enseguida hemos pasado a las piezas del mismo piso que dan al mediodía en las que hemos observado igual destrozo, y además el de los cuadros que había en ellas rotos por el suelo. Y por último habiendo subido al piso más alto de la casa y desvanes donde tenían practicado con el mayor disimulo un secreto o escondrijo muy capaz en que habían colocado lo más precioso de sus efectos, y las escrituras y títulos de las pertenencias y derechos de la casa, le vimos en efecto violentado y abierto, y antes de llegar a él, tendidos por el suelo y desparramados en desorden, muchos libros en tafilete y pasta fina algunos rotos y un sinnúmero de papeles impresos y manuscritos, rasgados y hechos menudos pedazos imposibles de reunir ni venir en conocimiento de su contenido ni de más sino que una gran porción de ellos eran sin duda escrituras y documentos públicos, según se podía colegir de varios fragmentos de signos de escribanos que se advirtieron en ellos y de las diferentes clases de papel sellado en que se habían estendido. Y dentro del mencionado escondrijo había aún algunos libros, ropas y cristales rotos. Por manera que el conjunto de la casa presentaba a la vista un espectáculo lúgubre y espantoso».*

Los documentos de la casa de Bardaxí de Graus se perdieron en aquel asalto. Por fortuna todavía no había trasladado a la villa los de la casa de Puyarruego. Eusebio Bardaxí conoció el expolio de su casa natal una semana después de que ocurriera. Pensó que quizá la saña demostrada por los carlistas en el asalto estuviera relacionada con el elevado puesto que él ocupaba en el gobierno.

Al viejo monasterio de San Victorián también le había llegado la hora. Perdió los lugares que señoreaba. Su comunidad se dispersó. Sus bienes se sacaron a la venta. Los responsables de todo aquello estaban en Madrid junto a Eusebio Bardaxí. Ellos habían dictado las leyes que suprimieron de modo definitivo los señoríos. Ellos habían sacado a la venta los bienes del clero regular.

Tras su breve paso por la cumbre del poder, Eusebio aún permaneció tres o cuatro años más en Madrid como senador por la provincia de Cuenca. Luego, ya enfermo, marchó a Huete donde aún vivió otros tres años. En aquel tiempo ¿qué pensó Eusebio? ¿Se acordaría del discurso encendido que lanzó a los soldados en San Petersburgo? ¿y de Ramona? ¿Pensó en San Victorián, en su padre, en la casa de Graus...? ¿Le vinieron a la mente las imágenes de Roma, de Viena, de París? ¿Hizo balance de lo que había visto? ¿Vio algo?

Quizá pasó los meses postreros haciendo cuentas, calculando intereses vencidos e imposibles de pagar y esquivando acreedores.

CAPÍTULO X

«...LOS GANADOS SON TAN PEQUEÑOS Y RAQUÍTICOS QUE PARECEN RAZA DEGENERADA...»

En un día de invierno de finales del pasado siglo, al amanecer, un hombre salió de la aldea de Abenozas y tomó el camino que bajaba al valle. Caminando deprisa sobre la escarcha dejó atrás el cerro desolado que coronaba el pobre caserío y, dos horas después, alcanzó la Puebla de Fantova, que al despertar presentaba una imagen alegre con el humo de las chimeneas alzándose al cielo entre los olivares y las viñas. Entonces volvió la cabeza hacia la montaña de donde venía y le pareció, como siempre que la miraba desde la suavidad del valle, más áspera y más triste. Una de aquellas casuchas pardas de la punta del cerro, que ya parecía lejano, era la suya. Allí había quedado en la agonía el padre del caminante. Tal vez hubiera muerto ya. Aceleró el paso el que venía de Abenozas. Llegó hasta el río Ésera y continuó por el camino que seguía el curso del río. Cuando llevaba caminando más de una hora por el valle divisó la villa de Graus y apresuró —aún más— el paso. Entró en la villa a media mañana. Había caminado cuatro horas y se encontraba exhausto. Se dirigió a la gran plaza porticada. Caminó un poco bajo los soportales y se encontró ante el portal del caserón de Bardaxí. Se lo pensó un momento. Compuso un poco su estampa. Repitió interiormente por última vez lo que tenía que decir y golpeó la puerta con el metálico llamador. Salió a abrirle una sirvienta. El de Abenozas, atemorizado, preguntó por el señor. Lo hicieron pasar al zaguán y allí aguardó un rato. Luego bajó don Cristóbal Bardaxí y le dijo qué se le ofrecía. El aldeano, mirando al suelo, lo explicó todo de corrido.

— Soy Ramón Rami, de Abenozas, hijo de Ramón Rami, que ya se acordará usted que era de los que hicieron aquello del cajigar. Mi padre está muy malo, hace días, sí muy malo. Igual se ha muerto ya a estas horas. Anoche vino el cura a darle la extremaunción. Lo llamamos porque nos pareció que se iba a morir. El cura vino y lo vio mal, sí, muy mal. Pero dijo que la extremaunción no se la podía dar, que como él y otros hicieron aquello del cajigar ... que no lo podía perdonar. Me dijo que viniera a verlo a usted para preguntarle si lo perdonaba y que si usted lo perdonaba yo volviese enseguida con la contestación para darle la extremaunción. Así que aquí me tiene. Mire si lo perdona, que aquello que hicieron estuvo muy mal hecho, pero mi padre no fue de los más decididos...

Don Cristóbal Bardaxí escuchó al aldeano sin mostrar ningún signo de sorpresa. Había oído ya la misma demanda varias veces. Todos iban cayendo y —en el último momento— tenían que postrarse ante él.

— Sí. Es verdad. Estuvo muy mal lo que hicieron con el cajigar. Pero es de cristianos perdonar. Lo perdono. Marcha, marcha y dile que lo perdono.

El de Abenozas agradeció infinito el perdón y se despidió. Tomó el camino de vuelta a la aldea. Resultó agotador. Caminaba ensimismado, sobrecogido por la cercanía de la muerte, aterido. La senda —escabrosa, empinada— entre las rocas desnudas, se hacía eterna. Llegó a su casa al anochecer. El padre aún no había muerto. Llamó al cura y le comunicó el perdón. Entonces el párroco volvió a la cabecera del agonizante y le administró los últimos sacramentos. Luego, el que había cometido aquel terrible pecado del cajigar murió y fue enterrado en el pobre cementerio del cerro, junto a la iglesia.

En todas las casas de Abenozas se repitieron las mismas escenas cuando agonizaron los que le habían hecho al señor aquello del cajigar.

La aldea se muestra —en un alarde de ruinosa exhibición— coronando una sierra estéril que arañan todos los vientos. No hay bosque alguno: sólo matas rastreras de plantas duras que hallan en las vertientes erosionadas y frías su medio. No hay río: el agua de lluvia se recoge en verdes balsas diminutas junto a los muros de los campos.

La cumbre, yerma, de conglomerado rojizo, se deshace. Se trata de una roca dura que no se demenuza desgranando los cantos chicos que la forman: se cuartea en bloques grandes. Cerca de la cima, entre los enormes peñascos desprendidos, hay huertecillos y muros, balsitas de aguas verdosas, sendas empinadas, una iglesia, un cementerio y tres casas. Ningún árbol que dé sombra. Algunas matas de espino blanco, ciertos enebros raquíticos, cuatro bojes y media docena de encinas oscuras que no crecieron porque el viento las aplastó contra la tierra. Allá abajo, en el vientre fecundo del valle lejano, los olivares y las viñas de La Puebla. Enfrente, la espesa oscuridad de los montes ásperos que corona, sobre aldeas ruinosas, la torre orgullosa y decrépita del castillo de Fantova. A uno y otro lado, vertientes negras, ocres, verdes y pardas, resecas todas, todas muertas en la quietud callada de los barrancos sin agua y de las aldeas sin gente. Detrás, primero otros montes iguales y luego, algo más lejos, la mole gris, descarnada y sola, del gigante Turbón.

Dos casas son sólo ruinas. La tercera permanece entera, derecha, cerrada: hace poco que se deshabitó. Tiene cristales en las ventanas y una terraza —cubierta y amplia— que abre al sur su vientre de muros enlucidos y pintados con azulete. El viento azota las paredes de mampostería clara y las tejas amarillentas del amplio tejado de dos vertientes. En esta cumbre desguarnecida, el sol y los vientos han oreado todo hasta decolorar las piedras y el barro uniformando el paisaje en calcinados tonos claros. A la casa llega una manguera negra que penetra por una ventana para traer el agua de una balsita. Por la ventana de la manguera miraban hasta hace pocos meses los habitantes de la casa solitaria. Frente a ellos, los ojos tristes contemplaban las ruinas de las dos casas donde vivieron sus vecinos dos décadas antes. El viento, la lluvia y el sol han penetrado, indiscretos, como las miradas, en lo que fueron alcobas, salas, patios y bodegas, convertidos en recintos abiertos de revoques caídos, maderas podridas y muros desventrados. Cuando la vista se apartaba de la desolación de las viviendas que murieron, se posaba en la iglesia: un templito antiquísimo, de buena cantería en su nave única y torpe mampuesto en el campanario que le añadieron —a los pies— a principios del siglo XVII. Junto a la torre, enfrente mismo de los ojos que miraban por la ventana, estaba la muerte como espectáculo calcinado, desolador, telúrico e impúdico: el muro que mantenía la tierra del cementerio unida a la montaña cayó y dejó al descubierto un talud de suelo oscuro erizado de huesos blancos. Sobre ellos, entre la maleza, se veían las bocas inquietantes de los nichos que la intemperie inclemente de las cumbres abrió para mostrar sus entrañas de despojos. ¿Cuántos años vivieron los habitantes de esta casa remota contemplando desde su ventana, enfrente, cada día, aquel paisaje de desolación infinita? El año pasado se agotó su resistencia frente a la soledad devastadora de la cumbre azotada por el viento y por la presencia —descarada, insolente, sin disimulos— de la muerte. Decidieron marchar. Para dejar la aldea eligieron el día más propicio: la festividad de Todos los Santos. Así el Día de Difuntos del año 1988, se escribió la última página del libro milenario de Abenozas de Arriba. Los últimos habitantes del que fue lugar señoreado por los Bardaxíes cerraron su casa, echaron una mirada al entorno hostil, a la iglesia, al cementerio, a los muros que sostenían la tierra de sus pobres campos, a las sendas y al altivo Turbón y marcharon tristes por el caminito que lleva al valle. Escondido entre los muros del abigarrado caserío de Abenozas de Abajo, los observó, cuando pasaron cerca, su único habitante. Es difícil saber lo que pensaba aquel hombre solitario mientras veía, rodeado de sus perros callados, cómo se iban los más próximos vecinos, los únicos que mantenían hasta entonces una chimenea humeante en aquella montaña, las únicas voces humanas en la áspera ladera, la última posibilidad de auxilio en caso de enfermedad o de accidente.

Lo del cajigar, aquel pecado tan grande contra el señor, sucedió cuando el señor ya no era señor. Se habían abolido ya definitivamente los señoríos. Señor y vasallo eran términos del pasado. Ya no había vasallos, ni señores; ni alto, bajo, mero y mixto imperio; ni derechos de dominicatura, ni quistias, ni homenajes .... Don Vicente Bardaxí y Azara fue el último señor de Abenozas. Perdido ya el señorío tuvieron lugar esas batallas sórdidas que marcan las postrimerías de lo que fue sólido y luego se hundió. Los antiguos vasallos se veían en situación de ganarlo todo. El viejo señor consideraba que no tenía por qué perderlo todo.

El Cajigar del Señor era un bosque de cajigos o robles situado en los términos de Abenozas, lejos del caserío. El nombre no dejaba lugar a dudas sobre quién ejerció durante siglos el dominio del bosque. Sin embargo, en las primeras décadas del siglo XIX, cuando todo se tambaleaba, los vecinos de la aldea comenzaron a considerar que el bosque les pertenecía. Mientras, el señor —bien convencido de sus derechos sobre el robledal— no hacía nada para asegurarse la propiedad cuando el ruinoso edificio del régimen señorial se viniera abajo definitivamente. Después de desaparecer los señoríos don Vicente Bardaxí se siguió considerando propietario del bosque. Un día se presentaron en su casa de Graus unos paleros de Viu. Los paleros formaban uno de los numerosos oficios que vivían del bosque y en el bosque. Cuchareros, carboneros, toneleros, silleros, carreteros y paleros eran gentes que desarrollaban, en todo o en parte, las artes de sus oficios en los bosques. Vivían en chozas de ramas perdidas en las oscuridades de las selvas. Cortaban árboles y hacían cucharas, carbón, duelas de tonel, patas de sillas, radios para las ruedas de los carros o palas. Las palas de madera de roble eran ligeras y fuertes. Se empleaban para aventar los cereales. En los días abrasadores del verano el grano del cereal, ya trillado, formaba al atardecer grandes montones en las eras mezclado con algo de paja y con otras impurezas. Cuando soplaba un poco de viento los campesinos, con las palas de roble, iban echando al aire el grano y su deleznable acompañamiento. El viento se encargaba de separarlo: el trigo o la cebada iban formando un montón limpio bajo la pala que el labrador alzaba y la paja se acumulaba, arrastrada por el viento, un poco más lejos.

Las paleros de Viu abastecían de palas a media Ribagorza. Trabajaban en los bosques y luego vendían su producto por las ferias. Entraron en el cajigar del señor de Abenozas en un día de aquel otoño de 1837, cuando las partidas carlistas combatían por los montes de España y don Eusebio Bardaxí —hermano del que se consideraba dueño del cajigar— presidía en Madrid el consejo de ministros. Antes de que los Viu pudieran comenzar a usar las hachas, las sierras y las azuelas, los vecinos de Abenozas se enfrentaron con ellos y los echaron del bosque porque el robledal —dijeron— no era de Bardaxí sino de los vecinos de la aldea.

Los paleros fueron a protestar ante don Vicente Bardaxí y éste —por evitarse problemas con sus antiguos vasallos— no tomó ninguna media. Se quedaron los de Viu sin la madera del Cajigar del Señor para sus palas y los aldeanos consideraron el silencio del antiguo señor como un reconocimiento de los derechos de los vecinos. Poco después don Vicente emprendió obras en su casa de Graus y, necesitando madera, envió unos leñadores al bosque de Abenozas para que cortaran algunos árboles e hicieran tablones. Los asalariados del antiguo señor trabajaron entre improperios. Derribaron los robles con el hacha y luego dispusieron los troncos sobre aquellos enormes caballetes que se empleaban para asegurar los árboles en tanto dos hombres, con una gran sierra, los iban convirtiendo en tablas. Mientras se ocupaban en estos quehaceres, cada día, recibían la visita de aldeanos airados que les decían que se marcharan: aquel cajigar no era del señor, era de los vecinos. Cuando los tablones estaban ya preparados y los leñadores comenzaban —entre insultos y amenazas— a transportarlos a Graus, llegó la orden judicial de suspender el transporte.

Los de Abenozas habían denunciado ante el juez de Graus el expolio del bosque que consideraban suyo. Eran aquellos unos tiempos oscuros, inestables. Se disputaba mucho en torno a los despojos de los señoríos recién abolidos. Los alcaldes, al frente de concejos beligerantes contra los antiguos señores, se asesoraban, buscaban cualquier prueba para negar los derechos de sus viejos amos y acudían a los jueces. Los despojados señores clamaban al cielo, consideraban que el mundo se estaba hundiendo y se preguntaban cómo alguien podía tener dudas acerca de quién era el propietario de un bosque llamado el Cajigar del Señor. Pero sus clamores y sus evidencias no impresionaban a los jueces.

El caso de las paleros de Viu, arrojados del bosque sin que el señor reclamara, fue considerado una prueba de peso para demostrar los derechos posesorios de los vecinos. Tal vez en aquellos días del juicio don Vicente —y luego su viuda, doña Antonia de Heredia, que fue quien conoció el fallo definitivo del juez— pensaron que habían sido demasiado tolerantes con sus antiguos vasallos cuando en 1808 y en 1822 los vecinos, por su cuenta, habían arrendado los pastos de la aldea a unos ganaderos del valle de Benasque. Aquellas habían sido fechas muy agitadas. El país entero temblaba ¿quién iba a ocuparse de averiguar si los ganados entraban o no en el bosque sin permiso del señor?

Las ovejas de los pastores trashumantes del valle de Benasque pastaron en el Cajigar del Señor, el señor no dijo nada, luego el señor no era el propietario. Así fue considerado por el juez en la sentencia por la que reconocía la propiedad a los vecinos de Abenozas e imponía a la casa de Bardaxí —incluso— la humillante devolución de los pocos tablones que habían llevado a Graus desde el bosque que consideraban suyo.

La iglesia fue, en lo de los señoríos, más conservadora que el estado y mantuvo los privilegios de los antiguos señores. Don Vicente Bardaxí y sus sucesores siguieron eligiendo para párroco de Abenozas al cura que más les convenía. El presbítero era el guardián de las almas de los aldeanos y de los intereses del señor, que le había proporcionado la parroquia. La usurpación del cajigar —así era considerada por los de la casa de Bardaxí— constituyó una ofensa terrible. Todos los vecinos que participaron en el pleito se acordaron del Cajigar del Señor en el lecho de muerte, cuando aquellos robles les cerraban el camino del cielo.

A pesar de perder el bosque, la casa de Bardaxí seguía siendo propietaria de la mayor parte de las tierras de cultivo de Abenozas a mediados del siglo XIX. Los vecinos que habían derrotado al señor ante el juez en el caso de los robles, apenas disponían de unas cuantas parcelitas miserables en la ladera para cultivar los cereales que consumían. Tenían también cabras, ovejas y algunos cerdos que se alimentaban con las bellotas del cajigar conquistado. Bardaxí arrendaba sus tierras a varios campesinos que pagaban su arriendo en especie según la cosecha que obtuvieran. Pero como el terreno era tan estéril y el control de lo que se recogía tan difícil, las rentas de aquel patrimonio remoto resultaban ruínes.

Al comenzar el siglo XX no había heredero en la casa de Bardaxí. Las tres hijas de don Cristóbal Bardaxí, aquel al que venían a pedir perdón los familiares de los moribundos de Abenozas, se enfrentaban a la administración de un patrimonio grande, disperso, difícil y poco conocido para ellas. Cuando decidieron vender lo de Abenozas encargaron a un experto la evaluación de los bienes que allí poseían. El informe sobre las tierras de la aldea muestra un país desolado: *«Las consideraciones hechas dan la lógica deducción que aquel país por su estructura y elevación carece de calor, haciéndose por tanto difícil la producción, y, la poca, débil y de escaso rendimiento». «Su flora puede decirse que queda reducida a cereales, cuyas variedades se dan en países fríos, a pequeños trozos de carrascal y algunos más de cajigos: es tan pobre en arbustos y yerbas que los ganados son tan pequeños y raquíticos que parecen raza degenerada por su empobrecimiento y desarrollo, hecho que sólo puede obedecer a la escasa y mala alimentación».*

La descripción de las fincas —una por una— es tan desalentadora como la explicación general. *«Finca 1. Huerto del Romeral: su riego eventual depende de un pequeño manantial discontinuo, pues teniendo tan solo medio almud de extensión superficial, no siempre puede regarse aun teniendo depósito para la recogida y contención del agua».*

«Finca 2. Huerto de Casa: es de secano y por tanto de poquísima renta y valor». «Finca 7. Viña Vieja: más que viña es ya yermo, de ninguna producción sin árboles». Etc. etc.

De la docena de fincas que componían el patrimonio de la casa de Bardaxí en Abenozas, sólo una merecía —a juicio del experto tasador— el calificativo de «relativamente buena». En cuanto a la casa que poseían en la aldea, no era mejor que los campos. *«Una casa vieja, mala, destartalada, desproporcionada y de poca area y volumen, con horno de pan cocer y cuadra; por su estado, situación y condiciones de hallarse en país de poquísimos moradores no se le puede dar renta...».*

Y esta era la descripción del mejor patrimonio de Abenozas.

Pero lo que para el experto tasador eran desolaciones de abrojos y parcelas ínfimas de escaso valor, para los vecinos constituían las mejores fincas de la aldea, aquellas con las que siempre habían soñado, las que —comparadas con sus bancalitos pedregosos— parecían grandes campos feraces.

Se vendió el patrimonio por trece mil pesetas. Lo compraron tres vecinos de Abenozas. Cada uno se comprometió a pagar su parte en siete plazos anuales iguales. Desde aquel día fueron los tres propietarios más potentados de la aldea.

Ahora sólo vive un hombre en Abenozas. Está su casa en el barrio de abajo, cerca de la destartalada casa que fue de Bardaxí. No tiene más compañía que la de sus perros. No lo ve nadie. Un lunes cada mes o cada dos meses, los vecinos de La Puebla de Fantova lo oyen al amanecer cuando pasa por el camino en su viejo ciclomotor. No habla con nadie. Va a Graus. Hace el mismo recorrido que aquellos antepasados suyos que iban a pedir perdón al señor. Compra algo en los puestos del mercado y luego regresa a la aldea. Cultiva un huertito. Caza. En la desolada montaña el humo de su chimenea es el último signo de vida. Dicen que camina durante la noche por las sendas con sus perros. No se deja ver. Su casa está siempre cerrada. Los perros son silenciosos, como el amo. No ladran. Si alguien llega a la aldea notará que no está completamente deshabitada. No sabrá muy bien en qué lo nota, pero sentirá que allí hay algún ser humano. Hallará todas las puertas cerradas, todas las ventanas cerradas. Pero agazapados tras ellas, mirando por una grieta, el último vecino de Abenozas y sus perros, observarán —callados— al visitante. Seguirán sus pasos. Y el visitante, paseando por la mortal quietud de la calle y del cerro desierto, notará esa mirada perturbadora. En varias aldeas desoladas de estos montes desgraciados hay personas así. A veces un hombre sólo, a veces una mujer anciana con un hermano inválido. En ocasiones tres hombres solos. Viven entre ruinas. Son los señores de las ruinas. El de Abenozas es el señor de Abenozas. En esto ha venido a parar todo. A veces resulta difícil valorar la importancia de ciertos cambios producidos en un momento histórico determinado. Algo puede parecer muy trascendente y luego suceden cambios que hacen disminuir la importancia que se le había dado a lo anterior.

En la segunda mitad del siglo XVI, cuando la rebelión de los vasallos del Conde de Ribagorza hizo temblar los cimientos del régimen señorial en toda la comarca, los señores que lo eran de un par de aldeas miserables temieron perder sus señoríos. El temor era fundado porque veían cómo el más rico señor, el poseedor de 84 pueblos de Ribagorza, perdía su enorme señorío. Todo aquello fue una convulsión terrible. Los señores que llevaban varios siglos viendo cómo su poder no era discutido por nadie, creyeron que el sistema se venía abajo. Organizaron la defensa de los intereses señoriales y lograron hacer triunfar sus ideas. Don Juan Ferrer de Bardaxí consiguió que una sentencia del justicia de Aragón, en el año 1567, le reconociera como *«señor y verdadero posehedor de dicho lugar de Abenozas, con sus términos, prados, selvas, montes, yerbas, aguas, zequias, pastos, con vasallos, hombres y mujeres, con toda la jurisdicción civil y criminal alta y baxa, mero y mixto imperio de aquellos, con sus frutos, drechos, provechos y emolumentos y demas bienes unibersos al dominio de dicho lugar pertenecientes».*

En la misma sentencia consiguieron ver reconocidos sus derechos los señores de otros 60 lugares de señorío laico y 79 de señorío eclesiástico repartidos por las montañas de Ribagorza. Aquellos señores, cuando obtuvieron el anhelado reconocimiento, respiraron tranquilos y pensaron que habían escapado de la mayor de las convulsiones históricas. Luego, durante casi trescientos años, sus sucesores percibieron con normalidad las rentas señoriales. Moría un señor y su sucesor se apresuraba a tomar posesión del señorío. Repetía los mismos actos posesorios de sus antepasados: recorría la aldea, abría y cerraba puertas y ventanas, arrancaba hierbas del campo, rompía ramitas de los árboles, bebía en las fuentes y en los arroyos. Luego, sentado en el presbiterio de la iglesia, recibía de cada vasallo —las manos entre sus manos— el homenaje.

Cuando todo esto comenzó a tambalearse —a comienzos del siglo XIX— y luego desapareció, los antiguos señores pensaron que el mundo se hundía definitivamente. Y, de verdad, su mundo se hundió. Desaparecieron los señoríos y su muerte estuvo repleta de luchas, de procesos y de enfrentamientos como el del Cajigar del Señor de Abenozas. Don Vicente Bardaxí consideró que aquel mundo —su mundo— entraba en una nueva época. Los antiguos vasallos pensaron lo mismo. Realmente habían cambiado muchas cosas. Ya no estaban sometidos al señor. Ya no rendían homenaje a nadie. Ya no pagaban los odiosos tributos señoriales. Pero la imagen de Abenozas y la vida en la aldea apenas cambiaron: se seguían cultivando los mismos campos y con las mismas herramientas, los aldeanos vivían en las mismas casas, comían lo mismo que antes, se desplazaban a pie por los misms infames caminos, conocían las mismas cosas. Un viajero que hubiera visitado la aldea cuando tenía a Bardaxí por señor y hubiera vuelto después, cuando ya no había señores, no habría encontrado diferencias si no hubiera hablado con los aldeanos. Los de Abenozas que ganaron al señor el pleito del bosque de robles creían que habían visto cambiar el mundo y, tal vez, si alguno de ellos pensó en el futuro, albergó la idea de que la aldea ya no podía conocer cambios mayores. Los huesos de los que opinaban así asoman ahora en el talud de tierra del cementerio desventrado. Son la imagen patétitca de un cambio mucho mayor. Nadie se acuerda del disputado robledal. Los antiguos campos están abandonados. Entre las ruinas vive sólo un hombre extraño con sus perros.

Y, en su casa de Graus, la última Bardaxí recuerda tiempos remotos, evoca imágenes en la soledad de los salones desiertos: —*Sí, sí, bajaban los de Abenozas a pedir perdón a mi abuelo, bueno, no bajaban ellos, mandaban a otro, quiero decir que cuando se iban a morir mandaban a uno a pedir perdón, si no el cura no les daba la extremaunción, llegaban y decían: que se va a morir fulano, que si lo perdona. Y mi abuelo los perdonaba. Era por un cajigal que le habían quitado...*

CAPÍTULO XI

«NADIE LES SABE LA INTENCIÓN...»

Aquel día amaneció con seis palmos de nieve. La aldea, el valle, los árboles, los campos y las casas estaban callados, como muertos bajo el grueso sudario blanco.

Don José Ademá, párroco de Puyarruego, se levantó aterido y miró por la venta hacia los campos yertos que se extendían al pie de la colina. Luego se fijó en los montes de enfrente, con sus bosques dormidos bajo la nieve, y en la aldeíta que coronaba la montaña. De la casuchas de Muro, apenas perceptibles en la cumbre del cerro, envueltas en la nieve, salían columnas de humo oscuro que constituían el único signo de vida en la mortal quietud de los montes blancos. Don José también era párroco de aquella aldea. Hacía días que no visitaba a los feligreses de Muro y seguramente tardaría todavía algunas semanas en poder llegar hasta ellos: en tanto durara la nieve no era cuestión de aventurarse con su mula por la torpe senda que unía las dos aldeas.

Mientras se vestía, el párroco pensaba en la casa que habitaba. Estaba preocupado por el estado del vetusto caserón. Notaba el sufrimiento de los muros y de los maderos sobrecargados por el peso de la nieve. Las vigas del tejado tenían ya cuatrocientos años. Cuatro siglos soportando la inmensa carga de las gruesas losas de piedra habían agotado la resistencia de los maderos, que se doblaban, como el espinazo de los viejos, y gemían. Los muros se agrietaban. La humedad entraba por todas partes, se hacía sitio, avanzaba, lo emponzoñaba todo. Y mosén José, que era aprensivo y débil, sufría contemplando los avances en el deterioro del caserón que le prestaban para vivienda sus dueñas —de la casa y de él— las señoritas de Bardaxí.

El presbítero, mientras bajaba por la escalera que llevaba a la cocina, creía oir ruidos lúgubres, crujidos y chasquidos de vigas cansadas, movimientos leves de piedras en las entrañas de los muros, grietas que se ensanchaban en la agonía de las paredes: «quizá algún día me encuentren envuelto en escombros de maderos quebrados y muros caídos», pensó.

En la cocina, una estancia negra como la sotana y el bonete del clérigo, encontró a su criada atizando el fuego. En uno de los grandes bancos adosados a los muros estaba sentado Juan, aquel bendito aldeano, que era su mano derecha —y su oído, y su vista, y su inteligencia— en el gobierno del patrimonio de las señoritas de Bardaxí que don José, párroco presentado por ellas, administraba. Hablaron un poco del tiempo. Con tanta nieve no se podía ni caminar por las calles de la aldea. Era imposible llegar a la iglesia. Celebraría la misa en la capilla de la casa. El cura, seguido por Juan, dejó la cocina frotándose las manos que acababa de calentarse cerca del fuego, recorrió un pasillo, luego cruzó una sala grande y sacó del bolsillo de su sotana la llave con la que abrió una portezuela que daba al coro de la capilla. Descendió al presbiterio del templito dedicado a San José y comenzó a revestirse con la ropa sagrada. Mientras, Juan, que ejercía de acólito, encendía las velas del altar y preparaba las vinajeras. Formaban una pareja disforme. El acólito era un buen mozo, alto, robusto, bien plantado. Don José era menudo, cetrino, enfermizo.

—*Introibo ad altare Dei.*

—*Ad Deum, qui laetificat juventutem meam.*

Las palabras sagradas resonaban bajo la bóveda torpe y pesada de la capilla, pintada con colores vivos acumulados en capas superpuestas de cal coloreada y carcomida en mil desconchados. Por una ventanita abocinada que horadaba el grueso muro se veía la suavidad callada de la nieve en los tejados y en la calle. Bajo la quietud aplastante de la nieve, bajo la bóveda, bajo los colores viejos, junto a los raídos manteles sagrados, con el alba de antiguos encajes recosidos y la centenaria casulla repleta de zurcidos, los gestos del párroco —la mano al pecho, la mano a la frente, la hostia en los labios ateridos— y las respuestas incomprensibles del acólito gañán eran —en febrero de 1916— los latidos agónicos de un mundo que se resistía a morir.

Acabada la misa regresaron a la cocina. Cerca del fuego, en una mesita cubierta por un hermoso mantel cuya blancura contrastaba con la oscuridad del local, tenía don José preparada su humeante jícara de chocolate. El presbítero sufría siempre de inapetencia, pero en los días de frío degustaba el chocolate con cierta fruición porque su calorcillo le reconfortaba.

Estaba acabando el contenido de la jícara cuando oyó ruidos y voces que llegaban del zaguán. Mandó a la criada a ver qué ocurría. La mujer regresó anunciando que estaban abajo todos los vecinos del pueblo y decían que querían ver a don José.

El anuncio rompió el placer del desayuno. El melancólico párroco se asustó. Descendió las escaleras temblando. Puso toda su decisión y su altanería —quer eran bien pocas— en los buenos días que dio a los aldeanos. Ellos respondieron con miradas huidizas y adustas, casi sin palabras. Eran una docena. Llevaban chaquetas pardas, medias gruesas, abarcas de piel de vaca, pañuelos descoloridos atados en torno a la cabeza. Querían hablar. En fin ... ya sabía don José ... todo aquel lío con las señoritas de Bardaxí por lo del Sargal ... ellos no tenían mala voluntad ... no querían quitar nada a nadie ... sólo pedían lo suyo...

El párroco les hizo pasar al «Cuarto de los Estudios». Sabía que era una estancia que impresionaba a los aldeanos. Los mandó sentar en dos bancos largos y él se acomodó en una silla, detrás de la mesa. Junto al cura, en otra silla, estaba Juan: su presencia daba seguridad al párroco. Parecían que los del pueblo venían en misión de paz. Querían resolver amistosamente el contencioso que los enfrentaba a las señoritas de Bardaxí por el tema del Sargal de Trazas.

Cuando el cura llegó a la aldea —dos años antes— ignoraba lo que era un sargal. Ahora estaba del Sargal hasta la coronilla. Se trataba de un terreno cubierto de matas de sarga, una especie de sauces arbustivos que crecen en las orillas de los ríos. Cerca del pueblo, junto al sitio donde el río Yesa entrega sus aguas al Bellos, había un gran sargal. Era una partida llamada Trazas, donde la casa de Bardaxí tenía unas tierras de labor. Los aldeanos estaban empeñados en apropiarse del sargal para repartirlo entre ellos y roturarlo. Decían que sólo la tierra cultivada pertenecía a Bardaxí, siendo el resto propiedad de los vecinos. El cura tenía órdenes de las señoritas —sus amas— para defender todo el sargal como propiedad de la casa de Bardaxí. El enfrentamiento hacía sufrir mucho al párroco. No era por escrúpulos de conciencia: era por el miedo que le inspiraban aquellos aldeanos torvos de impenetrables intenciones.

El día 23 de febrero de 1916 se presentaron ante don José Ademá para anunciarle que enviaban a las señoritas de Bardaxí —residentes en Zaragoza— una copia de la certificación catastral en la que fundaban sus derechos. Querían que el párroco escribiera también a las de Bardaxí para interceder por ellos explicando que sus intenciones no eran malas.

Después de formular la petición se produjo una situación embarazosa. Hubo un silencio largo. Allí estaban, sentados en sus bancos, los doce aldeanos callados. El cura no sabía qué decir. Eran unos ladrones miserables, unos gandules desalmados, unos piojosos raquíticos e ignorantes —así lo pensaba él y así los describía en sus cartas a las señoritas— pero le daban miedo. Mucho miedo. Y le estaban pidiendo que escribiera a las señoritas intercediendo por ellos. ¿Qué hacer?

Tomó papel y pluma y —sin decir nada— comenzó a redactar una carta. La dirigió a don Miguel Padilla que, como esposo de doña Pilar Bardaxí, se hacía cargo del control del patrimonio de las hermanas. Cuando la hubo concluido la leyó en voz alta. Era la carta de intercesión que los aldeanos deseaban. Entre otras cosas decía: *«En esta fecha se me presentan a comunicarme que hoy mismo le escriben y remiten un certificado de esta Alcaldía referente a dicha finca, y a suplicarme les ruegue a us-*

tedes los dispensen si ignorantemente intentaron hacer suyo lo que no consideraban de la propiedad de ustedes lo cual hago dejándolo todo al recto criterio de ustedes...».

Los adustos feligreses quedaron contentos. Aquélla era la carta que deseaban. El cura dobló el pliego, lo introdujo en un sobre, puso las señas, pegó el sello y entregó el envío a los aldeanos para que ellos mismos fueran a llevarlo al pueblo próximo, donde estaba la oficina de correos. A pesar de la nieve uno de aquellos torvos montañeses marchó inmediatamente a Escalona a echar la carta. Normalmente el camino hasta el pueblo donde recogían el correo se hacía en poco más de un cuarto de hora. Aquel día le costó una hora. Cuando regresó ya era medio día.

Juan, el criado del cura, espiaba el camino desde una de las aspilleras del viejo caserón de Bardaxí convertido en casa rectoral. Cuando vio regresar al que había ido a echar la carta aguardó unos minutos y luego tomó él el mismo camino. Llegó a la oficina de correos —mojado, aterido— y depositó allí otra carta de don José Ademá dirigida a sus amas. Decía cosas así: *«Les escribo esta sin saberlo ellos para que ustedes aprieten todo lo que puedan para que no salgan con la suya». «Aunque en la carta que he escrito a vista de esta gente digo algo interesándome por ellos, no hagan ustedes caso; hagan ustedes su conveniencia».* Este doble lenguaje era algo habitual en el infeliz párroco.

Don José Ademá desarrolló su carrera eclesiástica como capellán de marina. Era el suyo un buen puesto. Estaba bien pagado y gozaba de una respetable consideración social. Pudo ahorrar un poco. Compró una hermosa vajilla y una cubertería de plata. Formó un abultado ajuar de ropa blanca de buena calidad en la que se hizo bordar con primorosas letras rojas y azules la J y la A. Tenía doce baúles, forrados con piel de cabra claveteada con tachuelas doradas, en cuyos vientres perfumados guardaba su ajuar de tonsurado marino.

Pero Ademá no había nacido para el mar. Era delicado, melancólico y débil. Le iba mal la humedad. Pasaba largas temporadas en la cama, enfermo del pecho y del alma. Los médicos le aconsejaron que dejara el mar y se instalara en un lugar seco, montañoso si era posible. Por medio de unos parientes entró en contacto con doña Teodora, doña Julia y doña Pilar Bardaxí, que como herederas de la casa de Bardaxí tenían el privilegio de presentación de párrocos para las iglesias de sus antiguos señoríos y para la parroquia de Puyarruego. Lo hicieron párroco de esta última. Fue a finales del verano de 1914, cuando media Europa ardía en la Gran Guerra. Don José viviría en la vieja casa que los Bardaxíes habían abandonado un siglo y medio antes para marchar a Graus. Además de cuidar de las almas de sus feligreses el párroco debía ocuparse de la administración del patrimonio que la casa de Bardaxí tenía en Puyarruego.

Llegó a la aldea cuando septiembre acababa, en uno de esos días dulces de principio de otoño. Sus feligreses lo vieron antes de que cruzara el río. Se dejaba ver. Venía acompañado por un espolique que servía a la casa de Bardaxí en Graus. Montaba una buena mula y lo seguían otras cuatro cargadas con los doce baúles. Aquellos cofres impresionaron a los aldeanos. El cura —se veía— era poquita cosa, pero su equipaje llamaba mucho la atención.

Los tonos tranquilos de las montañas en los días de San Miguel gustaron al presbítero. El aire le pareció puro y las aguas limpias. La casa la encontró demasiado grande y destartalada. Allí le aguardaba don Ramón Lóriz, su antecesor, que permaneció con él unos días para ponerle al tanto de lo relativo a la parroquia y —sobre todo— a la administración del patrimonio de la casa de Bardaxí. Don Ramón era un hombre sensato. Había ocupado el puesto durante diez años. Se sentía impotente para tratar razonablemente con aquellos aldeanos. Reconocía su fracaso. Dio mil consejos al nuevo párroco, pero conforme lo iba tratando se convencía de que no servirían para nada. Ademá era débil. Allí hacía falta un hombre de otro tipo. Cuando ya consideró instruido a su sucesor en las cosas de la iglesia y de la casa, don Ramón partió a su nueva parroquia: era la de Fanlo, un pueblo encerrado entre montañas más altas, a seis horas de camino de Puyarruego.

Al llegar a su destino don Ramón Lóriz escribió a Teodora Bardaxí para despedirse y anunciarle que el nuevo párroco de Puyarruego ya se había hecho cargo de todo. La carta de Lóriz estaba cargada de reservada prudencia clerical, pero mostraba su desaliento y su pesimismo: *«...hay que saber con quien se trata para hacerse cargo de las dificultades con que se tropieza administrando haciendas en la forma que yo la cogí. Pido a Dios tengan mejor suerte en adelante, pues Mosén José, si no atiende mis consejos, como es tan infeliz y crédulo como yo, tendrá que sufrir de aquellas gentes bastante»*.

Mosén José Ademá también escribió a las señoritas de Bardaxí. Estaba contento. El clima de la montaña le resultaba reconfortante: *«...pongo en conocimiento de ustedes mi buena estancia en este pueblo y satisfactoria salud que su clima me otorga...»*. Se encuentra cargado de buenos propósitos innovadores para administrar sabiamente el patrimonio de la casa de Bardaxí y hacerlo más productivo. Recorre las fincas una por una. Habla con los capesinos que las cultivan y se asombra de la incuria y del abandono que dominan todo. Precisamente ha llegado en los días del balance anual. Los aldeanos pagan sus arriendos en especie. Entregan heno, vino y trigo: todo en cantidades mínimas. Cultivan mal los campos. Se ocupan poco de las labores. Obtienen escaso fruto y el que consiguen lo escamotean para pagar menos.

Parece que don José Ademá llegó a la aldea bien provisto de sensatez y de racionalidad. En los seminarios se enseñaban esas cosas. Además de teológica y moral los clérigos disponían de una buena formación canónica. La claridad expositiva de los textos jurídicos —y aun de los litúrgicos—, que el presbítero estudió en sus años mozos, había ido educando el espíritu del párroco en el orden, en el rigor de las demostraciones y en la solidez argumental. Pero los libros y los profesores no le enseñaron que había otros mundos: eran oscuros, indescifrables, impredecibles, enigmáticos. Su antecesor, el fracasado párroco Lóriz, ya se lo advirtió: con aquella gente no valían los razonamientos. Ademá debió hacerse su propia composición de lugar y se trazó un plan de trabajo dominado por los principios de la prudencia, la astucia y la acción enérgica.

En la primera carta que escribió a las señoritas de Bardaxí ya aparecen estas cosas. Señala cómo ha reconocido las veintiséis fincas que componen el patrimonio y el mal efecto que le ha producido el descuido con el que las trabajan los arrendatarios: *«...algunos tienen fincas arrendadas de ustedes cuyo poco interés por trabajarlas como corresponde a todo buen labrador, no procurando sacar mas que lo estrictamente provechoso para ellos, según he podido observar, muy contrario a mi carácter y a mi modo de ser, que quisiera se cumplieran con exactitud los pactos que tienen contraídos...».* Propone a sus dueñas que actúen con energía: deben echar a los arrendatarios menos laboriosos y entregar las tierras a los que mejor las trabajan. Pero el pobre Ademá tiene miedo: no quiere que los campesinos arrojados de las tierras sepan que él ha sido el responsable. Propone a las señoritas que escriban ellas al campesino que van a echar y al que van a darle las tierras: ... *«ustedes les escriban sin que el uno ni el otro comprendan que yo he dicho a ustedes nada. Los otros años sucesivos yo me entenderé más directamente con ellos, pues por primer año no quisiera hacerme odioso...».*

Aquel doble juego era peligroso. Peligroso e inútil: el párroco resultaba odioso ya antes de llegar a la aldea porque todos sabían que venía para administrar las tierras que ellos cultivaban. A los pocos meses el presbítero ya comprede cómo entre él y sus feligreses no puede haber paz. Su lenguaje se hace agresivo y desesperanzado. Las epístolas a las señoritas de Bardaxí son cada vez más expresivas: ... *«hay que tratar de cerca a esta gente para poderlos conocer...» «...nadie les sabe las intenciones...» «...autoríceme usted a mí para proceder contra ellos...».*

Los aldeanos no hablan. No hay forma alguna de conocer sus ideas o sus planes. No responden a lo que se les propone. No se sabe si aceptan algo o no lo aceptan. Bajan la cabeza, callan. Luego hacen lo que quieren. No importan los argumentos. No importan los acuerdos. No sirven los documentos. El párroco se desespera. Pero ¿qué quiere aquella gente? Manda cartas a las señoritas proponiendo nuevas estrategias *«para ver por dónde revientan»*. Da lo mismo. Nada sirve. Es como si la vida en aquellas montañas, los aldeanos, los campos, las cosechas y el paisaje en su totalidad caminaran con un paso distinto al suyo, como si hablaran otro lenguaje. Las palabras del párroco no penetraban en las almas de sus feligreses. Era como si no las entendieran. El presbítero se desespera más cada día. Está repleto de planes razonables. Tiene argumentos, documentos, autoridad, buenos proyectos: y todo eso no le sirve para nada. El patrimonio produce poco. Los campesinos roban, trabajan mal las tierras, ocultan sus frutos, usurpan las fincas de la casa de Bardaxí, ignoran sus límites y se burlan del administrador. Conforme pasan los días el párroco ve crecer su impotencia. Renace la melancolía que sentía en el mar. Se encuentra triste. Poco a poco va dejándolo todo en manos de Juan, su criado. Juan es un aldeano y sabe tratar con los aldeanos.

Juan Bernad había nacido poco antes de comenzar el siglo en una aldea, perdida entre los precipicios calizos y los bosques, que se encontraba a unas cinco horas de camino de Puyarruego. Siendo todavía un niño entró al servicio de don Ramón Lóriz, el antecesor de Ademá. Junto al párroco aprendió a leer y a escribir con cierta soltura, se convirtió en un mozo apuesto e indolente y se dio cuenta de que —con cierta astucia— se podía vivir bien sin trabajar demasiado.

Cuando Lóriz se marchó a otra parroquia Juan permaneció en Puyarruego junto al nuevo párroco. Enseguida comprendió que el amo sería él. En el pueblo, como vivía en la casa del cura, lo llamaban Juan de Abadía. Le tenían miedo. Se hacía temer. Engatusó al pobre don José hasta someterlo completamente a su voluntad. Al poco tiempo de hacerse cargo de la parroquia todas las cartas que el presbítero enviaba a sus dueñas hablaban de Juan. Juan lo resolvía todo. Juan decía. Juan aconsejaba. Juan vigilaba. Juan, Juan, Juan ... Algún tiempo después fue el propio Juan el que comenzó a escribir a las señoritas. Eran cartas amables, serviles, preñadas de intenciones avariciosas que iban creciendo día a día.

Juan de Abadía fue una criatura de los paisajes que había conocido. Sabía de las miserias de la aldea y conocía la vida de los curas. Veía que todos eran hombres: los aldeanos y los párrocos. A cada cual había que tratarlo a su modo. Él, desde los destartalados aposentos del caserón de Bardaxí, manejaba los hilos que movían la vida de la aldea.

Conocía el temor que inspiraban las brujas y los brujos. Ganó fama de brujo —«brujón», decían en la aldea— y logró que todos temblaran ante él. Los vecinos, cuando lo veían venir por un camino, se escondían tras las matas de los linderos para no encontrarse con su mirada. Y él, con la escopeta colgada en el hombro, recorría los campos y los montes altanero y seguro de su poderío. No perdía la ocasión de humillar a cualquier vecino. Empleaba todos los medios. A veces la astucia, en ocasiones la violencia.

Un aldeano disputó a Juan los favores de una mujer. Pocos días después el competidor del criado del cura caminaba por una sendita que discurría al pie de un precipicio rocoso. Iba de caza. Colgaban de sus hombros la escopeta y el morral. De repente, desde lo alto del precipicio, comenzaron a caer piedras. Estaban dirigidas contra el cazador. Eran cantos grandes. Uno, muy grueso, casi lo mató: rozó su cabeza, arrastró en su caída la escopeta que colgaba del hombro y derribó al cazador. Desde el suelo miró a lo alto del precipicio: allí estaba Juan arrojando piedras. El cazador tuvo suerte y salvó el pellejo. Pero el recuerdo del peligro que había corrido y el temor a Juan le hacían sufrir mucho. Un día, algún tiempo después de estar a punto de morir bajo las piedras que el de Abadía le arrojaba, cansado de vivir atemorizado, el aldeano marchó a consultar al adivino. El que más fama tenía en aquellas montañas era uno que vivía en la villa francesa de Arreau, a dos jornadas de camino de Puyarruego. El cazador cruzó el puerto de Bielsa, hizo noche en una majada de pastores y —por fin— alcanzó la villa que alza su abigarrado caserío entre dos ríos caudalosos. Llegó a casa del adivino y explicó su caso. El francés le dio la más esperanzadora de las respuestas: nada debía temer porque era un «hombre de alma blanca» y, aunque pareciera débil, viviría mucho y gozaría de buena salud. De Juan de Abadía, por el contrario, le dijo que moriría joven: ni sus malas artes ni su robustez lo salvarían. Así fue.

Mientras tanto, Juan, ignorante de su destino, seguía intentando controlar la aldea y no perdía las oportunidades que se le ofrecían para mostrar sus poderes superiores. Llegaron dos campaneros a Puyarruego para fundir una campana de bronce que sustituyera a la que partió un rayo. Prepararon el molde en una era. Se tomaban su trabajo con calma. Tardaron bastantes días en tenerlo todo dispuesto. Hablaban poco. Se rodeaban de misterio. Los aldeanos acudían a la era para ver trabajar a los campaneros. Cuando todo estuvo preparado para verter el metal fundido en el canalillo que lo conduciría a las entrañas del molde donde se enscondía la forma de la campana, el pueblo entero se congregó —callado, seducido por el atractivo misterioso del metal fundido— en torno a los broncistas. En el momento supremo, cuando el metal humeante comenzaba a correr por el canal que lo llevaba al interior del barro seco, Juan tomó a un niño de la aldea que tenía una hernia y lo pasó tres veces por encima del reguero de metal líquido. Aseguró que la criatura sanaría. No sanó, pero aquella osadía de Juan para atreverse a pasar al niño sobre el bronce hirviente impresionó a los vecinos.

Juan tenía muy claros sus objetivos. Pensaba mucho en ellos. No comía a la mesa del párroco. Tomaba su comida sentado en el zaguán o en un escalón de la escalera de la casa: así podían verlo los aldeanos. Callado, adusto, tranquilo, iba devorando el contenido de su cazuela. Los vecinos pasaban por la calle y lo veían allí, en la penumbra del patio o en la escalera, abrazado a la gran marmita humeante, comiendo y comiendo. Lo envidiaban.

Intentó trabajar un poco. Pero aquello era demasiado duro. Su primera estrategia para controlar el patrimonio de la casa de Bardaxí consistió en tomar él todas las fincas en arrendamiento. Convenció a don José Ademá y convenció a las señoritas de Bardaxí. Sus cartas eran correctas, amables, pulcras incluso. Los vecinos se quedaron sin las tierras. Juan buscó un socio y se dispuso a trabajarlas por su cuenta. Compró dos bueyes. Los trajo de Villanova. Tal vez constituyeron los bueyes de Juan la última mercancía llegada a Puyarruego desde el antiguo señorío de la casa de Bardaxí. Juan informaba de todo a sus dueñas. En las cartas parecía un labrador experto y entregado a sus tareas: *«...ya hemos comprado los bueyes y estamos en el vigor de la siembra...»*. Pero fracasó completamente. ¡Ah, el trabajo! ¡Qué maldición! Le echó las culpas al socio: *«El compañero de arriendo voy notando que poco a poco me va dejando en la estaca...»*. Era al revés. Ante sus amas quería parecer pobre y humilde para pagar menos: *«De esta manera no podemos vivir»*. *«Cincuenta pesetas de diferencia no arruinan a nadie pero también es cierto que para un pobre como yo es más que para otros cien»*.

Por fin, tras fracasar como labrador, manifestó claramente sus deseos a las señoritas: quería quedarse él solo con todo. Así expresó sus apetencias a las dueñas: *«...quedar yo encargado de todo como mayordomo con facultad para cobrar los arriendos de la casa y huerta y de todo lo demás del mismo modo que lo está el párroco...»*.

Mosén José le dejaba hacer. Se encontraba cansado, inapetente, enfermo como en el mar.

Las señoritas de Bardaxí estaban tristes. Se sentían desamparadas. Eran desgraciadas. La muerte prematura de su hermano Vicente las dejó solas al frente de la casa. No estaban preparadas para aquella responsabilidad.

Doña Teodora, doña Julia, doña María del Pilar y don Vicente Bardaxí Erruz eran hijos de don Cristóbal y doña Pabla. Tuvieron cinco hermanos más que fallecieron en la niñez. En total nueve hijos. Pobre doña Pabla. Veinte años de vida conyugal y nueve partos. Vio morir a cinco hijos. Este parecía un destino trágico de la casa de Bardaxí: eran prolíficos, pero la prole se veía pronto mermada. Doña Pabla y don Cristóbal también murieron jóvenes. Cuando desaparecieron los padres Vicente apenas tenía veinte años. Sus hermanas eran tres niñas asustadas. Las crió su abuela en el viejo caserón de la plaza de Graus. La abuela era una Heredia nacida en las postrimerías del siglo anterior. Resultaba una crónica viviente. Cuando en 1875 se restauraba en España la casa de Borbón, la anciana recordaba a sus nietas la otra vez que los Borbones habían salido de España, allá en 1808. Les hablaba de la maldad de los soldados franceses, que asaltaban las iglesias y orinaban en las pilas del agua bendita. Les contaba cómo sus cuñados habían alcanzado la gloria. Las llevaban al salón y les mostraba el gran retrato del cardenal Bardaxí. A José Nicolás de Azara no lo apreciaba mucho. Ponía a las niñas delante del busto del famoso diplomático, al que el duque de Parma hizo marqués de Nibbiano, y les decía: «Miradlo: era un presumido».

Vicente, el mayor, el heredero, amaba la historia. Estaba orgulloso de las glorias del linaje. Ocupó muchas horas en desentrañar el pasado familiar. Hizo árboles genealógicos muy amplios cuyas ramas se extendían por pliegos de papel engomados que recorrían los muros. Había nacido en 1858, un cuarto de siglo después de desaparecer los señoríos. Pero para él no habían desaparecido. Se mandó pintar un retrato al óleo. Era un joven delgado y serio. Al pie de su busto hizo que el pintor escribiera: «Señor de lo temporal de Puyarruego, Abenozas, las Vilas del Turbón, Villanova y Lasaosa». Organizó el patrimonio. Visitó con frecuencia los lugares donde tenía propiedades. Firmó contratos de arrendamiento. Ordenó el archivo de la casa. Era piadoso. En 1888, cuando tenía treinta años, viajó a Zaragoza con sus hermanas. Querían asistir a los oficios de la Semana Santa: la basílica del Pilar, las procesiones, los pasos, las cofradías, los encapuchados, los cirios, los tambores y todo eso. Dejaron Graus por unos días. El motivo resultaba piadoso. Las chicas eran jóvenes. La menor, María del Pilar, tenía diez y nueve años. Era bueno que conocieran la capital. Allí vivían algunos parientes. Había familias distinguidas con las que alternar. Vicente nunca regresó a la casa de Graus. Dejó en ella su retrato con el rótulo de los señoríos y los árboles genealógicos sin acabar, los contratos de arrendamiento, los viejos documentos familiares. Una fiebre terrible lo acometió en Zaragoza. Estuvo cuatro días delirando. Murió el día de San José. Las hermanas regresaron a Graus encogidas, desorientadas, compungidas.

Buscaron consejo. Pidieron ayuda. Una turba de abogados revoloteaba en torno a ellas. Uno cantaba arriba, otro abajo. Todos se afanaban buscando algo. Allí había buenos honorarios. Unas jóvenes desamparadas. Un gran patrimonio. Un abogado viejo y astuto de Benabarre daba mil consejos y dilataba las soluciones. Por las noches no dormía tejiendo obsesivamente en su imaginación maniobras para enlazar con la familia Bardaxí. Él tenía un hijo, profesor en la academia militar de Zaragoza, que acababa de enviudar. ¡Ah, si lograra casarlo con doña Teodora! Mientras urdía sus planes necesitaba que nada se resolviera en la casa de Bardaxí. Escribía cartas. Redactaba enrevesados informes. Debatía con otros colegas. Y las hermanas, en el caserón de Graus, se consumían de soledad.

En las tierras y en la casa de Puyarruego mandaba don Mariano Baget, el párroco y administrador nombrado por el difunto don Vicente. Todo un carácter. Aquél sí sabía tratar a los aldeanos. Aquél no enfermaba de melancolía. Se enredó en las luchas políticas. Entró de lleno en aquellos mecanismos caciquiles que caracterizaron las elecciones políticas de las últimas décadas del siglo XIX. Desde la casa de Bardaxí, convertida en abadía, reinaba en su feudo. Él si era de verdad «señor de lo temporal» en Puyarruego. De lo temporal y de lo celestial. Bautizaba y decía misa. Confesaba, casaba. Tenía el cuello robusto y las manos grandes, la sotana grasienta, el color de la cara oscuro y los labios gruesos.

Antes de cada elección las fincas de Bardaxí en Puyarruego bailaban de las manos de un arrendatario a las de otro. Había un desfile de aldeanos ansiosos por la abadía. El cura compraba los votos. Estaba enfrentado con el cacique de un lugar próximo. Se espiaban. Se engañaban. Enviaban infiltrados. Compraban voluntades. Pagaban adhesiones. Entregaban un cuartal de trigo por una traición, un almud de cebada por un voto. Amenazaban. Don Mariano desconocía la finura, los buenos modales y las apariencias. Se ocupaba poco de las precauciones. Hablaba con rotundidad. Empleaba las palabras gruesas. Robaba sin disimulo. Unos años antes de morir don Vicente su patrimonio de Puyarruego rentaba cien duros al año. Al comenzar el siglo XX sus hermanas apenas sacaban de las mismas tierras veinte duros cada año. Pero no se atrevían a enfrentarse con el cura. Dejaron ese asunto en manos de un pariente de El Grado. Era un cura, propietario razonable, ilustrado y enérgico. Escribió al párroco de Puyarruego varias cartas airadas en las que pedía orden, claridad y disciplina en las cuentas del patrimonio. Quería saber con exactitud la extensión y la producción de cada una de las fincas, a quién se arrendaban y cuánto pagaban. Pretendía averiguar a qué se debía la merma de las rentas. Iluso. Aquel hombre era un iluso. Desconocía la vida de la aldea. No sabía cómo era don Mariano. Mejor dicho: lo sabía pero creía que podía hacerlo cambiar. El párroco de la aldea respondía con evasivas en cartas llenas de buenas palabras y vacías de cualquier compromiso serio. Todo seguía igual. Las rentas del patrimonio de Puyarruego se esfumaban. Desaparecían. Nadie sabía cómo. A don Mariano no lograron echarlo de su parroquia. Murió en 1904 y hasta el fin de sus días gobernó a su antojo el patrimonio de la casa de Bardaxí en la aldea.

Entre tanto doña María del Pilar Bardaxí se había casado. El marido era don Miguel Padilla, un ingeniero agrónomo primo suyo. Se trasladaron a vivir a Zaragoza y llevaron con ellos a Teodora. El caserón de Graus dejó de ser la residencia permanente de los Bardaxíes. Las señoritas de Bardaxí —así las seguían llamando— vivían en un piso grande de la calle Cinco de Marzo, cerca de la plaza de España, en el centro de la capital aragonesa. Hasta allí iban llegando las cartas del administrador de Puyarruego que hablaban siempre de dificultades con los aldeanos.

Para las señoritas, Puyarruego, la aldea de donde habían partido sus antepasados un siglo y medio antes, era un lugar remoto y oscuro. Salían a la calle en Zaragoza, veían tranvías y automóviles, farolas eléctricas y cafés alegres. Iban al teatro. Visitaban a parientes y amigos que vivían en casas hermosas y bien amuebladas. Paseaban por el paseo de la Independencia rodeadas de lo más selecto de la sociedad zaragozana. Hablaban de ropa y de modas. Leían el periódico. Iban al cine. Y cada vez que llegaba la carta del párroco hablando de campos, de árboles, de trigo y de aldeanos insumisos, decidían viajar al pueblo que —en la carpeta donde guardaban los papeles— llamaban «nuestro feudo de Puyarruego». Entonces, animadas de buenos propósitos, escribían al cura anunciándole que pensaban ir a visitarlo y a recorrer sus tierras. Pero luego, conforme pasaban los días, el propósito se les iba haciendo menos firme. Comenzaban a imaginar caminos escabrosos recorridos sobre una mula poco dócil; casas viejas, oscuras y sucias; campesinos huraños y hostiles...: todo aquel mundo del que —por un lado— se sentían propietarias y —por otro— conocían sólo a través de las cartas y de los relatos pintorescos de algún pariente que lo visitó y volvió contando detalles raros, se les tornaba difícil, apto sólo para ser imaginado y poseído en una escritura pero no para ser visitado, reconocido y organizado por ellas.

En Navidad llegaban las truchas. Venían de Puyarruego en una caja o en una cesta con paja y con hielo. Eran peces hermosos, de colores vivos, mandíbulas poderosas y grandes ojos brillantes. Las habían capturado los aldeanos en las aguas clarísimas del Bellos, en las profundidades del abrupto tajo calcáreo por cuyo fondo corre el río. Aquella gente se movía con soltura por los precipicios y los barrancos. Conocían bien el río. En las oquedades de las rocas próximas al cauce tenían escondidas las redes. Se las hacían ellos mismos con el cáñamo que hilaban las mujeres. Sabían emplear en cada tiempo la que convenía. En invierno, cuando el caudal era escaso porque el frío mantenía las aguas heladas en los montes, usaban el boltorín o el tresmallo. Si el río venía crecido —con el deshielo primaveral o las lluvias de otoño— lanzaban en los remansos de las orillas aquellas redes redondas que llamaban esparveros. Pescaban todo el año. Vendían algunas truchas. El cura conseguía que le dieran varias en diciembre para enviarlas a las señoritas de Bardaxí. Las consumían en Navidad. Cuando llegaban a la mesa los hermosos peces, ya cocinados, el comedor se llenaba del aroma fluvial de su feudo lejano.

Aquellos aldeanos de los que nadie sabía la intención y que tanto hacían sufrir a don José Ademá eran hombres del río. Como tenían pocas tierras y sus montañas resultaban tan estériles, buscaron su sustento en los ríos. Cada año, en mayo o en junio, levantaban en los ríos que abrazaban el cerro de la aldea varios diques primitivos —con piedras, con ramas y con barro— para desviar las aguas hacia los canalillos que regaban las huertas donde sembraban judías, cáñamo, patatas y cebollas. Recogían sus cosechas en septiembre. Luego venían las riadas de otoño que destruían los arcaicos azudes. Al año siguiente, al acabar la primavera, volvían a levantarlos. Así un año y otro. Con las truchas también se repetían los ciclos anuales: hacían la puesta —«fregaban»— a finales de otoño y entonces se pescaban bien con los boltorines; en verano sesteaban en las sombras y entraban fácilmente en las mangas y en los cañales.

Pero los ríos eran —ante todo— buenas vías de transporte para la madera. Cortaban árboles en bosques escondidos por los montes. Vida dura aquélla. Dormían en cuevas o en chozas de ramas. Comían mal. El trabajo era agotador. Las hachas, alargadas como medias lunas, resultaban pesadísimas. Resina, frío, suciedad, agotamiento. Un día y otro: así todo el invierno. Una vez derribados los árboles, en el mismo bosque, cuadraban los troncos con el hacha hasta convertirlos en vigas de cuatro caras planas. Después los arrastraban hacia los barrancos y los riachuelos. Los conducían luego por el agua a los ríos grandes para atarlos formando plataformas con las que navegaban hasta el Ebro y hasta las puertas mismas del mar.

Los troncos que hacían bajar sueltos por los ríos Bellos y Yesa los ataban cerca del lugar donde el primero entrega sus aguas al Cinca. Había allí una extensa playa fluvial —«placha», decían ellos— donde amontonaban la madera que traían por el agua. Junto a la playa había muchas matas de sarga cuyas ramas empleaban para atar unos troncos a otros hasta formar la almadía o navata con la que descendían después navegando casi hasta el mar, en un viaje de trescientos kilómetros de incierto recorrido. El sargal cercano a la playa era el de Trazas, aquel por el que pleitearon con las señoritas de Bardaxí, el mismo al que hacía referencia la doble correspondencia de don José Ademá.

Quizá fraguaron sus planes mientras cortaban ramas de sarga para atar sus navatas en algún día de abril o de mayo, que eran las fechas de los viajes por los ríos, cuando el caudal venía crecido por la fusión de la nieve en los montes. Irían, con su hachita, cortando brotes tiernos y flexibles y mirarían la extensión inculta del sargal. Luego, mientras realizaban las laboriosas tareas de preparar los troncos y mientras los amarraban unos con otros, comenzarían a ilusionarse con la idea de roturar el terreno. Lo comentarían entre ellos. Poco a poco urdirían el plan para despojar a las señoritas.

Esto pudo ser así o ser de otro modo. *«Nadie les conoce la intención»*, decía Ademá. *«Hay que tratar de cerca a esta gente para saber cómo son»*, decía también. Y se desesperaba porque no recibía ninguna respuesta de los aldeanos ante sus razonables propuestas de arreglarlo todo por las buenas: *«Son tibios e indolentes»*, *«hay que comprarles hasta las ganas...»*.

Mientras tanto los ciclos anuales de la naturaleza seguían su curso. En invierno estaba la aldea blanca, cubierta por dos o tres palmos de nieve. Los hombres en los bosques con el hacha. Las mujeres, los ancianos y los niños en sus casuchas oscuras. Mosén José solo y melancólico en el viejo caserón agónico, diciendo misa en la capillita de San José. Juan Bernad urdiendo planes para controlarlo todo. Las señoritas de Bardaxí en su piso de Zaragoza, celebrando la Navidad con las truchas de su feudo. En la primavera, el deshielo. La madera en los ríos, los viajes a Tortosa en las grandes almadías. La construcción de los torpes azudes para regar los huertitos. Luego el verano abrasador. La siega. Las eras. El cereal. En otoño el pago de los arriendos. Una miseria: cuatro puñados de trigo, unos cántaros de vino flojo y algunas docenas de trenzas de heno áspero. Don José veía pasar las estaciones y notaba cómo sus feligreses eran igual que los árboles o los ríos: seres vivos, mudables e incomprensibles en cuyo devenir para nada influyen los discursos o las palabras.

Tal vez el párroco no era dado a filosofar. Si lo hubiera hecho quizá habría pensado que de la naturaleza humana se sabe poco. Todos los que hablan o escriben acerca de ella tienen algo en común: pertenecen a ese grupo de personas que hablan acerca del espíritu del hombre y escriben sobre el mismo tema. Pero la otra parte, el otro grupo, todos aquellos que nunca pueden ligar una conversación sobre su propia alma o el alma ajena y que si lo hicieran dejarían de pertenecer a ese grupo ¿cómo ven las cosas? ¿cómo viven su vida? ¿cuál es el mapa de los senderos de su alma? Aquellos aldeanos «tibios e indolentes», impenetrables, oscuros, callados; aquellos hombres del río y del bosque que amargaban la existencia a don José Ademá ¿qué pensaban? ¿qué esperaban?

En Rusia estaba triunfando una revolución. En España se convocaban huelgas generales. Socialismo. Anarquía. Comunismo. Feudalismo. Lucha de clases. Campesinado. Segunda revolución industrial. Geopolítica. Y los aldeanos callados cortando sargas, atando troncos, minando con su actitud los cimientos del pasado. ¡Pobres señoritas de Bardaxí! ¡Qué triste don José en el caserón desvencijado! El sol, cada día, salía para todos.

El párroco terminó por cansarse. Las señoritas de Bardaxí también. En 1919 murió don Miguel Padilla. Las de Bardaxí se vieron —de nuevo— desamparadas. Los aldeanos se repartieron el sargal y lo roturaron. Don José enviaba cartas a sus dueñas pidiendo dureza contra sus feligreses. Ellas le respondían que en sus manos dejaban la responsabilidad de usar la mano dura. Pero el pobre párroco se encontraba impotente para luchar contra aquella gente. Sus dueñas lo notaron y le escribieron una carta terrible, cargada de acusaciones, humillante. El desgraciado presbítero miró las montañas, el río, los bosques, y viendo a los aldeanos como un elemento más de aquel paisaje duro cuyos destinos impenetrables le ordenaban dirigir, notó en su interior —quizá por vez primera— un arranque de valor y escribió a las señoritas de Bardaxí una carta triste. Comenzaba lamentando que dudaran de la limpieza de su conciencia y —a continuación— les recordaba a sus dueñas las condiciones en las que desarrollaba su atribulada misión como párroco y administrador de la casa de Bardaxí: *«han de saber que yo como exclusivamente de lo que me da mi humilde sueldo y ministerio», «se ha tenido y se tiene de su patrimonio un cuidado e interés como si fuera nuestro (del párroco y de Juan Bernad) hasta el punto de hacernos malquerer por defender sus intereses de ustedes siendo así que mi misión sólo y exclusivamente es en este pueblo para el cumplimiento exacto de mi ministerio sacerdotal, a pesar de todo empleo en obsequio y beneficio de ustedes toda mi actividad aunque ustedes crean lo contrario»*. Las dueñas le acusan de sacar poco de los arriendos y el párroco —cansado ya de combatir— les dice que vayan ellas a la aldea *«y ustedes mismas se verán por sus propios ojos lo que dan cada uno y ustedes mismas se lo pueden cobrar»*.

Esto sucedía al comenzar la década de los veinte. Las de Bardaxí vieron que su patrimonio de Puyarruego era —de verdad— incontrolable y decidieron venderlo. Un campesino de un pueblo cercano, que tenía un cuñado cacicón y amigo de un cura pariente de las Bardaxí, se enteró de las intenciones de las señoritas y compró todas las tierras. Luego, se reservó las mejores y vendió las otras a los aldeanos. Con el viejo caserón hicieron las de Bardaxí una donación piadosa: se lo regalaron al obispo de Barbastro para que lo destinara a casa rectoral. Don José Ademá pasó allí los últimos tiempos de su fracasado ministerio. Murió cuatro o cinco años después de la venta de las tierras que le hicieron administrar. Lo enterraron detrás de la iglesia. Sin una lápida. Sin una cruz.

Juan Bernad y la vieja criada del párroco se quedaron con los doce cofres y con la ropa blanca que el cura trajo del mar. Cuando llegó la guerra a la aldea y los vecinos escaparon a Francia, los baúles quedaron abandonados, como todo lo que había en las casas del cerro entre los dos ríos.

La que había sido casa de los Bardaxíes se convirtió en un punto fuerte de la línea del frente. Por las aspilleras de sus muros, pensadas para los arcabuces y los mosquetes del siglo XVI, asomaron los fusiles de los soldados republicanos de la 43 División. En la oscuridad de su bodega abovedada resistieron los combatientes las bombas del enemigo. Por fin, los republicanos se retiraron hacia Francia y cruzaron las terribles montañas del puerto de Bielsa por una sendita estrecha que serpenteaba entre murallas de nieve. Había muchos soldados heridos. Algunos caminaban. Otros agonizaban en camillas que manos solidarias hacían avanzar por la nieve. En las ensangrentadas tiras de tela blanca que cubrían las heridas de los soldados se podían ver muchas veces, primorosamente bordadas, la J. y la A.

Por las aldeas de los montes desgraciados que abandonaban los que se retiraban quedaron repartidos los cadáveres de muchos soldados. También murieron bastantes curas: los fusilaron. Quemaron muchos archivos.

EPÍLOGO

Siempre he envidiado al Padre Olaechea por una escena.

Mitad de los años cincuenta. Una tarde de septiembre. Algo de viento. La dulzura de la luz de principios de otoño. El sol sereno que ya ha dejado atrás los ardores caniculares del estío y aún no ha caído en la débil decrepitud invernal. La naturaleza tranquila que brinda sus frutos, reposada y tierna como mujer sosegada tras la inquietud de la preñez y los dolores del parto. El valle de Benasque. Los abedules dorando su vestido tembloroso. El río claro. Los pastores y los ganados, en las montañas, aguardando la partida a la Ribera, cansados de la soledad de los montes. Villanova, el viejo señorío de Bardaxí, reposa en la ladera. Los campesinos recogen las patatas y las judías, riegan la hierba postrera del año, regresan a sus casas cuando atardece. Don Miguel Padilla y Bardaxí y su hermana doña M.ª Ventura —los últimos Bardaxíes— caminan por la carretera. Es el diario paseo vespertino. Tienen unos cincuenta años. Don Miguel lleva un sombrero claro y un bastón. María Ventura una chaquetita de lana. Avanzan lentamente bajo los grandes árboles que bordean la carretera polvorienta. No pasa ningún coche. De vez en cuando se cruzan con algún campesino acompañado por un caballo casi oculto bajo la montaña de heno que transporta. Los últimos descendientes del señor saludan al campesino y éste les devuelve el saludo. Allá lejos, bajo las grandes copas de los árboles, distinguen dos figuras negras que caminan hacia ellos. Vienen del santuario de Nuestra Señora de Guayente, encaramado en una roca sobre el río. Son dos sacerdotes jesuitas. Conforme se van acercando los identifican. Uno es viejo. El otro joven. El viento mueve sus sotanas. Al viejo lo conocen, al joven no. Cuando se encuentran se saludan. El viejo hace las presentaciones:

—Don Miguel, doña María Ventura, éste es el Padre Rafael Olaechea. Acaba de obtener su licenciatura en Historia y está descansando unos días en Guayente mientras piensa en la tesina que va a realizar. Padre Olaechea, don Miguel y doña María Ventura Padilla y Bardaxí, que están veraneando en su casa de Villanova. Sus antepasados señorearon este pueblo y algunos otros de las montañas. Tienen un hermoso palacio en la plaza de Graus y —según creo— conservan un archivo con interesante documentación histórica. Tal vez les interese a ustedes hablar de esos documentos.

Y entonces comenzaron a hablar de los viejos papeles, de los pergaminos, de señores y de vasallos. El sol se iba ocultando y el grupo seguía hablando bajo los grandes árboles. Don Miguel jugaba con la punta de su bastón moviendo una piedra de la carretera. El viento agitaba las sotanas. El joven tonsurado preguntaba cosas del archivo, de los legajos, de las fechas. Los Bardaxíes le ofrecieron su casa de Graus para que permaneciera en ella si le interesaba estudiar aquellos papeles remotos y desordenados. Acordaron que sería al verano siguiente. Luego, se despidieron. Los curas volvieron al santuario. Regresaron caminando lentamente bajo los árboles. El viejo le contó al joven cosas de los Bardaxíes. Habían ostentado el patronazgo de la iglesia de la Compañía en Graus. Todavía vivía doña Pilar, la madre de los hermanos con los que habían hablado. Era una anciana enérgica que disfrutaba de una excelente memoria. Sus hijos vivían con ella. Don Miguel se había casado. María Ventura estaba soltera.

Los dos hermanos llegaron a su casa de Villanova cuando anochecía. Le contaron a la madre la entrevista con los jesuitas. La escena del encuentro, el atardecer otoñal bajo los árboles de la carretera, los personajes, la conversación, el valle, el viento suave, el sol que se oculta: envidio a Olaechea porque estuvo dentro de un cuadro impresionista.

Cuando me contó estas cosas, el Padre Rafael Olaechea también parecía un cuadro. Mostraba una oreja muy inflamada, enrojecida, brillante, como a punto de estallar. Esta vez era el Van Gogh que se retrató con la oreja vendada. Estaba sentado en la cafetería del colegio mayor donde residía. Tenía delante una copa de coñac y hablaba lentamente evocando las imágenes de aquella tarde lejana. Hacía más de treinta años de aquello. Luego, recordó su estancia en Graus mientras examinaba los papeles del archivo de la casa de Bardaxí. Pasaba las mañanas ocupado en sus investigaciones. A la hora de almorzar se reunía con doña Pilar y con sus hijos. Comían juntos y después, durante toda la tarde, evocaban los tiempos pasados, cuando los Bardaxíes señoreaban varios pueblos. Doña Pilar tenía una memoria portentosa. Recordaba todo lo que, siendo niña, había oído contar a su abuela, aquella Heredia que nació en el siglo XVIII y vio a los franceses orinando en las pilas del agua bendita de las iglesias de Graus. El joven jesuita completaba las narraciones de doña Pilar con datos que había sacado de los viejos papeles del archivo. La conversación iba enredando sus hilos hasta formar un tejido espeso de señoríos y de guerras, de embajadores y de siglos oscuros que cubría el viejo salón de la casa de Graus, presidido por el busto del Azara presumido, mientras caía el ocaso suave del estío ribagorzano. Olaechea estaba allí por el sabio embajador. Quería estudiar —sobre todo— la figura de Nicolás de Azara. Mientras revolvía los papeles en busca de sus cartas, tenía ocasión de examinar otros documentos de donde tomaba las historias que le narraba a doña Pilar.

La casa de Bardaxí, cuando la visitó Olaechea, llevaba más de medio siglo sin que nadie la habitara de modo permanente. Las señoritas de Bardaxí —doña Pilar y sus hermanas— la habían abandonado a finales del siglo XIX. Primero se fueron a vivir a Zaragoza y más tarde se trasladaron a Madrid. Tenían un piso amplio en el centro de la capital, cerca del parque del Retiro. Allí estaban cuando llegaron aquellas jornadas agitadas del año 1936.

Entonces pensaron en la hermosa casa de la plaza de Graus. Les asustaba lo que veían en Madrid. La gente de ideas más revolucionarias parecía dominar la ciudad. Algunas familias notables, unidas a los Bardaxí por lazos de parentesco o de amistad, abandonaban Madrid y se refugiaban en villas y pueblos escondidos de provincias lejanas. Creían que allí se encontrarían protegidos del vendaval revolucionario. Como en los pueblos nunca pasaba nada pensaban que las tropelías izquierdistas no alcanzarían las plazas dormidas de las villas de provincias. Recordaban los veraneos apacibles en sus viejos caserones y se decían: allí estaremos tranquilos. Doña Pilar Bardaxí y sus tres hijos decidieron marchar a la casa de Graus. Llegaron a la villa ribagorzana en una fecha imposible de olvidar: era el 18 de julio.

No encontraron el ambiente reposado que esperaban hallar. La crispación y el enfrentamiento habían llegado hasta la plaza Mayor de Graus. Las cosas estaban como en Madrid. Había gente que tenía miedo. Se formó un comité revolucionario. Se hablaba de fraternidad, se discutía acerca del fin de la explotación del hombre por el hombre, se anunciaba la proximidad de una sociedad nueva donde ningún hombre oprimiría a otros hombres. Pero en medio de los proyectos grandilocuentes y de los planes que preparaban un futuro luminoso de armonía, había un eco lúgubre de amenazas y de sangre.

Gastón Leval escribió, ya hace años, un libro sobre las colectividades libertarias en España. Es tan hermoso como falso. Entre todas las colectividades que los anarquistas impulsaron en aquella España que ya temblaba bajo los cañonazos de la guerra fratricida, la de Graus fue —para Leval— la más perfecta, la más libre y la más pacífica. El escritor libertario dibuja un cuadro idílico al describir la vida de la villa ribagorzana en el tiempo que pasó organizada como una colectividad. Todo se decidía en asambleas democráticas. A nadie se le forzaba para nada: ni siquiera para entrar en la colectividad, ni siquiera para trabajar. Desapareció el dinero. Aumentó la producción. Se eliminó la explotación. Triunfó la solidaridad. Desapareció la violencia. Así lo cuenta Leval. Pero no todo fue fraternidad.

El hijo mayor de doña Pilar se llamaba Fernando Padilla Bardaxí. Fue el primero que llegó a Graus en aquel verano trágico. Su hermano Miguel decidió quedarse unos días en Zaragoza: esta demora le salvó la vida. A Fernando se lo llevaron detenido los del comité revolucionario al día siguiente de iniciarse la sublevación de los que querían acabar con la República. El delito de Bardaxí: su apellido y su casa, los viejos señoríos perdidos, el archivo polvoriento y los cuadros con retratos de sus antepasados. Estuvo preso unos días y luego lo soltaron. Volvió a su casa de la plaza Mayor abatido pero confiado. Nada temía. Ningún mal había hecho a nadie. No se escondió. En Graus se hablaba mucho de comunismo libertario, pero Bardaxí no creía que la fraternal colectividad anunciada hubiera de alzarse sobre los cadáveres de muchos grausinos. Se equivocó. Lo vinieron a buscar por segunda vez. Lo hallaron en su casa. Se lo llevaron en un camión. Iban con él otros veintidós vecinos de Graus. Los fusilaron a todos en un monte, cerca de El Grado. Mientras fusilaban a Fernando, en Villanova ardía el retablo con la imagen de aquel Bardaxí al que en tiempos remotos salvó la Virgen y en Puyarruego rodaba monte abajo el sagrario dorado de la capilla que mandó hacer aquel Pérez inquisidor y antepasado del que se desangraba —sin saber por qué— en un monte desolado.

María Ventura recuerda siempre aquellos días trágicos. Es una anciana pulcra de aspecto frágil. Su rostro afilado evoca el que ofrecen las imágenes antiguas de Eusebio y de Dionisio Bardaxí. Vive en Madrid. En verano acude a Graus y a Villanova. Pasa un mes en el viejo caserón de la plaza Mayor y otro en el chalecito que mandó construir su padre, a principios de siglo, sobre los zócalos del castillejo de los antiguos señores de Villanova. En la casa de Graus el tiempo está parado. En la penumbra de los salones duermen los retratos de los Bardaxíes. El más grande es el del cardenal. Lo muestra cubierto con el vestido encarnado de los príncipes de la iglesia. El del tío Vicente, aquel Vicente Bardaxí —tan preocupado por la genealogía y la historia de la casa— que murió prematuramente, es pequeño. Sólo aparece el busto. En una esquina hizo pintar el escudo de Bardaxí con las tres franjitas azules. Los cuadros que trajeron de Puyarruego aún conservan —pasados los siglos— la pátina de la aldea: los bodegones de frutas y de pájaros están oscurecidos por el humo de aquellas teas con las que se alumbraban en las casas de las montañas.

—Con los cuadros hicieron un museo. Se los llevaron a la casa de Heredia y los colgaron allí. Decían que era un museo.

María Ventura habla de la Guerra Civil, de cuando les arrebataron todo después de matar a su hermano Fernando.

—Bueno, todos los cuadros no se los llevaron. El del cardenal lo habíamos escondido. Separamos la tela del marco y la enrollamos porque así era más fácil ocultarla. Se quedaron con toda la casa. Hicieron despachos para la U.G.T. y para la C.N.T. Arriba pusieron una biblioteca. Reunieron allí los libros de la casa y otros que trajeron de otras casas.

Todo esto sucedía en 1937, justo un siglo después de aquel asalto carlista que había hecho añicos el archivo de la casa de Bardaxí de Graus. Cuando los que querían implantar el comunismo libertario se apoderaron de la casa de la plaza Mayor, el archivo se había recompuesto en parte gracias a la labor de Vicente, que mandó copiar muchos documentos de diversos archivos notariales y municipales, y a los papeles que habían bajado de Puyarruego. Al ocupar la casa, los revolucionarios tuvieron menos suerte que los carlistas con los papeles: no hallaron documentos. Los habían escondido en un gallinero metidos en sacos viejos. Las antiguas escrituras que testificaban las tomas de posesión de los señoríos, las listas con los tributos de los vasallos y los testamentos donde los viejos Bardaxíes pedían ser enterrados en el carnerario de los finados de la casa durmieron más de dos años protegidos por el cacareo de las gallinas mientras en las sierras de España resonaban los cañonazos y corría la sangre.

A María Ventura y a su madre les dieron alojamiento en una casilla de peones camineros.

—Estaba limpia. No era un sitio apropiado para nuestra dignidad, pero estaba limpia.

Al acabar la Guerra recuperaron sus posesiones. Los papeles del archivo volvieron a ocupar un gran armario en la planta noble del hermoso caserón. Allí los vio el padre Olaechea. Pocos años más reposaron en la casa de Graus. Murió doña Pilar. Quedaron solos —ya mayores— sus hijos Miguel y María Ventura: eran los últimos Bardaxíes. Decidieron buscar un albergue definitivo para los viejos papeles de la casa. Los depositaron en el Archivo Histórico Provincial de Huesca. Allí están ahora.

Luego murió Miguel. Quedó sola María Ventura. En verano vuelve a Graus y a Villanova. Abre los balcones que miran a la Plaza Mayor. Durante unos días entra la luz a los salones donde duermen los retratos. El busto del embajador Azara muestra un rostro gordezuelo.

—Un presumido —dice María Ventura— este Azara era un presumido. Sólo a un presumido se le podía ocurrir repartir tantos retratos por todas partes.

FIN

APÉNDICE 1

MAPA DE LOS LUGARES MAS CITADOS EN EL LIBRO

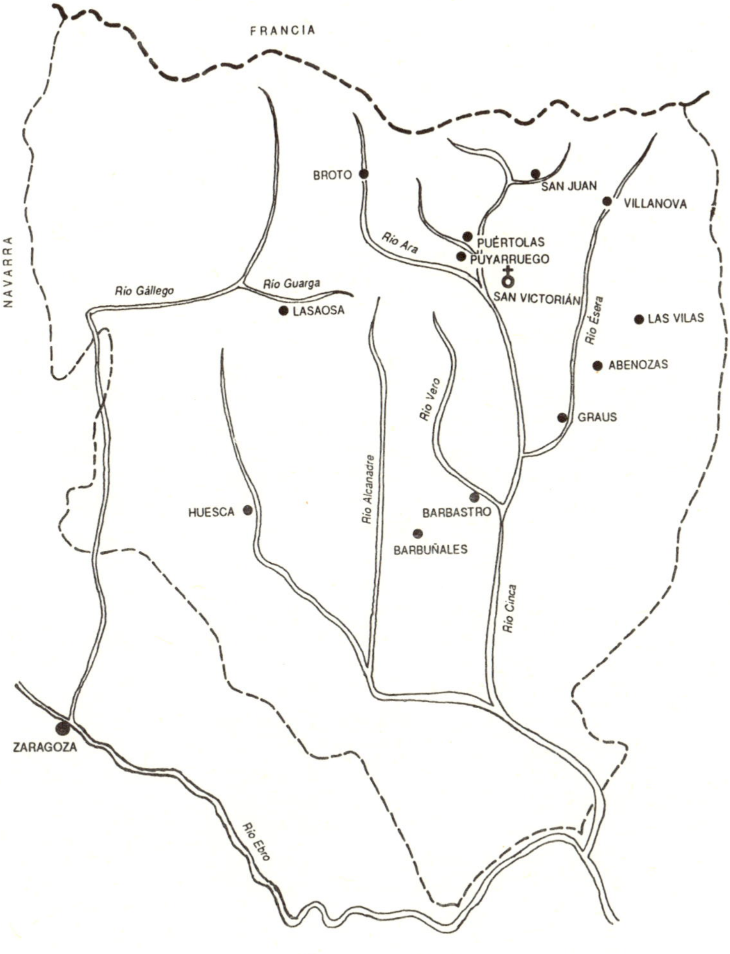

APÉNDICE 2

EL ARCHIVO DE LA CASA DE BARDAXÍ (A.C.B.)

En el texto ya se han señalado algunas de las vicisitudes sufridas por los documentos de la Casa de Bardaxí en el siglo XIX y en el siglo XX. A comienzos de la década de 1970, D. Miguel Padilla Bardaxí y su hermana Dña. María Ventura depositaron los fondos del archivo de su casa de Graus en el Archivo Histórico Provincial de Huesca (A.H.P.H.) donde se conservan en la actualidad en la sección de archivos familiares, cuyos legajos correspondientes al A.C.B. van de F. 9 a F.34 ambos inclusive. En estas veinticinco cajas se amontonan unos dos mil documentos en el más completo desorden.

En realidad, bajo el título de A.C.B. se guardan varios archivos, todos provenientes de la casa de Bardaxí de Graus, pero con orígenes distintos. En primer lugar hay que hacer con los documentos dos grandes bloques: uno de Bardaxí y otro de Heredia. Después, con cada uno de estos bloques documentales deberían formarse varias secciones.

El bloque que corresponde a la antigua casa de Heredia de Graus, a su vez, está formado por varios archivos familiares que acabaron juntándose en aquella casa. Se trata del archivo de los señores de La Penilla (una rama de los Mur), del de los Castellblanch que señorearon Bafaluy, del de los Barones de Abella y del de la propia casa de Heredia de Graus. Todos estos archivos son fragmentarios: parece que ninguno de ellos contiene la totalidad de la documentación del archivo del que procede. Aportan una gran variedad de documentos que van desde comienzos del siglo XVI hasta los primeros años del XIX. Hay libros de cuentas, capitulaciones, listas de documentos, memorias, epistolarios, censos, inventarios, etc., etc.

Con los documentos de los Bardaxíes pueden formarse tres secciones: la primera debe reunir los documentos provenientes de la casa de Bardaxí de Puyarruego, la segunda los de la casa de Bardaxí de Graus de antes de la fusión de ambas casas y la tercera los de la casa de Graus a partir de la instalación en ella de la rama de Puyarruego.

De todas las secciones citadas, la más completa y rica es la de la casa de Puyarruego. Esta sección, a su vez, puede dividirse en varias subsecciones: una de antes de la llegada a la casa de Puyarruego del primer Bardaxí (1664) cuando la casa perteneció a Villamana de Blancas y antes a Pérez y, antes todavía, a Garcés. Otra de los Bardaxíes que señorearon Villanova y Las Vilas antes de residir en Puyarruego. Y una tercera de la casa de Puyarruego mientras residieron en ella los Bardaxíes.

De las secciones antes citadas también pueden hacerse varias subsecciones hasta formar un organigrama que explica el origen de los documentos conservados en el A.C.B. y que puede servir como esqueleto para sostener su ordenación el día que ésta se lleve a cabo.

COMPOSICIÓN Y PROPUESTA DE CATALOGACIÓN DEL A.C.B.

1. *CASA BARDAXÍ*

 1.1. PUYARRUEGO hasta 1761.
  1.1.1. Garcés y Pérez.
  1.1.2. Villamana de Blancas y Señorío de Lasaosa.
  1.1.3. Bardaxí. Señoríos de Villanova y las Vilas.
  1.1.4. Otros documentos.
 1.2. GRAUS hasta 1761.
  1.2.1. Señorío de Abenozas.
  1.2.2. Otros documentos.
 1.3. GRAUS desde 1761.
  1.3.1. Declive y liquidación de los señoríos.
  1.3.2. Administración de la casa de Puyarruego.
  1.3.3. Administración de la casa de Graus.
  1.3.4. Epistolarios.
  1.3.5. Papeles de D. Vicente Bardaxí Erruz.
  1.3.5. Otros documentos.

2. *CASA HEREDIA*

 2.1. Señorío de La Penilla (Mur).
 2.2. Señorío de Bafaluy (Castellblanch).
 2.3. Baronía de Abella.
 2.4. Casa de Heredia de Graus.
 2.5. Memorias de carácter ilustrado del siglo XVIII.
 2.6. Epistolarios.
 2.7. Otros documentos.

APÉNDICE 3

GENEALOGÍA

La documentación de carácter genealógico conservada en el A.C.B. es muy abundante. Puede clasificarse en tres grandes apartados:

1. Árboles genealógicos formados por miembros de la familia Bardaxí antes de 1850.
2. Fuentes documentales reunidas por D. Vicente Bardaxí Erruz entre 1880 y 1888.
3. Estudios realizados por genealogistas en los últimos años del siglo XIX y en los primeros del XX.

Los árboles genealógicos del apartado 1 son muy exactos y tienen una firme base documental. Hay media docena. Casi todos se compusieron en el siglo XVIII para demostrar los derechos que asistían a los Bardaxíes en la reclamación de las pensiones de censos establecidos en el siglo XVI. Dan noticias genealógicas fiables a partir de la última década del siglo XV. Con los datos recopilados redactó Don Joseph Bardaxí un libro lucero bajo el siguiente título: «Jesús. María. Joseph. Lucero de todas las escrituras de casa de Dn. Francisco de Bardaxii, de Puiarruebo, y con la anotacion que se pueda poner de todos los Capitulos matrimoniales, y testamentos. Y pondre aqui la linea de los de Bardaxii, y la linea de los Perez asta que paso la acienda de estos en Dn. Francisco de Bardaxii. Hize este lucero yo Dn. Joseph de Bardaxii (hijo del dicho Dn. Francisco) Rector de Puiarruebo, señor de lo util de Billanoba durante mi vida, y vachiller en jurisprudencia, año 1741, y pondre aqui todas las noticias que pudiera adquirir. Deo fa vente».

De este «Lucero» tomó casi todos los datos genealógicos Dña. María Ana de Azara para su «Libro de memoria de D.ª Maria Ana de Azara de la casa de ... Graus. J.1.802.V.».

Además de los árboles genealógicos y de los dos libros citados se conservan dos folios conteniendo el registro de los nacimientos y las defunciones de los hijos de Juan Bardaxí (a partir de 1666) y de Francisco Bardaxí (a partir de 1669).

Con este material se pueden formar el árbol de los señores de Villanova y Las Vilas desde finales del siglo XV y el de la casa de Puyarruego antes de que llegara a ella el primer Bardaxí. Ambos árboles son fiables y se ofrecen más adelante en este mismo apéndice (árboles 1 y 2).

En cuanto al apartado 2 —lo recopilado por D. Vicente Bardaxí— hay que señalar, en primer lugar, su amplitud y, luego, su meticulosidad.

El joven Bardaxí, muerto prematuramente, se propuso formar un árbol genealógico completísimo que incluyera todas las ramas de sus ascendientes. Solicitó informaciones en muchos archivos públicos y privados, copió cientos de documentos y los organizó en numerosas carpetas que ordenó y clasificó sistemáticamente. Con esos datos formó un árbol gigantesco. Ese árbol se perdió. Las carpetillas se conservan, pero están completamente desordenadas, muchas se encuentran vacías y tal vez haya desaparecido alguna. No obstante, si se procediera a ordenar y clasificar el material recopilado por D. Vicente, se podría llegar a formar el mismo árbol que él formó.

De entre los estudios realizados por genealogistas destacan dos. El primero se titula «Apuntes referentes a la ilustre familia de Bardají». Es un manuscrito de 46 folios cosido a otro manuscrito algo menor que se titula «Apuntes referentes a la ilustre familia de Bardají, señores que fueron del pueblo de San Juan, valle de Gistau, Alto Aragón, y algunas noticias también referentes a dicho pueblo». Los dos manuscritos se escribieron a finales del siglo XIX (seguramente en 1888). Son obra de un erudito nacido en San Juan del valle de Gistau. Los escribió por encargo de D. Vicente Bardaxí. Recogen numerosas noticias sobre Bardaxíes, tanto en la época medieval como de la Edad Moderna, extraídas de fuentes bibliográficas y de escritos inéditos. Parecen trabajos serios que citan el origen de todos los datos que presentan. Su pretensión no es estrictamente genealogista.

El otro estudio genealógico es el realizado por Alberto y Arturo García Carraffa para su «Diccionario heráldico y genealógico de apellidos españoles y americanos». Se publicó en el tomo XIV a partir de la página 34. En el A.C.B. hay una copia mecanografiada. Este trabajo se funda en los realizados anteriormente por otros historiadores y genealogistas. Los García Carraffa —según parece— examinaron también el A.C.B. Acerca de la fiabilidad del trabajo de los dos hermanos no cabe ninguna duda: es completamente nula. En estudios como este debió encontrar fundamento aquello de «mentir como un genealogista». El estudio, si bien falla en su finalidad fundamental —la genealógica— resulta útil como fuente de datos para conocer las hazañas de algunos Bardaxíes medievales que existieron e hicieron —seguramente— lo que los autores les atribuyen, aunque las relaciones de parentesco que les atribuyen sean casi siempre dudosas y en muchos casos imposibles. A continuación presentamos un extracto del árbol confeccionado por los García Carraffa sin otra pretensión que la de ofrecer algunas pinceladas que ayuden a comprender el ambiente en el que se movieron ciertos Bardaxíes durante la Edad Media.

GENEALOGÍA DE LOS BARDAXÍES DESDE EL SIGLO XI HASTA EL XV SEGÚN ALBERTO Y ARTURO GARCÍA CARRAFFA (es muy poco fiable)

FORTUÑÓN XIMÉNEZ. Casó con Mayor de Biel. Año 1087. Señor de la Val de Bardaxí.	Participó en el asalto de Arguedas y en el de Secastilla. Luchó en la conquista de Monzón. Ganó el castillo de Calasanz. Su hijo Sancho fue Justicia Mayor de Aragón y primer zalmedina de Zaragoza.
XIMENO FORTUÑÓN. Casó con Toda Ortiz de Foces. Señor de Bardaxí.	Participó en la conquista de Barbastro y en la de Mequinenza. Rico-hombre de Alfonso I el Batallador. Participó en la conquista de Zaragoza.
GALINDO XIMÉNEZ. Casó con Flasida Pérez de Luna. Año 1134. Señor de Bardaxí.	Sirvió al rey Ramiro II. Luego a Ramón Berenguer en la conquista de Lérida y de Fraga. Asistió a la boda de Alfonso II se Aragón con Dña. Sancha de Castilla.
BERENGUER DE BARDAXÍ I. Casó con M.ª Ximénez Romeu. Señor de Bardaxí.	1.º que usó el apellido Bardaxí. Sirvió a Alfonso II y acompañó a Pedro II a Roma cuando fue coronado por Inocencio III. Murió en Palermo.
RAMÓN DE BARDAXÍ. Casó con Oria de Gúdal. Murió en 1240. Señor de Bardaxí.	En 1212 estuvo con Pedro II en Las Navas de Tolosa. Sirvió a Jaime I en la toma de Valencia. Murió estando en las cortes de Alcañiz (1240).
BERENGUER DE BARDAXÍ II. Casó con Violante López de Pomar. Murió en 1285. Señor de Bardaxí.	Sirvió a Jaime I y a Pedro III en la expedición a Sicilia. Murió en 1285 en un encuentro entre aragoneses y franceses en el Ampurdán.
GUILLÉN DE BARDAXÍ. Casó con Leonor Martínez de Artasona. Vivía en el año 1291.	Estuvo en la coronación de Alfonso III y en la de Jaime II. Murió en el combate del castillo de Crevillente junto a su hijo Guillén.

PEDRO RAMÓN DE BARDAXÍ. Casó con Leonor Ortiz de Aróstegui. Vivía en el año 1327.	Abandonó sus señoríos y se pasó al servicio del rey de Navarra. Serva al rey Carlos I de Navarra en 1327.
BERENGUER DE BARDAXÍ III. Casó con M.ª Sánchez de Liñán. Año 1343. Señor de Zaidín.	Riñó con Carlos II de Navarra «El Malo» y volvió a Aragón en 1343. Se estableció en Calatayud.
RAMÓN DE BARDAXÍ II. Casó con Leonor López de Sessé. Vivía en el año 1369.	Peleó junto a Pedro IV desde 1369, en Molina, contra el castellano Enrique II. Juró al rey de Sicilia D. Martín, hijo de Martín I de Aragón. Luchó en Sicilia contra los sublevados.
BERENGUER DE BARDAXÍ IV. Casó con Isabel Ram. Año 1414. Señor de muchos lugares.	Fue uno de los nueve jueces que debían elegir al nuevo rey a la muerte de D. Martín (Compromiso de Caspe). Fernando I lo recompensó en 1414 con muchos pueblos. Fue el 40 Justicia de Aragón.
JUAN DE BARDAXÍ. Casó con Beatriz de Pinós. Vivía en 1436.	Camarlengo de Alfonso V en Nápoles. Le dio en aquel reino varias ciudades al rey. Salvó la vida del rey, en 1423, en el castillo de Capuana. Sostuvo grandes guerras contra su hermano Berenguer (B. de Bardaxí). Firmaron la paz en Monzón en 1436.
BERENGUER DE BARDAXÍ VI. Casó con Isabel de Luna. Vivía en 1448.	Castellán de Jaca y capitán de la ciudad. Obtuvo permiso para tener 30 casas de judíos en sus pueblos.
BERENGUER DE BARDAXÍ VII. Casó con Angelina de Palafox y Rebolledo. Vivía en 1465.	Señor de varias baronías y numerosos lugares.

(A continuación los autores citados ofrecen los nombres de otras ocho generaciones de Bardaxíes y como descendiente de esa octava generación, dan el nombre de Antonio Bardaxí, Señor de Villanova, ¡que se casó en 1493! Significaría eso que habían transcurrido ocho generaciones en treinta años).

ÁRBOL N.º 1
GENEALOGÍA DE LA RAMA DE BARDAXÍ QUE SEÑOREÓ VILLANOVA Y LAS VILAS

(Probada documentalmente y única que los viejos Bardaxíes consignan en sus documentos).

ANTONIO DE BARDAXÍ.
Casó con Catalina de Bardaxí.
Fecha matrimonio: 31-XII-1493.

JUAN DE BARDAXÍ.
Casó con Ana de Huerto.
Fecha matrimonio: 12-VI-1521.

ANTONIO DE BARDAXÍ.
Casó con Francisca de Latrás.

Viven en San Juan del Valle de Gistao

ANTONIO DE BARDAXÍ.
Casó con Isabel Giménez.
Fecha matrimonio: 1584.

FRANCISCO DE BARDAXÍ.
Casó con Francisca Cuguera.

JUAN FRANCISCO DE BARDAXÍ.
Casó con Magdalena Esmir.
Fecha matrimonio: 1628.

JUAN ANTONIO DE BARDAXÍ.
Casó con Ana Esmir y Barasona.
Fecha matrimonio: 1649.

Viven en Barbastro

JUAN DE BARDAXÍ.
Casó con Orosia Villamana de Blancas.
Fecha de matrimonio: 1664.

Viven en Puyarruego. Señores, también, de Lasaosa.
*ENLACE ÁRBOL 2

FRANCISCO DE BARDAXÍ.
Casó con Teresa Rins.
Fecha de matrimonio: 1696.

ENRIQUE DE BARDAXÍ.
Casó con Antonia Barrau.
Fecha de matrimonio: 1699.

JOSEPH DE BARDAXÍ.
Casó con María Ana de Azara.
Fecha de matrimonio: 1758.

Se trasladan a Graus. Señores, también, de Abenozas.

VICENTE DE BARDAXÍ.
Casó con Antonia de Heredia y Godino.

CRISTÓBAL DE BARDAXÍ.
Casó con Paula Erruz y Otto.
Fecha de matrimonio: 1857.

MARÍA DEL PILAR BARDAXÍ.
Casó con Miguel Padilla Erruz.
Fecha de matrimonio: 1899.

Se trasladan a Zaragoza y, luego, a Madrid.

FERNANDO | MIGUEL | MARÍA VENTURA

ÁRBOL N.º 2

LA CASA DE PUYARRUEGO ANTES DE LA LLEGADA DEL PRIMER BARDAXÍ

JUAN PÉREZ–MARÍA GARCÉS. Murió en 1578.
VICTORIÁN PÉREZ–María de Broto. Murió en 1612.
VICTORIÁN PÉREZ–Petronila Barrau. Murió en 1614.
MARGARITA PÉREZ–DIEGO VILLAMANA DE BLANCAS. Murió en 1670.
OROSIA VILLAMANA DE BLANCAS–JUAN BARDAXÍ. Murió en 1683.

LA DESCENDENCIA DE ALGUNOS DE LOS BARDAXÍES QUE APARECEN EN EL ÁRBOL N.º 1

HIJOS DE JUAN BARDAXÍ Y DE OROSIA VILLAMANA DE BLANCAS: Josepe Juan Primo Felicianoo (nacido 1-VI-1966, muerto IX-1671), Victorián Joaquín (n. 19-X-1667), Diego Antonio León (n. 11-IV-1669, m. 15-II-1694), Juan FRANCISCO Pedro (n. 3-VII-1671, m. 12-II-1745), Theresa Jusepa María (n. 11-IX-1673), Jusepe Ignacio Agustín (n. 14-V-1675, m. 18-V-1675), Orosia Manuela (n. 11-VII-1676), Josep roque Jacinto Agapito (n. 16-VIII-1677, m. 19-X-1695), Juan Joseph Pedro (n. 3-IX-1679, m. 28-IV-1739).

HIJOS DE FRANCISCO BARDAXÍ Y TERESA RINS: Juan ENRIQUE Ventura (n. 13-VII-1699), Joseph Agustín (n. 25-III-1703), Francisco Diego Nabor (n. 11-VII-1705, m. 3-VI-1728), María Theresa Rosalía (n. 6-IX-1707, m. 3-II-1708), Orosia Josepha Felisa (n. 1-V-1709, m. 7-V-1735), Gabriela Cristina (n. 3-III-1712), Francisca Raimunda Margarita (n. 8-V-1717).

HIJOS DE JOSEPH BARDAXÍ Y MARÍA ANA DE AZARA: Dionisio (n. 9-X-1760, m. 1826), Bernarda (murió poco después de nacer), María Francisca (n. 5-X-1764), Eusebio (n. 16-XII-1766, m. 7-III-1844), Anselmo (n. 21-IV-1769), Manuel (n. 6-VI-1771, m. 4-VIII-1774), María Simona (n. 28-X-1772), María Teresa (n. 15-XV-1774, m. 5-X-1777), Rafael (n. 23-V-1776, m. 23-X-1777), Martina (n. 12-XI-1777), Vicente (n. 17-II-1779), Joaquina (n. 14-VIII-1783).

HIJOS DE CRISTÓBAL DE BARDAXÍ Y PAULA ERRUZ Y OTTO: Vicente (n. 1858, m. 1888), Julia (n. 1860, m. 1947), María de la Concepción Salvadora (murió siendo niña), María del Patrocinio (murió siendo niña), Teodora (n. 1865, m. 1948), Bonifacio (murió siendo niño), María del Pilar (n. 1869, m. 1957), Eusebio (murió siendo niño), María Josefa (murió siendo niña).

APÉNDICE 4
FUENTES BIBLIOGRÁFICAS Y DOCUMENTALES

Capítulo I

* La documentación más interesante acerca de las actividades de **Juan y de Felipe Bardaxí** en Francia —como espías de Felipe II— se guarda en el Archivo de Simancas. En el Archivo de Casa Bardaxí se conservan las copias de algunos documentos obtenidas, en la segunda mitad del siglo XIX, a partir de los originales de Simancas. Los documentos manejados —todos relacionados con Juan o con Felipe Bardaxí— han sido los siguientes (citados con la numeración que ofrecen en el A.C.B.):

— K. 1501 - n.º 47. Barcelona, 16 de febrero de 1564. Informe de Juan Bardaxí referente a una misión que tenía que desempeñar en Francia cerca de Monsieur de Monluc.
— K. 1503 - n.º 33. Tolosa, 18 de enero de 1566. Informe del embajador don Francés de Alava a Felipe II.
— K. 1501 - n.º 10. Año 1564. Memoria de Monluc referente a la Secretaría del Gobierno de Tolosa.
— K. 1501 - n.º 42. Tolosa, 8 de febrero de 1564 (en francés). Carta de Monluc a Felipe II.
— K. 1503 - n.º 77. Burdeos, 26 de abril de 1565. Carta de don Francés de Alava a Gonzalo Pérez.
— K. 1503 - n.º 102. 27 de mayo de 1565. Carta de Juan Bardaxí a Gonzalo Pérez.
— K. 1503 - n.º 35. Tolosa, 23 de enero de 1565. Informe de don Francés de Alava a Felipe II.
— K. 1503 - n.º 42. 4 de febrero de 1565. Informe de don Francés de Alava a Felipe II.
— K. 1505 - n.º 5. Francia, 1564. Memoria de Monluc transmitida a Felipe II por medio de Juan Bardaxí.
— K. 1504 - n.º 15. San Juan de luz, 15 de junio de 1565. Informe del Duque de Alba y don Juan Manrique a Felipe II.
— K. 1504 - n.º 17. Bayona, 15, 20 y 21 de junio de 1565. Resumen de tres cartas escritas en dichos días a Felipe II por el Duque de Alba y don Juan Manrique.

— K. 1504 - n.º 23. Bayona, 22 de junio de 1565. Informe de don Francés de Alava a Felipe II.
— K. 1505 - n.º 6. Enero de 1564. Sumario de lo que debe comunicar a Felipe II don Juan Bardaxí en su calidad de mandatario de los señores católicos de la Guyena.
— K. 1505 - n.º 7. 25 de enero de 1564. Lo que debe responder Juan Bardaxí a Monsieur de Monluc.
— K. 1505 - n.º 9. Monzón, 25 de enero de 1564. Instrucciones para don Juan Bardaxí.
— K. 1505 - n.º 10. Barcelona, 24 de febrero de 1564. Proyecto de una respuesta de don Juan Bardaxí a Monsieur de Monluc en nombre de Felipe II.
— K. 1505 - n.º 11. Agen, 18 de marzo de 1564. Memoria de Monsieur de Monluc a don Juan Bardaxí.
— K. 1505 - n.º 17. Letux, 22 de junio de 1564. Carta de Juan Bardaxí al Príncipe de Eboli.
— K. 1505 - n.º 18. Junio o julo de 1564. Resumen de las cartas de don Juan Bardaxí.
— K. 1505 - n.º 19. Letux, 16 de julio de 1564. Carta de Juan Bardaxí al Príncipe de Eboli.
— K. 1505 - n.º 20. Madrid, 6 de agosto de 1564. Orden del rey Felipe II a Juan Bardaxí para ir a Madrid.
— K. 1505 - n.º 22. Madrid, 16 de setiembre de 1564. Instrucciones de Felipe II a Juan Bardaxí.
— K. 1505 - n.º 23. Madrid, 25 de noviembre de 1564. Resumen de una deliberación del Consejo de Estado sobre varias comunicaciones de Monsieur de Monluc y de Juan Bardaxí.
— K. 1505 - n.º 23. Agen, 27 de octubre de 1564. Carta de Monsieur de Monluc a Juan Bardaxí.
— K. 1505 - n.º 29. Madrid, 8 de febrero de 1565. Carta de Felipe II a Juan Bardaxí y a Monsieur de Monluc.
— K. 1505 - n.º 30. Madrid, 8 de febrero de 1565. Instrucciones de Felipe II a Juan Bardaxí.
— K. 1505 - n.º 31. Letux, 14 de febrero de 1565. Carta de Juan Bardaxí a Felipe II.
— K. 1505 - n.º 32. Zaragoza, 20 de marzo de 1565. Carta de Juan Bardaxí a Felipe II.
— K. 1505 - n.º 41. Informe sobre un negocio concerniente a Felipe Bardaxí, condenado por contumaz por el Tribunal de la Inquisición de Zaragoza.
— K. 1505 - n.º 42. Segovia, 26 de setiembre de 1565. Carta de parte de Felipe II al Arzobispo de Sevilla en favor de Felipe Bardaxí.
— K. 1505 - n.º 47. Año 1567. Nota de Monsieur de Monluc a Juan Bardaxí.

— K. 1506 – n.º 1. 12 de junio de 1566. Resumen de una carta de Juan Bardaxí al Príncipe de Eboli.
— K. 1506 – n.º 8. Zaragoza, 12 de junio de 1566. Carta de Juan Bardaxí a Felipe II.
— K. 1506 – n.º 46. Madrid, 13 de setiembre de 1566. Instrucciones de Felipe II a Juan Bardaxí sobre lo que ha de decirle a Monluc.
— K. 1506 – n.º 48. Zaragoza, 20 de setiembre de 1566. Carta de Juan Bardaxí al Príncipe de Eboli
— K. 1506 – n.º 88. Madrid, 13 de febrero de 1567. Carta de Felipe II a Juan Bardaxí.
— K. 1506 – n.º 91. Francia, 1 de agosto de 1567. Carta de Felipe Bardaxí a Juan Bardaxí.
— K. 1506 – n.º 93. Zaragoza, 1 de setiembre de 1567. Carta de Juan Bardaxí al Príncipe de Eboli.
— K. 1506 – n.º 96. Tolosa, 5 de octubre de 1567. Carta de Felipe Bardaxí a Juan Bardaxí.
— K. 1506 – n.º 99. Zaragoza, 21 de octubre de 1567. Carta de Juan Bardaxí a Felipe II.
— K. 1506 – n.º 100. Zaragoza, 21 de octubre de 1567. Carta de Juan Bardaxí al Príncipe de Eboli.
— K. 1507 – n.º 63. Zaragoza, 25 de febrero de 1567. Carta de Juan Bardaxí a Felipe II.
— K. 1507 – n.º 64. Zaragoza, 25 de febrero de 1567. Carta de Juan Bardaxí al Príncipe de Eboli.
— K. 1507 – n.º 65. Zaragoza, 25 de febrero de 1567. Carta de Felipe Bardaxí al Príncipe de Eboli.
— K. 1507 – n.º 66. Febrero o marzo de 1567. Resumen de la correspondencia de Juan y de Felipe Bardaxí durante el mes de febrero de 1567.
— K. 1507 – n.º 67. Zaragoza, amrzo de 1567. Resumen de una carta que Felipe Bardaxí ha escrito a Juan Bardaxí.
— K. 1507 – n.º 82. Madrid, 19 de marzo de 1567. Carta de Felipe II a Juan Bardaxí.
— K. 1507 – n.º 83. Madrid, 19 de marzo de 1567. Carta de Felipe II a Monsieur de Monluc.
— K. 1507 – n.º 102. Zaragoza, abril de 1567. Resumen que hace Juan Bardaxí de las noticias que ha recibido de Francia vía de Tolosa.
— K. 1507 – n.º 103. Madrid, 3 de abril de 1567. Resumen de una carta de Juan Bardaxí al Príncipe de Eboli.
— K. 1507 – n.º 109. Zaragoza, 3 de abril de 1567. Carta de Juan Bardaxí al Príncipe de Eboli.
— K. 1507 – n.º 111. Zaragoza, 4 de abril de 1567. Carta de Juan Bardaxí a Antonio Pérez.
— K. 1507 – n.º 118. Madrid, 25 de abril de 1567. Carta del Príncipe de Eboli a Juan Bardaxí.

— K. 1508 - n.º 80. Zaragoza, 24 de octubre de 1567. Carta de Juan Bardaxí al Príncipe de Eboli.
— K. 1510 - n.º 40. Francia, 6 de octubre de 1568. Resumen de una carta de Felipe Bardaxí a Juan Bardaxí.
— K. 1511 - n.º 151. Melun, 22 de diciembre de 1568. Informe de don Francés de Alava a Felipe II.
— K. 1514 - n.º 11. Francia, año 1569. Carta de Felipe Bardaxí a Juan Bardaxí.
— K. 1514 - n.º 154. Setiembre de 1569. Resumen de las cartas que ha enviado de Francia Felipe Bardaxí a Juan Bardaxí.
— K. 1514 - n.º 157. Canfranc, 11 de setiembre de 1569. Carta de Juan Bardaxí a Felipe II.
— K. 1526 - n.º 32. Tolosa, 7 de abril de 1572. Aviso dirigido por Felipe Bardaxí al Príncipe de Eboli.
— K. 1527 - n.º 56. Junio de 1572. Noticias enviadas por Felipe Bardaxí a Juan Bardaxí desde Tolosa.
— K. 1527 - n.º 63. Tolosa, 28 de febrero de 1572. Noticas enviadas por Felipe Bardaxí.
— K. 1537 - n.º 27. Isla Jordan, 9 de febrero de 1575. Carta de Monsieur de la Vallete a Juan Bardaxí.
— K. 1507 - n.º 47. Agen, 6 de febrero de 1567 (en francés). Carta de Monsieur de Monluc a Felipe II.
— K. 1507 - n.º 50. Tolosa, 9 de febrero de 1567 (en francés). Carta de Monseieur de Ballefarde a Juan Bardaxí.
— K. 94. Tarbes, 3 de octubre de 1567. Carta de la Reina de Navarra a Monsieur de Monluc. La hizo llegar a España Juan Bardaxí.
— K. 1506 - n.º 95. Tarbes, 3 de octubre de 1567. Carta del Príncipe Enrique de Navarra (luego Enrique IV) a Monsieur de Monluc. La hizo llegar a España Juan Bardaxí.
— K. 1506 - n.º 98. Agen, 6 de octubre de 1567. Carta de Monluc a la Reina de Navarra y al Príncipe Enrique. La hizo llegar a España Juan Bardaxí.

* De las *«Vistas de Bayona»* hace una detallada descripción el P. Luis Fernández y Fernández de Retama en la *Historia de España de Menéndez Pidal,* en el tomo dedicado a Felipe II. Allí habla —p. 667— del papel de Monluc y de los hermanos Bardaxí. El historiador francés Forneron en su *Felipe II* había lanzado duros calificativos contra Monluc y los Bardaxí. El P. Fernández de Retama justifica la relación del rey de España con estos tres personajes diciendo: «Pero ¿qué hombre de guerra no era en esta época aventurero?».

* Resulta muy complejo establecer los *lazos familiares* de Juan y Felipe Bardaxí con otros personajes que aparecen en esta historia. Incluso el parentesco entre ellos puede llegar a ofrecer dudas. En varias cartas

Juan se refiere a Felipe como «mi ermano». Sin embargo, en el encabezamiento del resumen de una carta de marzo de 1567 el escribano puso: «Don Juan de Bardaxí. Resumen de una carta que le escribe su primo Felippe de Bardaxí».

En San Juan del Valle de Gistau había en aquella época sólo 19 familias según se desprende de un memorial que los vecinos enviaron al rey. Una de ellas era la que formaban el matrimonio constituido por Antonio de Bardaxí y Francisca de Latrás, que —entre otros hijos— tenían dos llamados Juan y Felipe. Éstos son, probablemente, los que sirvieron como espías a Felipe II. Sin embargo, el estudio de los documentos genealógicos ofrece dos dudas. Por un lado sabemos que el padre de Antonio Bardaxí, llamado Juan Bardaxí, casó con Ana de Huerto el 12 de junio de 1521. Entre esa fecha y 1558 —cuando comenzó el proceso inquisitorial contra Felipe Bardaxí— sólo habían pasado 37 años. En ese tiempo debió nacer, hacerse adulto y casarse Antonio Bardaxí y también hacerse adultos sus hijos Felipe y Juan. Si bien 37 son años suficientes, resultan un poco ajustados e indican que Antonio debió casarse muy joven. Por otro lado, tras la muerte trágica de Juan Bardaxí en Estadilla sus hermanos se reunieron para resolver el tema de la herencia. Felipe había muerto ya y los documentos afirman que Juan no había dejado descendencia. Sin embargo, unos años antes, en la carta de 3 de abril de 1567, Juan Bardaxí pedía al Príncipe de Eboli, como pago a sus servicios, que se dignara interceder para que le concedieran a un hijo suyo el abadiado de San Juan de la Peña. Tal vez este hijo hubiera muerto ya en 1585, cuando murió Juan Bardaxí, pero también cabe la duda de si realmente el Juan Bardaxí muerto en Estadilla era el que sirvió de espía a Felipe II. Todos estos datos genealógicos se encuentran dispersos en diversos documentos del archivo de Casa Bardaxí.

* Sobre el *Señorío de los Bardaxí en San Juan del Valle de Gistau* tuvo lugar —en la segunda mitad del siglo XVI— un largo pleito. Jerónimo Ferrer de Bardaxí defendía sus derechos a señorear el pueblo como descendiente de Guiral de Bardaxí, a quien el rey Fernando (el Católico) autorizó a reedificar el castillo del lugar y le reconoció el señorío del mismo. El emperador Carlos confirmó los derechos señoriales de Guiral de Bardaxí. Felipe II concedió a Jerónimo Ferrer de Bardaxí un señorío limitado que expiraría a los seis años. Los vecinos de San Juan se opusieron a dicha concesión alegando que el rey Alfonso había vinculado el pueblo a la Corona. Decían que el castillo no lo habían reedificado Guiral de Bardaxí y sus hijos, sino los vecinos del lugar, y se negaban a prestar el homenaje que como vasallos les reclamaba —en 1584— Jerónimo Ferrer de Bardaxí.

Estos datos se encuentran en una consulta que los vecinos de San Juan realizaron al abogado Antonio Fuster a comienzos del siglo XVII.

El documento se halla en el Archivo de Casa Bardaxí. Probablemente lo sustrajo del archivo de San Juan, en 1880, el mismo erudito que redactó para la casa de Bardaxí un abultado informe bajo el título de «Apuntes referentes a la ilustre familia de Bardají». A este informe hacemos referencia en más ocasiones.

* *El testamento del contrabandista Martín Campan* en A.H.P.H., prot. 3.532, not. Juan Santafé, de Barbastro, año 1563, fol. 66.

* *El memorial de los de San Juan al emperador Carlos* en «Apuntes referentes a la ilustre familia de Bardají», A.C.B.

* *El testamento y la confesión del bandolero Martín Fraxen* en A.H.P.H., prot. 930, not. Joan Jordán, de Huesca, año 1578, fol. 183.

* *La crueldad de Monluc con los hugonotes* en Bartolomé BENASSAR, «La España del siglo de oro», Barcelona, 1983, p. 318.

* *Sobre Lupercio de Latrás.* En A.H.P.H.:

Pregones:
— Prot. 3.618, not. Trillo, de Barbastro, año 1589, s.f.
— Prot. 3.557, not. Juan Santafé, de Barbastro, año 1588, fol. 360 (el del Capitán General de Aragón) y fol. 358 (el de los Diputados del Reyno de Aragón).

Los incidentes de Tardienta: Prot. 1.006, not. Miguel López de Botaya, de Huesca, año 1590, fol. 20.

Toma de posesión de la Carlanía del Valle de Lierp: Prot. 9.365, not. Jaime Villacampa, de Jaca, año 1585, fol. 80.

Vente de sus bienes en Serué: Prot. 9.136, not. Miguel de Pardinilla, de Jaca, año 1587, fol. 207.

Diversos documentos acerca de *negocios que le gestionó su madre, María de Mur:* Prot. 9.026, not. Juan de Villanueva, de Jaca, año 1584.

Bibliografía:

Amando MELÓN Y RUIZ DE GORDEJUELA, «Lupercio Latrás y la guerra de moriscos y montañeses en Aragón a fines del siglo XVI», Zaragoza, 1917.

* *Sobre la guerra de Ribagorza:*

G. COLAS LATORRE y J. A. SALAS AUSENS, «Aragón bajo los Austrias», Zaragoza, 1977. «Aragón 1500-1600. Alteraciones sociales y conflictividad política», Zaragoza, 1981.

* Sobre la participación de *los Bardaxí en la guerra de Ribagorza y la muerte de Juan Bardaxí* en Estadilla:

Marquées de PIDAL, «Historia de las alteraciones de Aragón en el reinado de Felipe II», Madrid, 1862. Tomo I, pp. 154 a 221.
En las mismas páginas ofrece un curioso retrato de Luprecio de Latrás y señala su parentesco con los Bardaxí.
En el segundo tomo de la obra relata la participación de distintos Bardaxíes en los sucesos de Antonio Pérez.

* *Sobre Antonio Bardaxí y Rodrigo de Mur:*

Gregorio MARAÑÓN, «Antonio Pérez», Madrid, 1977.
— El señor de Conques y el de La Penilla tras Antonio Pérez, p. 601.
— Rodrigo de Mur intenta asesinar a Antonio Pérez, p. 693.
— Luprecio de Latrás, los moriscos y los herejes frances, p. 487.
— La guerra de Ribagorza. Papel de los Bardaxí y de los bearneses, p. 147.

* *Los Mur:*

Por azares del destino buena parte de los archivos de la Baronía de Pallaruelo y del señorío de Lapenilla han acabado formando parte del A.C.B. Se encuentra en este archivo toda la documentación relativa a la herencia del Rodrigo de Mur que fue ajusticiado en París cuando marchó a atentar contra Antonio Pérez. Estos documentos provienen de la casa de Heredia de Graus, que habían heredado el señorío de Lapenilla y luego emparentaron —en el siglo XIX— con los Bardaxí. Estos Heredia también pleitearon por la Baronía de Bárboles, uno de cuyos titulares —el famoso facineroso Diego de Heredia— fue cabecilla en las alteraciones de Aragón de 1590. Dirigió el motín que costó la vida al Marqués de Almenara. Luego fue ajusticiado.

Del Barón de Pallaruelo —Ramón de Mur en la segunda mitad del siglo XVI—, de sus negocios mineros y de su palacio de Formigales hay abundante documentación en el Archivo Histórico Provincial de Huesca en los protocolos correspondientes a los notarios barbastrenses.

* *El señorío de Latrás:*

Del señor de Latrás, de las tomas de posesión de los lugares de su señorío, del arriendo de sus bosques, de su martinete de Anzánigo, de su casa de Javierregay y de muchos otros temas relacionados con este señorío se encuentra documentación dispersa en el Archivo Histórico Provincial de Huesca, en los protocolos de los notarios de Jaca de la segunda mitad del siglo XVI.

* *Sobre el bandolerismo y sus causas:*

— En Aragón: G. COLÁS LATORRE y J. A. SALAS AUSENS, «Delincuencia y represión en el Reino de Aragón durante el siglo XVI», en «Estudios del Departamento de Historia Moderna», pp. 79-146, Zaragoza, 1976.

— En Cataluña:
G. TRIBÓ, «Perot Rocaguinarda, bandoler del segle XVII», Barcelona, 1984.
J. REGLÁ, «El bandolerisme catalá al Barroc», Barcelona, Ed. 62.

* *Sobre la muerte de Felipe Bardaxí:*

El desconocido autor de los «Apuntes referentes a la ilustre familia de Bardají» (redactados en 1880) describe en las últimas págnas de este estudio manuscrito —que se conserva en el A.C.B.— el asesinato de Felipe Bardaxí y la costumbre —mantenida en la iglesia de San Juan hasta 1880— de rezar por el alma de sus asesinos. Sin embargo, a pesar de que las fechas en las que fue asesinado el Felipe Bardaxí muerto en la iglesia pueden coincidir con las de la muerte del espía Felipe Bardaxí, no disponemos de ninguna prueba concluyente para demostrar que el decapitado durante la misa de Nochebuena y el espía del rey fueran la misma persona.

CAPÍTULO II

* Para conocer todo lo relacionado con la brujería en el Alto Aragón en aquella época es de gran utilidad la obra de Angel GARI LACRUZ «Brujería e Inquisición en el Alto Aragón en la primera mitad del siglo XVII», ed. D.G.A., Zaragoza, 1991.

* La «Carta para los comissarios del Santo Oficio», en A.H.P., A.C.B., F. 17.

* Los «Estatutos del Valle de Puértolas contra las brujas», en A.H.P., prot. 11.173.

* Otros estatutos contra brujas, en A.H.P., prot. 3.850.

* El maestro Montes capturado por la Inquisición, en A.H.P., prot. 3.760.

* La sentencia arbitral sobre la construcción de la iglesia de Puértolas, en A.H.P., prot. 3.809.

* El delito que en el texto se atribuye al maestro Montes no es seguro que sea el mismo por el que fue detenido por el Santo Oficio. La actuación del saludador está tomada del libro de Angel Gari ya citado.

CAPÍTULO III

Todo lo referente a las capellanías y los beneficios eclesiásticos relacionados con la casa de Bardaxí se encuentra documentado en A.H.P., A.C.B.

Los documentos que más información han aportado para redactar el capítulo han sido los siguientes:

* 29 de enero de 1621. Fundación del beneficio en la capilla de San Victorián por el doctor Ciprián Broto, F. 17.

* 13 de diciembre de 1633. Rectificación de diversos puntos referentes a la fundación del beneficio en la capilla de San Victorián, F. 17.

* 26 de julio de 1636. Nominación de beneficiado otorgada por el doctor Ciprián Broto en favor de Mosen Pedro Juste, F. 17.

* 20 de julio de 1643. Fundación de un censal por Victorián Pérez cuyas pensiones serán para la capellanía de San Victorián, F. 15.

* 23 de marzo de 1645. Censal pagadero por el concejo de Asín de Broto a favor del patrón y del beneficiado de la capellanía de San Victorián.

* 7 de octubre de 1649. Sentencia dictada por el obispo de Barbastro acerca de las adicciones y enmiendas que el doctor Ciprián Broto realizó en la institución del beneficio de San Victorián, F. 18.

* 16 de septiembre de 1676. Nominación de capellán de la capellanía de San Victorián otorgado por Margarita Pérez en favor de Victorián Bardaxí, F. 17.

* 23 de febrero de 1753. Nominación, reconocimiento episcopal y toma de posesión de Manuel Bardaxí como beneficiado de la capellanía de San Victorián, F. 17.

* 30 de agosto de 1770. Nombramiento de capellán de Manuel Bardaxí. La otorga su hermano Joseph Bardaxí, F. 17.

* 28 de mayo de 1786. Opinión documentada de un cabreador acerca del censo fundado en 1618 a favor de la capellanía de San Victorián. La solicitan los vecinos de Plan que pagaban las pensiones, F. 17.

* El monasterio de San Victorián, a pesar de la importancia y de la influencia que tuvo en el Alto Aragón, espera todavía una monografía que dé a conocer su historia. Sobre la vida de San Victorián y acerca del monasterio se ha manejado el libro de Fray Joseph DE LAS HERAS «Columna de luz que por el desierto de los Pirineos guía a los devotos de San Victorián», editado en Zaragoza en el año 1720.

CAPÍTULO IV

Los documentos examinados acerca del señorío de Lasaosa se encuentran todos en A.H.P., A.C.B. Son los siguientes:

* 1598 ? *TRIBUTO DE LOS VASALLOS DE LASAOSA*. F. 15

2 cuartillas. «Sumario de quién y cómo pagan los tributos los vasallos de Lasaosa a su señor».
— Viene la lista de los *8 vecinos* y lo que paga cada uno y cuando. Los tributos son: trigo, cebada, dinero, pollos y perniles. Se pagan para San Miguel. Además, cada año, un jornal personal y otro de cabalgaduras. Si una casa «se amortare» las otras pagarán su parte.
— No sé si la fecha es la correcta. En aquel tiempo, 1598, los Villamana de Blancas todavía no habían comprado el lugar.
— Lista vecinos: Urbez Fuertes, Miguel de Aquilué menor, Miguel Sánchez, Urbez Aquilué, Miguel de Aquilué mayor, Juan de Aquilué, Martín de Aquilué menor, Ambrosio Aquilué.

* 1633, 29 de octubre. *ALBARAN Y APOCA DE PAGO*. F. 10

2 cuartillas por ambas caras.
— Diego Felipe VILLAMANA de BLANCAS, hijo de Juan VILLAMANA de BLANCAS y de Gracia BERGUA, se hace cargo de la herencia de su fallecido padre y entrega a los de Lasaosa albarán y apoca de los pagos realizados.

* 1641, 30 de octubre. *NOMBRAMIENTO BAYLE*. F. 10

2 cuartillas por ambas caras.
— Diego VILLAMANA de BLANCAS, infanzón, habitante en la villa de Broto, hijo de Juan V. de B., Señor que fue de Lasaosa, se presenta en Lasaosa para nombrar nuevo Bayle por muerte del anterior. El fallecido

se llamaba Martín de Aquilué, el nombrado es Miguel de Aquilué, que jura su cargo entre las manos del señor, ante la cruz y los cuatro evangelios.

* 1647, 4 de diciembre. *COMPROMISO*. F. 24

11 cuartillas por ambas caras.
— Diego VILLAMANA de BLANCAS citado como Señor de Lasaosa y los vecinos de Lasaosa se ponen de acuerdo en nombrar unos árbitros para que dicten sentencia en septiembre de 1548 y se comprometen todos a cumplirla.
Son llamados puerta a puerta y se juntan en casa de un vecino.,
Lista de vecinos: Juan de Aquilué, Miguel de Aquilué (Bayle), Pedro Fuertes, Juan de Aquilué (menor), Josime Aquilué, Domingo Aquilué.
Tienen problemas de deudas y pagos con Diego V. de B. Nombran árbitros: Gregorio de Arilla, rector de Secorún; Pedro Rodrigo, señor de Bescós; Jusepe de Caxol, notario.

* 1648, 26 de septiembre. *SENTENCIA ARBITRAL ENTRE DIEGO VILLAMANA DE BLANCAS Y LOS DE LASAOSA*. F. 24

17 cuartillas por ambas caras.
— Not. Pedro de Lacadena, de Jaca.
— Arbitros: Gregorio de Arilla, rector de Secorún.
Pedro Rodrigo, señor de Bescós, Villacampa y Rapún (vive en Bierge).
Jusepe de Caxol, infanzón, notario (vive en Oto).
— El compromiso lo habían tomado el 4 dic. 1647 (acudir a una sentencia arbitral).

SENTENCIA:

1/ La venta del lugar fue legal.
2/ Los vasallos se comprometen a pagar cada año:
18 caices de trigo, 7 caices abena, tres perniles de tocino de tres libras y media carniceras, 7 pollas, 20 libras jaquesas, 2 jornales por casa (1 personal, 1 cabalgadura).
Hay 7 casas. Pagarán: trigo y cebada: San Bartolomé de agosto.
20 libras: San Miguel de septiembre.
Pollas y perniles: Sto. Tomás de diciembre.
Jornales: cuando los pida.
(Si aumentan las casas, pagarán pollas, perniles y jornales).
El señor nombra bayle y revoca.
El señor tiene la jurisdicción civil, alto, bajo, mero y mixto imperio.
El señor tiene derechos de COMISSO, LUISMO, FADIGA.
3/ Los censales que quedan por luir los luirá el señor.

4/ No les pedirá lo de 1648.
5/ Se reserva una casa y campos.
6/ Las dos partes pueden usar la sentencia cuando convenga.
7/ Se olvidan de todo lo anterior.
8/ Los árbitros cobran 2 pares de perniles cada uno (pagan los de Lasaosa).
9/ El notario cobra 1.000 sueldos jaqueses.

* 1672, 1 de noviembre. *PROCURA*. F. 24

Otorgada por Margarita Pérez y Orosia Villamana de Blancas a favor de Juan Bardaxí para negociar los asuntos de Lasaosa.

* 1672, 16 de noviembre. *ARRIENDO DE LA CASA DEL SEÑOR*. F. 24

Lo otorga por doce años. El Señor se reserva un aposento para granero. Podrán albergarse en la casa el señor y sus criados. Se citan con sus confrontaciones la casa y los campos.

* 1672, 16 de noviembre. *REVOCACION DEL BAYLE Y NOMBRAMIENTO DE NUEVO BAYLE*. F. 24

Don Juan Bardaxí revoca a Pedro Fuertes y nombra a Jusepe Sánchez.

* 1672, 16 de noviembre. *COMPROMISO DE CUMPLIR UNA SENTENCIA ARBITRAL*. F. 24

Don Juan Bardaxí, como procurador de Margarita Pérez y Orosia Villamana de Blancas, se compromete con el jurado, bayle y concejo del lugar de Lasaosa a cumplir una sentencia arbitral que dictarán Martín López —rector de Lasaosa— y Agustín Malo —rector de Grasa—. Se señalan las penas en las que incurrirán quienes no la cumplan.

* 1672, 16 de noviembre. *SENTENCIA ARBITRAL entre JUAN BARDAXI y los de LASAOSA*. F. 24

Tienen conflictos. Los de Lasaosa no pueden pagar. Nombran árbitros: Mosén Martín López, rector de Lasaosa; Mosén Martín Malo, rector de Grasa. Pagarán: 12 caices de trigo y 6 caices de abena en la fiesta de la Asunción de Nuestra Señora; 320 sueldos jaqueses para S. Martín de noviembre; 7 pollas; 2 perniles de tocino de tres libras y media carniceras para Sto. Tomás Apostol. Trigo, dinero y abena pagados en Lasaosa, pollas y perniles en Puyarruego). El señor se reserva un censal de 2.400 sueldos de propiedad y 120 s.j. de pensión. Están las confrontaciones de la casa y las tierras. Los árbitros cobran 2 perniles y el notario 200 sueldos j.

* 1672, 16 de noviembre. *ACEPTACION DE LA SENTENCIA ARBITRAL.* F. 24.

Se trata del documento que da testimonio de la lectura de la sentencia arbitral y del acuerdo de todos los afectados.

* 1739, 6 de noviembre. *REQUERIMIENTO A LOS DE LASAOSA PARA QUE PAGUEN LO QUE DEBEN AL SEÑOR.* F. 27

El requerimiento lo hizo Joseph Bardaxí Rins, que no parece estar tan seguro de sus derechos señoriales como de los que le asisten para cobrar lo que le adeudan en virtud de los antiguos censos. Ofrece una lista de éstos que está sacada de otros documentos del archivo de la casa. Los censos cuyas pensiones reclama se muestran en el siguiente esquema:

Lugar y fecha	**DADOR**	**TOMADOR**	**ANUA PENSION**	**CAPITAL Propiedad**	**NOTARIO**
Cementerio de Lasaosa 1563 28 enero	Mosén Juan de Oliván, de Xavierre	Jurados, Concejo y Universidad de Lasaosa.	50 sueldos jaqueses	**1.000 s. j.**	Salvador de La Sahosa, de Jaca
Lasaosa 1566 19 marzo	Mosén Juan de Oliván	Concejo, vecinos y habitadores de Lasaosa	30 s. j.	**600 s. j.**	Pedro de la Noguera, de Xillué
Lasaosa 1567 19 septiembre	Mosén Juan de Bergua, retor de Lasaosa	Jurados y Concejo de Lasaosa	50 s. j.	**1.000 s. j.**	Idem.
Lasaosa 1567 15 octubre	Idem.	Concello, vecinos y habitadores del lugar de Lasaosa	100 s. j.	**2.000 s. j.**	Idem.
Lasaosa 1577 29 noviembre	El magnífico Pedro de Otín de Abellana	Idem.	50 s. j.	**1.000 s. j.**	Idem.
Lasaosa 1578 2 mayo	Idem.	Concello, prohombres, vecinos y habitadores del lugar de Lasaosa	95 s. j.	**1.200 s. j.**	Martín de Bergua, de Sobás, de la Val de Basa

Lugar y fecha	DADOR	TOMADOR	ANUA PENSION	CAPITAL Propiedad	NOTARIO
Lasaosa 1580 7 noviembre	Idem.	Idem.	30 s. j.	600 s. j.	Dionisio Lanoguera, de Xillué
Lasaosa 1582 6 enero	Idem.	Idem.	50 s. j.	1.000 s. j.	Idem.
Lasaosa 1584 17 agosto	Mosén Juan de Bergua, retor de Lasaosa	Idem.	60 s. j.	1.200 s. j.	Martín de Bergua, de Sobás
Lasaosa 1586 15 febrero	Idem.	Idem.	30 s. j.	600 s. j.	Dionisio de La Noguera, de Xillué
Lasaosa 1590 20 septiembre	El magnífico Francisco Grasa ¿de Lasaosa?	Idem.	165 s. j.	1.200 s. j.	Idem.
Lasaosa 1596 30 abril	Idem.	Idem.	200 s. j.	3.000 s. j.	Idem.
Villacampa 5 febrero 1609 Lasaosa 6 febrero Fenillosa 7 febrero	Miguel de Lope retor de Tramacastilla	Vecinos y concejos de Villacampa, Lasaosa y Fenillosa	450 s. j.	6.000 s. j.	Martín de Sta. María, de Broto
Lasaosa 1609 29 julio	El Magnífico Gaspar de Villacampa, infanzón, de Villacampa	Concello gral., vecinos y habitadores de Lasaosa		Comanda de 28.000 s. j.	Idem.
Lasaosa 1611 23 marzo	El Magnífico Ramón de Villacampa, de Villacampa	Concello, prohombres, vecinos y habitadores del lugar de Lasaosa	1.000 s. j.	16.000 s. j.	Martín de Sta. María, de Broto

Lugar y fecha	DADOR	TOMADOR	ANUA PENSION	CAPITAL Propiedad	NOTARIO
Lasaosa 1611 7 noviembre	Miguel de Villacampa, de Xillué	Idem.	300 s. j.	6.000 s. j.	Idem.
Huesca 1614 23 noviembre	Gaspar de Villacampa, de Villacampa	Idem.	184 s. j.	8 dineros con 2.770 s. j.	Pedro Santapan, de Huesca
Lasaosa 1620 6 agosto	El magnífico Juan Villamana de Blancas, infanzón, Señor de Lasaosa	Idem.		Comanda de 12.065 s. j.	Agustín Pérez de Yebra

* 1740, 7 de marzo. *VENTA DE CENSO*. F. 25

Francisco Bardaxí vende a Joseph Bardaxí 29 pensiones del censal de Lasaosa.

* 1740, 5 de diciembre. *CAPITULACION ENTRE BARDAXI Y LOS DE LASAOSA*. F. 31

Joseph Bardaxí y los vecinos de Lasaosa deciden resolver sus pleitos económicos. El acuerdo ya no es entre el señor y los vasallos sino entre «José de Bardagi y diferentes perticulares del lugar de Lasaosa». Ya se ha renunciado al señorío.

CAPÍTULO V

Acerca del señorío de Villanova el A.C.B. contiene una documentación abundante y muy dispersa. Casi toda ella hace referencia a los años en que los señores de Villanova residían en Puyarruego. Los documentos más interesantes tal vez sean los siguientes:

* Acerca de los *tributos señoriales:*

— Sin fecha (quizá entre 1490 y 1500) «Capbreu de los vasallos del señor de Villanova de las rendas que pagan dichos vasallos en cada un anyo al dicho senyor». F. 12.

— Año 1743. «Cuaderno de lo que me deben diferentes casas de mis Basallos del lugar de Billanoba a mi Dn. Joseph de Bardaxí señor temporal de dicho lugar. Esta foliado este cuaderno y va un índice de las casas que deven y se anota el folio de cada una».
— Hacia 1820. «Razón de los treudos que cobra Dn. Vicente Bardaxí en el lugar de Villanova por cada un año, que son de la forma siguiente».

* Sobre las *tomas de posesión* del señorío:

— Año 1665. «Posesorios del lugar de Billanoba».
— Año 1690. «Actos posesorios del lugar de Villanoba».
— Año 1696. «Actos públicos de omenajes y possessión del señor Don Juan de Bardaxy y señor del lugar de Villanoba».
— Año 1744. «Acto de posesión de Dn. Joseph de Bardaxí, Presvitero, sobre el lugar de Billanoba». F. 18.

* Sobre los señores de Villanova cuando residían en el *valle de Gistau* y noticias sobre los Bardaxies que quedaron en aquel valle.

— Año 1551. Joan de Bardaxin, señor de Villanova arrienda las rectorías de Burgasé y Sasé. A.H.P., prot. 11.161.
— Año 1585. Comanda de Joan Bardaxin, señor de Villanova y las Vilas. A.H.P., prot. 3.756.
— Año 1736. Compromiso de resolución de ciertas diferencias acerca de una venta antigua de los derechos señoriales del lugar de Villanova entre la casa de Bardaxí de Puyarruego y Juan de Bardaxí, de Plan. A.H.P., prot. 5.900.

* El *testamento del rector de Villanova* D. Josep Villamana de Blancas en F. 18.

* Año 1623. «Memorial elevado al Rey por los señores con señorío en los lugares de Ribagorza en *demanda de la jurisdicción criminal* sobre sus vasallos».

* Sobre los *límites de Ribagorza y la situación de sus señoríos* en el año 1554 hay en el A.C.B. un documento —impreso en 1689— que los detalla con gran exactitud.

* Acerca de la situación de los *señoríos de la casa de Bardaxí al comenzar el siglo XIX*. Dictamen de un abogado. F. 20.

* Año 1824. Dictamen de los abogados Almadilla y Nolano acerca de los *abusos que cometen los vasallos de Villanova*. Fue solicitado por D. Vicente Bardaxí.

* Año 1917. Dictamen del abogado Nicolás de Oto sobre las *pretensiones de los vecinos de Villanova* de apoderarse de un prado de la casa de Bardaxí. F. 31.

* Sobre el *molino harinero y el batán de Villanova.*

— Año 1824. Arriendo del molino harinero, del batán y de la acequia. F. 17.
— Año 1872. Venta del molino. F. 17.

* Las informaciones acerca del *retablo antiguo* y del que se mandó pintar para sustituirlo, en el siglo XVIII, hay una memoria cosida al final del «Libro de memoria de Maria Ana de Azara».

* Sobre lo ocurrido en la *guerra civil y en la posguerra* los datos se han tomado de informaciones orales ofrecidas por Dña. María Ventura Padilla Bardaxí y D. Angel López.

* Sobre el *señorío de Las Vilas* la documentación en mucho más escasa. Quizá los documentos más interesantes sean los siguientes:

— Año 1745. «Cedulas de las jocalias y alajas que ay en la Iglesia de Las Vilas». F. 21.
— Finales del siglo XVIII. «Informaciones acerca de las Vilas practicadas en el expediente de redotación de la vicaría por don Manuel Alaiz, procurador de la Curia Eclesiástica de Barbastro».
— Año 1807. «Autorización a Dña. María Ana de Azara para que pueda nombrar alcalde en Las Vilas». F. 10.
— Año 1808. Carta del vicario de Las Vilas, D. Marco Fortuño, donde se exponen las obligaciones del señor de Las Vilas y de sus vasallos. F. 21.

CAPÍTULO VI

* Las más detalladas informaciones funerarias se encuentran en los testamentos del presbítero Juan de Bardaxí, señor de Villanova. Hay dos: uno de 1739 y otro de 1740. Ambos en F. 27.

* En todos los testamentos se pueden hallar disposiciones que aportan notas funerarias. Las más abundantes están en:
— Año 1556. Testamento del rector de Puyarruego Miguel Garcés, en A.H.P.H., prot. 11.164.
— Año 1556. Testamento de María Garcés, de Puyarruego, en A.H.P.H., prot. 11.164.

— Año 1667. Testamento de Diego Villamana de Blancas, señor de Lasaosa, en A.C.B., F. 18.
— Año 1680. Testamento de Orosia Villamana de Blancas, en A.C.B., F. 18.
— Año 1682. Testamento de Margarita Pérez, en A.C.B., F. 18.
— Año 1739. Testamento de D. Enrique Bardaxí, en A.C.B., F. 27.
— Año 1800 (copia del año 1819). Testamento de D. Manuel Bardaxí, A.C.B., F. 27.

CAPÍTULO VII

* Sobre D. Josep de Bardaxí y Dña. María Ana de Azara el A.C.B. contiene una documentación muy abundante. Los documentos que han aportado más información son los siguientes:

— «Libro de Memoria de D.ª María Ana de Azara de la casa de ... Graus. J. 1.802 v». Contiene una reseña de los bienes que poseía la casa y unas noticias breves sobre la vida de María Ana de Azara y de su esposo. Después hay una genealogía de los Bardaxíes desde 1493. A continuación se señalan los censos luidos por Dionisio y se hace una advertencia contra los peligros de los censos. Se añaden dos hojas con la memoria escrita por Joseph Bardaxí (el tío del esposo de María Ana) sobre el retablo de Villanova. La genealogía se completó a finales del s. XIX añadiendo los hijos, los nietos y los biznietos de María Ana de Azara.
— Un cuadernillo que comienza «Año de 1761: en el mes de noviembre Dn. Joseph de Bardaxí y D.ª María Ana de Azara, señores de Villanova y de Las Villas de Turbon que habitaban en Puyarruego...». Ofrece diversos datos sobre la vida de los cónyuges. Un registro muy detallado de los nacimientos de sus hijos. Varias cuentas. Un inventario. F. 20.
— Año 1758. «Capitulación matrimonial pactada combenida y otorgada entre partes; de la una Dn. Jph. de Bardaxi y Barrao Sr. Temporal de Villa Noba, Las Villas y otros lugares; y de la otra Dn. Alexandro Azara y Dña. María Perera Conjuges y Dña. María Anna Azara y Perera, para el matrimonio contrahido entre los dchos. Dn. Jph. de Bardaxí y Dña. María Anna Azara, Marido y Muger, del modo segun y de la forma que dentro de la misma se contiene». 31 de julio de 1758. Not. Francisco Antonio Cavero, de Pertusa.
— Año 1895. Copia literal de la partida de matrimonio celebrado en Barbuñales entre D. Joseph Bardaxí y Dña. María Ana de Azara el día 5 de junio de 1758.

* Inventarios de la casa de Puyarruego:

— Año 1751. «Imbentario de todas las halajas y dinero que sea hallado en la casa de Bardaxi al tiempo que ha muerto Dn. Josep de Bardaxi retor de dicho lugar de Puyarruego».
— Año 179? «Lista de las alhajas que hay en la casa de los Sres. de Bardaxi de Puyarruebo».
— Año 1804. «Memoria de las Alajas que quedan en la casa de Bardaxi de Puiarruebo, día 2 de maio de 1804».

* Año 1762. «Nota de la hacienda que tiene en los terminos del lugar de Puyarruebo D. Joseph de Bardaxí, señor de los lugares de Villanova, Abenozas y las Vilas de Turbón. Año 1762».

* Sobre la infanzonía de los vecinos de Puyarruego, el privilegio del rey Pedro y la hermandad con Muro, Sin y Cosculluela.

— Año 1569 — Acuerdo para reconocer una hermandad que ya existía anteriormente. A.H.P.H., prot. 11.171.
— Año 1582 — Capitulación para regir la organización de la hermandad. A.H.P.H., prot. 11.192.
— Confirmación del privilegio del rey Pedro otorgada en 1816 por el rey Fernando VII. F. 12.

* La dote de Orosia Bardaxí. Su matrimonio con Andrés Carruesco de Lecina. F. 10.

* El testamento de Cristóbal Bardaxí, de Graus, y el nombramiento de heredero en la persona de Josep Bardaxí por parte de los fideicomisarios. F. 17.

* El registro de los hijos de Francisco Bardaxí y de Teresa Rins, a partir de 1699.

* El registro de los hijos de Juan Bardaxí y de Orosia Villamana de Blancas, a partir de 1666.

CAPÍTULO VIII

* Copia literal de la partida de bautismo de Dionisio Francisco Joseph Mariano Bardaxí y Azara. Fue bautizado el día 11 de octubre de 1760. La copia está firmada el día 26 de agosto de 1895 por el párroco de Puyarruego D. Mariano Baget.

* Sobre la vida de Dionisio Bardaxí en Roma cuando era auditor de la Rota: Carta de Salvador Borrell a María Ana de Azara fechada en Roma el 15 de febrero de 1792. F. 20.

* Año 1808. El rey Carlos IV confirma a Dionisio Bardaxí en el derecho a nombrar alcaldes para Abenozas, Villanova y las Vilas del Turbón.

* 14 de mayo de 1817. Carta del cardenal Bardaxí —desde Roma— a un pariente. Desaprueba la decisión de su madre de abandonar la casa de Graus.

* Roma, 28 de octubre de 1818. Carta del cardenal Bardaxí a D. Josef Ferraz, de Benasque. Ofrece muchas noticias de la vida romana.

* Roma, 20 de agosto de 1825. Algunas disposiciones testamentarias del cardenal Bardaxí. F. 20.

* Roma, 16 de noviembre de 1826. Testamento del cardenal Bardaxí. Se conserva una copia realizada por el notario apostólico Domingo M.ª Navasques el día 18 de diciembre de 1826.

* Roma, 3 de enero de 1827. Carta de D. Juan Francisco Marco, heredero fideicomisario del cardenal, a D. Vicente Bardaxí. Trata de las disposiciones testamentarias del difunto cardenal.

* Sobre José Nicolás de Azara se ha escrito bastante. Quizá el trabajo más amplio es el que le dedicó Carlos E. Corona Baratech con el título «José Nicolás de Azara». Editado en 1948 por la institución «Fernando el Católico» de Zaragoza, el libro estudia —sobre todo— la larga etapa romana del de Barbuñales. Al final del libro aparece una extensa relación de fuentes —tanto inéditas como publicadas— que hacen relación al embajador Azara.
En el A.C.B. se conservan bastantes cartas de José Nicolás. Las más interesantes son las dirigidas a su sobrino Eusebio Bardaxí que se encontraba en Florencia. Fueron escritas todas en las agitadas jornadas de 1798, cuando Azara desempeñó el cargo de embajador del rey de España en París. Fueron escritas en las siguientes fechas y lugares: Roma 15 de febrero, Roma 21 de febrero, Roma 24 de febrero, Turín 11 de mayo, París 23 de mayo, París 27 de mayo, París 30 de mayo, París 8 de junio, París 9 de junio, París 12 de junio, París 22 de junio, París 29 de junio, París 2 de julio, París 11 de julio, París 15 de julio, París 22 de julio, París 29 de julio, París 30 de julio, París 9 de agosto, París 17 de agosto, parís 23 de agosto, París 26 de agosto, París 2 de septiembre, París 5 de septiembre y París 12 de septiembre.
También se encuentran en el A.C.B. algunos informes de Azara dirigidos al Príncipe de la Paz.

CAPÍTULO IX

* De Eusebio Bardaxí se publicó en 1982 una biografía muy documentada. Se trata de la obra de Vicente Lledó titulada «D. Eusebio Bardaxí Azara (1766-1844). Vida de un político y diplomático del siglo XIX». Casi todas las citas textuales que aparecen en el capítulo están tomadas de este libro.

* Sobre la guerra contra los franceses en el Alto Aragón y —especialmente— en Ribagorza aportan algunas noticias las cartas de D. Vicente Heredia a su hijo Pablo y a su hermana Manuela. Se conservan en el A.C.B. Llevan las siguientes fechas: Graus 10 de mayo de 1813 (a Manuela), Graus 12 de mayo de 1813 (a Manuela), Graus 17 de mayo de 1813 (a Pablo), Graus 28 de mayo de 1813 (a Pablo), Graus 29 de mayo de 1813 (a Manuela), Graus 31 de mayo de 1813 (a Manuela), Graus 7 de junio de 1813 (a Pablo), Graus 8 de julio de 1813 (a Manuela), Graus 12 de octubre de 1813 (a Pablo), Graus 20 de octubre de 1813 (a Manuela) y Madrid 14 de diciembre de 1813 (a Manuela). Esta última carta la escribe ya desde la capital, donde está como diputado en las Cortes. Da noticias acerca de las mismas.

* Acerca de las deudas dejadas por Eusebio Bardaxí a su muerte hay una reclamación a sus hijos por parte de los sobrinos de Graus realizada en 1857. F. 17.

* Del estado de la casa de Bardaxí de Graus tras el asalto carlista de 1837 hay un testimonio notarial redactado por el notario Benito Costa en día 4 de marzo de 1837. F. 17.

* Sobre Félix de Azara se han publicado numerosas monografías breves y algunos libros. La carta a su hermano José Nicolás que aparece en este libro está tomada de la introducción escrita por C. A. Walckenaer al libro de Félix de Azara «Viajes por América Meridional», editado por Espasa Calpe en Madrid en el año 1969. En la citada introducción se ofrece una semblanza biográfica del gran explorador y naturalista. Recientemente (1987) el I.E.A. de Huesca ha publicado una obra de varios autores bajo el título «Félix de Azara. Ingeniero y naturalista del siglo XVIII».

CAPÍTULO X

* Sobre el señorío de Abenozas la mayor parte de la documentación debió perderse en el asalto carlista de 1837, cuando el archivo de la casa de Bardaxí de Graus fue destruido. Quedan pocos documentos anteriores a esa fecha. Los más interesantes son:

— Una lista con trasuntos de una docena de documentos, relativos al señorío de Abenozas, redactados entre 1522 y 1566.
— Año 1565. Sentencia reconociendo a Juan Ferrer de Bardaxí sus derechos al señorío de Abenozas. F. 10.
— Año 1674. «Censal de cinquenta sueldos jaqueses de anua pension con mil sueldos jaqueses de propiedad pagaderas por los vaille, jurados, concejo y universidad del lugar de Abenozas al magnifico don Josepe Bardaxi señor del lugar de Abenozas y domiciliado en la villa de Graus pagaderos cada un año por el dia y fiesta de Santo Tomas». F. 15.
— Año 1677. «Libro de Villa del lugar de Abenozas en el qual estan escritos los censales paga dicho lugar en cada un año y lo que cada cassa paga en cada censal y las ordinaciones de dicho lugar que fecho fue con voluntad del señor de Abenoças, jurados y consejo por mi Juan Llanas retor de Torruella y Abenoças en 8 de octubre año 1677».
— Año 1745. «Transaccion y concordia otorgada por D. Christoval de Bardaxi señor de Abenozas y Procuradores del Ayuntamiento del dicho lugar de Abenozas como todo mas largamente se contiene».
— Año 183? «Lista de los granos de onzeno que corresonde que paguen los vecinos de Avenozas por el onzeno a D. Vicente Bardagi de Graus». F. 15.

* Sobre el pleito por el dominio del «Cajigar del Señor» hay varios documentos de 1840, 1841 y 1843. No hay copia de la sentencia en el A.C.B. Puede hallarse en el Archivo Histórico Provincial de Zaragoza. Sentencias civiles, 1844. Sentencia pronunciada el 17 de noviembre de 1844. De la complejidad del pleito habla, con más detalle que la sentencia, la extensísima minuta presentada por el abogado de Benabarre Felipe Parache el 17 de mayo de 1849.

* Todo lo relativo a la descripción del patrimonio de la casa de Bardaxí en Abenozas a finales del siglo XIX y la venta de dicho patrimonio se encuentra en una memoria titulada «Clasificación del patrimonio de Abenozas, suelo, subsuelo, clima, producciones y relación de producto en renta y valor en venta».

CAPÍTULO XI

* Todo lo relativo a la administración del patrimonio de Puyarruego en el siglo XIX y —sobre todo— en el primer tercio del siglo XX se encuentra perfectamente documentado en el A.C.B.
* Los arriendos en el siglo XIX. Un par de ejemplos de las condiciones en las que se arrendaba el patrimonio al comenzar el siglo pueden hallarse en los contratos de 1801 y 1807. F. 31.

* El expediente de tramitación del nombramiento de herederos ab-intestato tras la muerte de D. Vicente Bardaxí Erruz. F. 14.

* El estado anual de cuentas del patrimonio de Puyarruego era presentado puntualmente cada año por el párroco, que actuaba como administrador. Los redactados por D. Mariano Baget —en la última década del XIX y primeros años del XX— y por D. Ramón Lóriz —entre 1904 y 1914— se encuentran en F. 31.

* Un plano de la casa de Puyarruego al comenzar el siglo XX. F. 31.

* La administración del párroco Baget. Su actuación caciquil.

— 1889. Carta de Patricio Tornil a D. Mariano Baget. F. 31.
— Puyarruego, 22 de octubre de 1896. Carta de Baget a Patricio Tornil. F. 31.
— El Grado, 15 de febrero de 1897. Carta de Patricio Tornil a Teodora de Bardaxí. F. 31.

* Estado del patrimonio de Puyarruego en 1904. Carta enviada por Joaquín Torres a D. Miguel Padilla con fecha de 1 de junio de 1904. F. 31.

* 1 de septiembre de 1904. Contrato del párroco D. Ramón Lóriz como administrador de Puyarruego. F. 31.

* Puyarruego, 10 de octubre de 1904. Carta de Lóriz a Padilla. Problemas en la administración del patrimonio. F. 31.

* La etapa —1914-1920— en que el patrimonio estuvo administrado por D. José Ademá es la mejor documentada epistolarmente. Las cartas más interesantes enviadas desde Puyarruego son las siguientes (todas en F. 31):

— 25-X-1914. Ademá a Padilla. Acaba de llegar. Informe sobre el estado del patrimonio.
— 28-XI-1914. (Fanlo) Lóriz a Teodora Bardaxí. Lamenta lo mal que le fue como administrador. Cree que a Además no le irá mejor.
— 30-XII-1914. Un arrendador a Padilla. Pide (instigado por Ademá) que eche a otro arrendador y se lo deje todo a él.
— 24-I-1916. Ademá a Padilla. Los vecinos se apropian de un «sargal» de la casa de Bardaxí ¿qué debe hacer?
— 13-II-1916. Ademá a Padilla. Los vecinos están asustados ante la carta de Padilla.
— 23-II-1916. Ademá a Padilla. Pide piedad para con los vecinos.

— 24-II-1916. Ademá a Padilla. Pide mano dura con los vecinos. No debe hacer caso de la carta anterior.
— 2-IV-1916. Ademá a Padilla. Los del pueblo mienten con lo del sargal. Nadie puede fiarse de ellos.
— 14-V-1916. Ademá a Padilla. Gran tensión con los vecinos.
— 20-IX-1916. Intento (fallido) de contrato de arrendamiento del sargal.
— 25-IX-1916. Juan Bernad y José Ademá a Padilla. Juan se ha quedado con el arriendo. El párroco confía en él.
— 12-X-1916. Bernad a Padilla. Cultiva la hacienda. Protesta por el precio del arriendo.
— XII-1916. Ademá a Padilla. El párroco está cansado y enfermo. Hay mucha nieve. Lo del sargal va mal.
— 16-XII-1916. Bernad a Padilla. Juan quiere sustituir al párroco en la administración del patrimonio.
— 14-I-1917. Bernad a Padilla. Insiste en hacerse cargo —solo— del patrimonio. Mucha nieve.
— 22-VIII-1917. Bernad a Padilla. No puede seguir cultivando el patrimonio. Que lo arrienden a otros.
— 29-IV-1919. Un vecino de Muro a Padilla. Quieren —los vecinos— arreglar pacíficamente lo del sargal.
— 3-I-1919. Ademá a Padilla. Pésame por la muerte de su sobrino. Ha entregado la carta de Padilla a un vecino levastisco.
— 10-VI-1919. Ademá a Teodora Bardaxí. La casa está muy mal. Juan vigila. Los vecinos lo temen.
— 30-XI-1919. Ademá a Teodora. Padilla ha muerto. Pésame. Los vecinos no quieren pagar. Pide que le den los arriendos a Bernad.
— 10-XII-1919. Ademá a Teodora. Bernad se ha entrevistado con ella. Está contento. Un albañil reparará la casa. Manda truchas.
— 11-XII-1919. Bernad a Teodora. Es guarda de las fincas de Bardaxí. Los de Muro no le dejan en paz. Si los lleva a juicio ¿lo defenderán?
— 27-XII-1919. Bernad a Teodora. Los de Muro lo molestan. Tienen un abogado. Envía una lista con los nombres de los revoltosos.
— 29-XII-1919. Bernad y Ademá a Teodora. Los vecinos siguen molestando. Impiden roturar el sargal.
— 14-V-1920. Ademá a Teodora. La casa se va a caer. Lo del sargal está paralizado. ¿Va a dar el arriendo a Bernad?
— 9-IX-1920. Ademá a Teodora. Sorpresa por extravíos de cartas. Bernad quiere el arriendo por diez años.
— 17-X-1920. Ademá a Teodora. Indignación por la desconfianza de ella. El es pobre. Juan Bernad también. Se ha hecho odioso por defenderla. Su ministerio es sólo sacerdotal.

* Sobre Ademá y Juan Bernad han aportado muchos datos las entrevistas con los vecinos más ancianos de Puyarruego que los conocieron personalmente.

INDICE